LEI COMPLEMENTAR TRIBUTÁRIA

HUGO DE BRITO MACHADO

LEI COMPLEMENTAR TRIBUTÁRIA

LEI COMPLEMENTAR TRIBUTÁRIA

© Hugo de Brito Machado

ISBN: 978-85-392-0036-8

Direitos reservados desta edição por
MALHEIROS EDITORES LTDA.
Rua Paes de Araújo, 29, conjunto 171
CEP 04531-940 — São Paulo — SP
Tel.: (11) 3078-7205
Fax: (11) 3168-5495
URL: www.malheiroseditores.com.br
e-mail: malheiroseditores@terra.com.br

Composição
Acqua Estúdio Gráfico Ltda.

Capa
Criação: Vânia Lúcia Amato
Arte: PC Editorial Ltda.

Impresso no Brasil
Printed in Brazil
08.2010

APRESENTAÇÃO

As questões que têm surgido em relação à lei complementar certamente dizem respeito à sua qualificação como espécie normativa e à sua colocação nos patamares hierárquicos que compõem o sistema jurídico – questões que não estão situadas apenas no âmbito do direito tributário. Entretanto, é inegável que tais questões têm sido discutidas especialmente por tributaristas, porque, como observa Napoleão Nunes Maia Filho, nas suas origens mais próximas "esse tipo de lei (complementar) apresentou fortes vínculos com o direito tributário, seara jurídica em que, pela manifesta necessidade de maior estabilidade de sua normas, as leis complementares se mostraram as mais adequadas e eficazes".[1]

Certamente registramos diversas manifestações de juristas não dedicados ao direito tributário sobre questões atinentes às leis complementares, mas essas questões foram e estão sendo debatidas especialmente entre os tributaristas, porque é inegável a importância dessa espécie normativa no trato das matérias relativas à tributação.

Explica-se, assim, o título deste livro, que, não obstante possa dar uma ideia restritiva do alcance das questões nele abordadas, na verdade coloca em discussão teses que podem ter grande relevo em outras áreas do Direito, porque dizem respeito à lei complementar enquanto espécie normativa que em nosso Ordenamento Jurídico cuida – ou deve cuidar, por indicação constitucional expressa – de matérias das mais diversas áreas do Direito.

---

1. Napoleão Nunes Maia Filho, "Breve histórico e significado das leis complementares da Constituição", in *Estudos Temáticos de Direito Constitucional*, Fortaleza/CE, UFC, 2000, p. 71.

Já há algum tempo temos dedicado nossa atenção ao tema da lei complementar tributária. Até a 11ª edição do Curso de Direito Tributário, ocorrida em janeiro de 1996, adotamos a doutrina de Ataliba e Souto, admitindo que só é lei complementar aquela que trata de matérias constitucionalmente reservadas a essa espécie normativa. A partir da 12ª edição, datada de abril de 1997, passamos a sustentar que: "Na verdade, a lei complementar é hierarquicamente superior à lei ordinária. É certo que a Constituição estabelece que certas matérias só podem ser tratadas por lei complementar, mas isto não significa de nenhum modo que a lei complementar não possa regular outras matérias, e, em se tratando de norma cuja aprovação exige quórum qualificado, não é razoável entender-se que pode ser alterada, ou revogada, por lei ordinária".[2]

E desde então – há mais de 13 anos, portanto – temos enfrentado a questão da qualificação e da posição hierárquica da lei complementar, observando as manifestações doutrinárias no mais das vezes limitadas, a reproduzir a ideia de que a lei complementar só pode tratar das matérias a ela constitucionalmente reservadas. Ou, em outras palavras, a ideia de que a lei complementar somente se qualifica como tal quando trata das matérias a ela constitucionalmente reservadas. E não conseguíamos explicação para tais ideias, até que lemos o excelente artigo de Victor Nunes Leal no qual está dito que: "A designação de leis complementares não envolve, porém, como é intuitivo, nenhuma hierarquia do ponto de vista da eficácia em relação às outras leis declaradas não complementares. Todas as leis, complementares ou não, têm a mesma eficácia jurídica, e uma e outras se interpretam segundo as mesmas regras destinadas a resolver os conflitos de leis no tempo".[3]

Vimos, então, que a explicação para as ideias equivocadas propaladas na doutrina, especialmente por ilustres tributaristas, reside na falta de atenção para a distinção, que se impõe, entre lei complementar como um conceito de lógica jurídica e lei complementar como um conceito jurídico-positivo. Distinção que explica, aliás, a própria refe-

2. Hugo de Brito Machado, *Curso de Direito Tributário*, 12ª ed., São Paulo, Malheiros Editores, 1997, p. 54 (v. p. 85 da 31ª ed., 2010).
3. Victor Nunes Leal, "Leis complementares da Constituição", *RDA* VII/382, Rio de Janeiro, FGV, janeiro-março/1947.

rência de Victor Nunes Leal às leis complementares, quando naquela época não existia a figura da lei complementar como espécie normativa formalmente qualificada.

Naquela época só se podia falar em lei complementar como conceito de lógica jurídica. Por isto é que Victor Nunes Leal cuidou de explicar o significado daquela expressão. E, embora admitindo que em princípio todas as leis são complementares, porque se destinam a completar princípios básicos enunciados na Constituição, afirmou que geralmente se reserva a denominação "leis complementares" para aquelas leis sem as quais determinados dispositivos constitucionais não podem ser aplicados.[4] Adotou, portanto, como se vê, a expressão "lei complementar" no seu sentido lógico-jurídico.

Ocorre que, em face da Constituição Federal de 1988, a lei complementar tem existência como espécie normativa formalmente qualificada. Já não se trata, pois, de um conceito lógico-jurídico, mas de um conceito jurídico-positivo. Não se pode dizer que não existe mais a lei complementar como conceito lógico-jurídico, mas é indiscutível a existência de lei complementar como conceito jurídico-positivo. E pode ocorrer que uma lei seja, ao mesmo tempo, lei complementar tanto em um como no outro sentido. Porque complementa um dispositivo da Constituição e também porque foi aprovada como lei complementar pelo Congresso Nacional. Mas pode ocorrer que uma lei seja complementar apenas em um ou apenas em outro desses dois significados. Seja lei complementar porque complementa um dispositivo da Constituição, mas não seja lei complementar porque não foi como tal aprovada pelo Congresso Nacional. Ou, ainda, seja lei complementar porque formalmente aprovada como tal pelo Congresso Nacional, mas não o seja porque não complementa dispositivo da Constituição.

Seja como for, há dois conceitos distintos de lei complementar, e esses conceitos não devem ser confundidos, sob pena de se chegar à confusão à qual chegou significativo setor de nossa doutrina, especialmente no campo do direito tributário. Confusão para a qual também de algum modo concorreu o fato de ser o Código Tributário Nacional uma lei ordinária, em sentido formal, embora trate de matéria hoje

---

4. Idem, p. 381.

reservada à lei complementar. Talvez tenha faltado a muitos dos que examinaram a questão um pouco mais de atenção para as regras de um significativo aspecto do que podemos denominar direito intertemporal, que diz respeito à teoria da recepção, ou teoria que procura explicar o que ocorre com um ordenamento jurídico quando surge na comunidade a ele submetida uma Constituição nova.

Com este livro estamos a oferecer uma contribuição, ainda que modesta, à preservação da segurança jurídica em nosso País. Segurança jurídica que é, sem dúvida, um valor essencial na ideia de Direito, cuja preservação todos preconizam. Ocorre que as proclamações do princípio da segurança jurídica em obras doutrinárias são inteiramente inúteis se, diante de situações específicas, dele não se cogita. Ou se em situações específicas se preconizam caminhos que não o realizam mas, pelo contrário, conduzem a seu amesquinhamento, como é o caso da doutrina que preconiza a possibilidade de alteração ou revogação de lei complementar por lei ordinária.

O papel essencial da doutrina é explicar o Direito, organizando-o sistematicamente, conceituando e classificando seus elementos e, assim, fazendo-o compreensível, tornando possível seu conhecimento científico. As diversas prescrições jurídicas são produzidas geralmente sem qualquer preocupação com o conhecimento do sistema no qual se encartam. E até sem compromisso com a univocidade e a precisão técnica dos termos que empregam em seu discurso, ficando sob a responsabilidade dos juristas "o trabalho de desvelar a significação destes".[5] Daí as graves dificuldades que enfrentamos para conhecer o Direito.

Por outro lado, ao explicar o Direito a doutrina pode contribuir para o incremento ou para a destruição dos valores essenciais que a ele cumpre preservar. É uma opção do doutrinador. Opção nem sempre exercida conscientemente. A ideologia pode ser um fator de forte influência. Seja como for, na medida em que nos é possível optar conscientemente por caminhos que conduzem à segurança e à justiça – que são os valores essenciais na ideia de Direito –, nada justifica o exercício de opções diferentes.

5. Cf. Eurico Marcos Diniz de Santi, *Lançamento Tributário*, São Paulo, Max Limonad, 1966, p. 159.

APRESENTAÇÃO

Foi a crença que temos, muito forte, no respeito pelos critérios formais na identificação das espécies normativas – critérios que devem prevalecer sobre o conteúdo – que nos levou a escrever este livro. E, ao apresentá-lo aos leitores, pedimos a estes que nos dirijam suas críticas. Asseguramos que elas serão recebidas com todo respeito e serão respondidas com toda atenção.

Registramos aqui nosso agradecimento ao livreiro GABRIEL JOSÉ DA COSTA pela valiosa ajuda que nos deu na coleta de textos doutrinários a respeito das leis complementares.

Fortaleza, 14 de junho de 2010

HUGO DE BRITO MACHADO

SUMÁRIO

Apresentação 5

I – Introdução 19

II – O Ordenamento Jurídico
1. Noção de "ordenamento jurídico"
1.1 Ideia de "ordenamento jurídico" 29
1.2 Finalidade essencial do ordenamento jurídico 32
1.3 A segurança jurídica na ideia de Direito 33
2. O ordenamento jurídico como sistema
2.1 Ordenação e unidade 35
2.2 Coerência 35
3. O critério hierárquico
3.1 Hierarquia e poder normativo 37
3.2 Poder normativo e quórum de votação 38
3.3 Hierarquia normativa e qualificação de cada espécie por critérios formais 39
3.4 Importância dos conceitos 41
3.5 Superação das antinomias do sistema 43
4. O ordenamento jurídico brasileiro
4.1 Delimitação do tema 45
4.2 Necessidade de escalonamento hierárquico 45
4.3 Espécies normativas produzidas pelo Congresso Nacional

4.3.1 Divisão de poderes e as funções estatais 46
4.3.2 O processo legislativo 48
4.3.3 Constituição 51
4.3.4 Emendas à Constituição 54
4.3.5 Leis complementares 59
4.3.6 Leis ordinárias 64
4.3.7 Leis delegadas 66
4.3.8 Medidas provisórias 67
4.3.9 Decretos legislativos 69
4.3.10 Resoluções 69
4.4 Espécies normativas de outras origens
    4.4.1 Espécies normativas peculiares 70
    4.4.2 Regimentos dos tribunais 70
    4.4.3 Tratados e convenções internacionais 71
    4.4.4 Decretos e regulamentos 73
    4.4.5 Normas complementares 75

III – Lei Complementar no Direito Brasileiro
1. O que é uma lei complementar
    1.1 Conceitos de lógica jurídica e conceitos de direito positivo . 80
    1.2 Lei complementar como conceito de lógica jurídica 82
    1.3 Lei complementar como conceito jurídico-positivo 84
    1.4 Questão de direito intertemporal 86
    1.5 Quórum qualificado para aprovação da lei complementar 87
    1.6 Configuração como espécie normativa na Constituição Federal de 1967 90
2. Lei complementar na Constituição de 1988
    2.1 Elenco de espécies normativas resultantes do processo legislativo 92
    2.2 Matérias reservadas à lei complementar 93
        2.2.1 Reserva feita expressamente 94

2.2.2 Admitindo a reserva às vezes implícita na referência à lei 96
2.2.3 Reserva implícita mais ampla 97
2.3 Regime especial de elaboração, com exigência de quórum qualificado 99
2.4 Identidade da lei complementar como conceito jurídico--positivo 100
3. Caracterização da lei complementar
3.1 Explicação para a tese que exige elemento material 102
3.2 Impossibilidade de caracterização pela matéria 105
3.3 Caracterização pelos elementos formais 110
4. Posição hierárquica da lei complementar
4.1 O ordenamento jurídico como um sistema hierarquizado .. 111
4.2 Negando a existência de hierarquia 112
4.3 Afirmando a superioridade hierárquica da lei complementar 113
4.4 Afirmando a hierarquia e restringindo a identidade pela matéria 117
4.5 Posição peculiar negando a hierarquia e a qualificação pela matéria 119
4.6 Hierarquia e reserva de matéria como hibridismo inconsequente 120
5. Preservação da segurança jurídica
5.1 A segurança como valor inerente à essência do Direito .. 121
5.2 O exclusivo e o gradual 122
5.3 Arguta observação de Alexandre de Moraes 123
5.4 A segurança como diretriz para o intérprete 124
6. Natureza jurídica do Código Tributário Nacional
6.1 Uma razão do questionamento sobre a posição hierárquica da lei complementar 125
6.2 Razão da exigência de lei complementar para alterar uma lei ordinária 126

7. A Lei Complementar 123/2006

7.1 Em defesa da segurança jurídica 127

7.2 Delimitação das matérias reservadas à lei complementar .. 128

7.3 O reconhecimento da dificuldade pelo próprio legislador .. 131

7.4 Validade e limite da delegação 132

8. Exame crítico da tese que qualifica a lei complementar pela matéria

8.1 Considerações iniciais 133

8.2 Limites materiais para edição de leis complementares 134

8.3 A lei complementar não pode invadir o campo da lei ordinária 137

8.4 Redução do campo reservado à lei ordinária 138

8.5 A tese é inconciliável com a teoria da recepção 139

8.6 O requisito material e a segurança jurídica 141

    8.6.1 Exigência do elemento material e a segurança jurídica 142

    8.6.2 A álea e a segurança jurídica 143

    8.6.3 O quórum especial como requisito de validade 144

    8.6.4 A Lei Complementar 123/2006 e a Constituição de 1824 145

8.7 Fundamento de validade 145

8.8 Outros aspectos do debate

    8.8.1 Isenção da COFINS 150

    8.8.2 Inexistência de regra expressa na Constituição Federal 151

    8.8.3 Utilidade da reserva de matérias à lei complementar 152

    8.8.4 Os decretos legislativos e as resoluções 153

    8.8.5 Rigidez e hierarquia 154

    8.8.6 Impossibilidade de ampliação da reserva de matérias 155

IV – A Lei Complementar Tributária

1. A lei complementar como espécie normativa

   1.1 A identidade da lei complementar 158

   1.2 Funções da lei complementar em matéria tributária 159

   1.3 Para quê serve a reserva de lei complementar 160

   1.4 Preservação da livre concorrência 161

   1.5 Porque pode dispor sobre matéria a ela não reservada ... 162

2. A hierarquia e a validade das normas tributárias

   2.1 Hierarquia inerente ao sistema normativo 163

   2.2 Validade formal e validade material 164

   2.3 O Código Tributário Nacional 164

   2.4 Os decretos-leis e os decretos 169

3. Matérias reservadas à lei complementar

   3.1 Reserva expressa ou implícita 169

   3.2 Razão de ser da tese que amplia o campo da lei complementar 170

   3.3 Examinando as matérias reservadas à lei complementar

      3.3.1 Conflitos de competência em matéria tributária 171

         3.3.1.1 Conflito entre União e Municípios: IPI ou ISS 173

         3.3.1.2 Conflito entre União e Municípios: ITR ou IPTU 176

      3.3.2 Limitações constitucionais ao poder de tributar 179

      3.3.3 Normas gerais em matéria tributária 180

      3.3.4 Critérios especiais de tributação 185

      3.3.5 Instituição de empréstimos compulsórios

         3.3.5.1 A regra da Constituição e seu objetivo 186

         3.3.5.2 Natureza jurídica do empréstimo compulsório 186

         3.3.5.3 Regime jurídico do empréstimo compulsório.. 193

3.3.6 *Condições para o gozo de imunidade pelas instituições sem fins lucrativos*

    3.3.6.1 Imunidade como limitação ao poder de tributar 199

    3.3.6.2 Imunidade das instituições de educação 199

    3.3.6.3 Nossa proposta sobre a imunidade das instituições de educação 203

    3.3.6.4 Imunidade das instituições de assistência social 204

3.3.7 *Informações sobre ônus tributários nos preços* 206

3.3.8 *Instituição do imposto sobre grandes fortunas* 206

3.3.9 *Isenção do imposto de renda para aposentados* 209

3.3.10 *Competência residual* 209

3.3.11 *Competência para a instituição do ITCMD* 211

3.3.12 *Definição de aspectos do ICMS* 211

3.3.13 *Definição dos serviços tributáveis pelos Municípios* 213

3.3.14 *Fixação de alíquotas máximas e mínimas do ISS* .. 216

3.3.15 *Isenções do ISS para exportação de serviços* 218

3.3.16 *Forma e condições da concessão de isenções do ISS* 218

3.3.17 *Outras fontes de custeio da seguridade social* 219

3.3.18 *Imunidade das entidades beneficentes* 221

3.3.19 *Limitação às remissões e anistias* 221

3.3.20 *Instituição do IPMF que virou CPMF* 223

4. Hierarquia normativa e reserva de matérias

    4.1 Sistema hierarquizado de normas 225

    4.2 Norma superior tratando de matéria própria de norma inferior 225

5. Inconstitucionalidade formal da Lei 11.457/2007

    5.1 Matéria reservada à lei complementar 227

    5.2 Dispositivos da Lei 11.457/2007 228

6. Sociedades prestadoras de serviços profissionais
  6.1 Instituição da COFINS por lei complementar 229
  6.2 Isenção 229
  6.3 Revogação da isenção 230
  6.4 A tese que aumenta a insegurança jurídica 231
  6.5 A segurança jurídica e a jurisprudência 231

V – Conclusões 235

Bibliografia 241

I
INTRODUÇÃO

O tema "lei complementar" tem sido bastante explorado em nossa literatura jurídica, especialmente por tributaristas ilustres. Assim, poderia parecer inconveniente, ou desnecessário, nos dedicarmos à elaboração de um livro sobre a lei complementar tributária.

Ocorre que talvez seja este o assunto que mais controvérsias tem suscitado. Controvérsias que se situam especialmente na relação que existe entre lei complementar e lei ordinária enquanto espécies normativas. Há quem sustente que entre essas espécies normativas não existe hierarquia, embora a lei complementar não possa ser alterada ou revogada por lei ordinária, porque tem matéria própria que não pode ser tratada por lei ordinária.[1] Há também quem sustente que existe, sim, hierarquia entre lei complementar e lei ordinária, mas a lei complementar somente se qualifica como tal quando trata das matérias constitucionalmente a ela reservadas.

A nosso ver, essas teses são equivocadas e talvez decorram da influência produzida sobre nossos doutrinadores por um excelente artigo do Ministro Victor Nunes Leal publicado nos anos 40, quando não tínhamos em nosso ordenamento jurídico a figura da lei complementar como espécie normativa formalmente qualificada. Em outras palavras, o equívoco de eminentes doutrinadores talvez decorra do fato de apreciarem o referido artigo, produzido por um eminente jurista e afirmativo de teses indiscutíveis diante do ordenamento jurídi-

---

1. Valmir Pontes Filho, *Curso Fundamental de Direito Constitucional*, São Paulo, Dialética, 2001, pp. 192-193.

co então vigente, mas a exigirem a devida adaptação ao ordenamento jurídico depois que este passou a abrigar, formalmente, a lei complementar como espécie normativa.

Realmente, quando foi publicado o excelente artigo do Ministro Victor Nunes Leal não existia em nosso ordenamento jurídico a lei complementar como espécie normativa formalmente definida. Assim, não se podia cogitar de lei complementar em sentido jurídico-positivo. É indiscutível, portanto, que Victor Nunes Leal refere-se, no mencionado artigo, a lei complementar em sentido lógico-jurídico – vale dizer, lei que complementa dispositivo da Constituição –, e, assim, o elemento material, a matéria da qual se ocupa, é, obviamente, essencial para sua caracterização como lei complementar.

Por outro lado, a tese segundo a qual a lei complementar só se qualifica como tal quando trata de matéria a ela constitucionalmente reservada implica admitir que a lei complementar pode estar situada em um ou em outro patamar na hierarquia do ordenamento jurídico – o que, evidentemente, não é razoável. E menos razoável, convenhamos, é admitir que uma lei complementar pode ter alguns de seus dispositivos em um patamar, enquanto outros dos seus dispositivos estão em outro patamar hierárquico.

Entendemos que o assunto está a merecer exame, sobretudo porque as teses equivocadas, *data maxima venia*, têm causado graves prejuízos à segurança jurídica em nosso País, sobretudo nas questões atinentes à relação tributária, onde se viu, já, situação extremada na qual a jurisprudência sumulada por um tribunal superior, de jurisdição nacional, termina nada valendo diante de entendimento oposto manifestado pelo Supremo Tribunal Federal, tudo em torno da qualificação dessa espécie normativa. Daí por que o tema nos parece de grande importância.

Sobre essa importância manifestou-se Napoleão Nunes Maia Filho, nestes termos:

"Do ponto de vista da atividade jurisdicional, o estudo da lei complementar mantém sempre a sua alta importância e atualidade, tanto por razões de ordem teórica como também por motivos de ordem prática, pois rondam o seu conceito dúvidas da maior consistência, *inclusive no tocante à sua hierarquia, relativamente à lei ordinária, e aos campos de sua incidência normativa.*

"Por causa disso, as instâncias judiciárias são frequentemente solicitadas a decidir litígios envolvendo a sua aplicação, *não sendo raras as ações que questionam a prevalência dos seus ditames, quando contrapostos aos de outras normas que se alegam hierarquicamente inferiores*, como também a sua própria legitimidade, quer por extrapolação dos seus (eventuais) limites materiais, quer por outros motivos também de ordem constitucional.

"O legislador também fornece farto material para alimentar esses conflitos, pois não é sempre que se comporta, do ponto de vista material, rigorosamente nos limites das prescrições constitucionais para edição de normas complementares, e, mesmo quando os observa, não se livra a regra posta de ser oportunamente contrasteada com os superiores dispositivos da Carta Magna, *eis que as leis complementares são inegavelmente de nível subconstitucional e sujeitas, portanto, ao controle de compatibilidade com a Constituição.*

"Surgem outros problemas teóricos e práticos de solução mais áspera quando o legislador edita uma lei complementar *em situação não expressamente prevista na Constituição*, sendo díspares as análises possíveis a respeito dessa situação: parece a alguns doutrinadores da maior nomeada que, em tal caso, a norma denominada complementar na verdade (ou ontologicamente) não o é; sendo assim, *poderá, sem maiores complicações, ser alterada ou revogada por uma outra norma legal de hierarquia apenas ordinária, sendo essa consequência geradora de questionamentos de não parco relevo.*

"Outros tratadistas sustentam, pelo contrário, que, se a norma jurídica foi posta no ordenamento através de lei complementar, somente por outra de igual hierarquia poderá ser modificada ou revogada, firmando-se estes no *aspecto hierárquico formal da lei complementar* e também no modo pelo qual os seus comandos foram positivados para os destinatários, *sendo essa conclusão igualmente fomentadora de vários dissídios.*

"Esses conflitos potenciais e efetivos terminam produzindo lides complexas e desafiadoras; daí, ao meu ver, a utilidade de discussão em termos mais amplos, *não com a pretensão de alguém de qualquer conhecimento ou orientação conclusiva, mas apenas para alertar para a relevância do assunto, que cumpre ser estudado com mais profundidade.*"[2]

Assim é que pretendemos oferecer nossa contribuição, ainda que muito modesta, ao debate do tema, especialmente porque, a nosso ver, em sua abordagem tem sido relegada a plano secundário a *segurança jurídica*, sem dúvida alguma um dos dois únicos valores essenciais permanentes na própria ideia de Direito.

Realmente, a *segurança* é um dos valores fundamentais da Humanidade, que ao Direito cabe preservar. Ao lado do valor *justiça*, têm sido referidos como os únicos elementos que, no Direito, escapam à relatividade no tempo e no espaço. "Podemos resumir o nosso pensamento – assevera Radbruch – dizendo que os elementos universalmente válidos da ideia de Direito são só a *justiça* e a *segurança*".[3] Daí se pode concluir que o prestar-se como instrumento para preservar a justiça e a segurança é algo essencial para o Direito. Em outras palavras, sistema normativo que não tende a preservar a justiça nem a segurança, efetivamente, não é Direito.[4]

Sabemos da existência de farta doutrina a respeito da lei complementar e reconhecemos que a grande maioria dos que se manifestaram sobre a identidade dessa espécie normativa adota a tese segundo a qual essa identidade só se completa com o elemento material. Em outras palavras, segundo farta doutrina, só é lei complementar aquela que trata das matérias constitucionalmente reservadas a essa espécie normativa. Pode parecer, portanto, que o estudo deste tema é desnecessário. Ou já não é oportuno. Entretanto, ao decidirmos escrever sobre ele acolhemos a lição de Souto Maior Borges, segundo a qual: "O posicionamento doutrinário generalizado em prol da correção lógica de uma teoria não é critério decisivo de excelência. É um dado quantitativo que não pode decidir sobre a prevalência do conteúdo dessa teoria. Certos temas recorrentes, na doutrina e jurisprudência, posto usuais e indisputados, são explorados tradicionalmente com in-

---

2. Napoleão Nunes Maia Filho, *Estudos Temáticos de Direito Constitucional*, Fortaleza/CE, IMPRECE, 2000, pp. 63-65.
3. Gustav Radbruch, *Filosofia do Direito*, 5ª ed., trad. do professor L. Cabral de Moncada, Coimbra, Arménio Amado Editor, 1974, p. 162.
4. Hugo de Brito Machado, *Os Princípios Jurídicos da Tributação na Constituição de 1988*, 5ª ed., São Paulo, Dialética, 2004, p. 123.

suficiência de seu conteúdo de descrição/explicação dos fenômenos jurídicos observados. O princípio da segurança jurídica é um desses temas recorrentes na doutrina jurídica nacional e internacional. E, sem embargo desse amplíssimo lastro doutrinário, esse princípio ainda demanda esclarecimento expositivo e aprofundamento teórico. A clareza de uma teoria é um valor *estético* nada desprezível, ao contrário do que geralmente se supõe. Se a teoria é profunda na sua intencionalidade, clara na sua formulação e simplificadora na sua arquitetônica, reveste forte presunção de qualidade".[5]

Não temos qualquer dúvida quanto às consequências maléficas decorrentes das teses segundo as quais não existe hierarquia entre lei complementar e lei ordinária, embora a segunda não possa alterar ou revogar a primeira, em virtude da reserva constitucional da matéria a ser por esta disciplinada, ou que admitem a hierarquia mas exigem o elemento material para a qualificação da lei complementar. Consequências que vão desde a necessidade de um esforço hercúleo de alguns doutrinadores para explicar as referidas teses até a insegurança jurídica pelas mesmas criada, inclusive com o amesquinhamento de súmula da jurisprudência predominante do Superior Tribunal de Justiça e o tempo gasto pelos tribunais, inclusive e especialmente o Supremo Tribunal Federal, no trato da questão, que simplesmente não existiria se não fossem as malsinadas teses. A mais grave e ampla consequência negativa das teses em referência, finalmente, foi a abertura de caminho a prática do arbítrio pelo Estado, valendo-se da possibilidade de alteração de dispositivos de lei complementar por lei ordinária.

Realmente, como não se sabe exatamente quais dispositivos de uma lei complementar versam matéria que não está constitucionalmente reservada a essa espécie normativa, instaura-se a insegurança jurídica, caracterizada pela imprevisibilidade que decorre da falta de definição de limites exatos da reserva constitucional. A este propósito vale a lição, sempre autorizada, de Nunes Maia Filho, a nos dizer que:

5. José Souto Maior Borges, "O princípio da segurança na Constituição Federal e na Emenda Constitucional 45/2004. Implicações fiscais", in Adilson Rodrigues Pires e Heleno Taveira Torres (coords.), *Princípios de Direito Financeiro e Tributário – Estudos em Homenagem ao Professor Ricardo Lobo Torres*, Rio de Janeiro/São Paulo/Recife, Renovar, 2000, p. 246.

"No percurso da história humana foi também constante a luta pela limitação da influência do poder do próprio Estado, com suas marchas e recuos, seus momentos de afirmação e de declínio, *sempre visando à elaboração de instrumentos formais, externos e superiores à vontade dos governantes, com eficácia capaz de manter a sua atuação dentre de seguros padrões de previsibilidade, cabendo a aplicação de meios coercitivos em razão de sua transgressão.*

"Terão sido os *movimentos constitucionalizantes* certamente as tentativas mais completas e consequentes para a formação de tais mecanismos de previsão e controle do poder estatal e, nessa perspectiva, a criação das formulações jurídicas do direito constitucional a mais alta expressão dessa aludida finalidade limitativa."[6]

A impossibilidade de definição dos limites das matérias reservadas à lei complementar ficou mais uma vez evidente na Lei Complementar 123, de 14.12.2006, que, dando cumprimento ao disposto no art. 146, III, "d", da Constituição Federal, cuidou do denominado "Estatuto da Microempresa". Essa lei estabelece, em seu art. 86, que as matérias nela tratadas que não sejam constitucionalmente reservadas à lei complementar poderão ser alteradas por lei ordinária. Isto mostra claramente que o próprio legislador, embora admitindo estar tratando em lei complementar de matérias não reservadas a essa espécie normativa, não soube identificar desde logo quais seriam essas matérias. E, assim, deixou essa questão para posterior apreciação, amesquinhando, desta forma, a previsibilidade que garante a segurança jurídica.

Com o art. 86 da Lei Complementar 123/2006 o Congresso Nacional admite expressamente que o fato de tratar de matéria não reservada a essa espécie normativa não desqualifica o dispositivo correspondente, tanto que fez a delegação ao legislador ordinário. Em outras palavras, com esse dispositivo legal o Congresso Nacional reconhece a procedência da tese que defendemos. Entretanto, lamentavelmente, produz a mesma insegurança jurídica gerada pelas teses que contestamos, pois deixa para um momento posterior a identificação dos dispositivos que eventualmente tratam de matéria não reser-

---

6. Napoleão Nunes Maia Filho, "A antiga e sempre atual questão da submissão do Poder Público à jurisdição", *Revista Dialética de Direito Processual* 1/152, São Paulo, Dialética, abril/2003.

vada à lei complementar. Voltaremos a esse tema ao cuidarmos da lei complementar no Direito Brasileiro e ainda, ao cuidarmos da lei complementar tributária, pois a importância do mesmo o justifica plenamente.

Entendemos que a forma é essencial no Direito exatamente como instrumento de preservação da segurança jurídica. E nosso propósito de escrever este livro consolidou-se ao ouvirmos, em São Paulo, no VI Congresso Nacional de Direito Tributário, excelente palestra do professor Humberto Ávila na qual o ilustre conferencista, ao combater os exageros daqueles que se manifestam contra o denominado "planejamento tributário", argumenta com a prevalência da substância sobre a forma, quando, na verdade, a forma é importante, porque é necessária para a preservação da segurança jurídica.

Não rejeitamos as inovações, mas as vemos com cautela, sem nos deixarmos levar pela sedução do novo e atentos, sobretudo, à *verificabilidade* das novas teses, sempre lembrados da advertência de Pontes de Miranda, para quem: "Escusado é dizer-se que, à semelhança do que ocorre com os matemáticos, com os físicos, com os biologistas e com todos os investigadores de ciências naturais, o estar em dia exige o senso científico, o hábito e a capacidade de trabalho. Aquele senso para que o jurista se não apegue, demasiado, às convicções que tem, nem se deixe levar facilmente pela sedução do novo: a ciência é a livre disponibilidade do espírito, mas tem peneira fina, que é a *verificabilidade*".[7]

Neste livro defendemos a tese segundo a qual a *lei complementar* caracteriza-se como espécie normativa porque como tal aprovada pelo Congresso Nacional – vale dizer, porque aprovada pelo órgão competente e com observância do procedimento para esse fim estabelecido na ordem jurídica. E, na verdade, nos parece que todas as espécies normativas que integram nosso ordenamento jurídico caracterizam-se pelos elementos formais, especialmente pelo órgão produtor da norma e pelo procedimento adotado nessa produção, e não pela matéria da qual se ocupam.

---

7. Pontes de Miranda, *Comentários à Constituição de 1967*, São Paulo, Ed. RT, 1967, p. 29.

Na defesa de nossa tese temos sustentado que as teses opostas – as teses segundo as quais as leis complementares somente se caracterizam como espécie normativa quando tratam das matérias a elas constitucionalmente reservadas – prejudicam significativamente a segurança jurídica. E, para facilitar a verificação do que afirmamos, oferecemos desde logo dois casos concretos nos quais estiveram em confronto a tese que defendemos e aquelas às quais nos opomos, dois casos apreciados pelo Poder Judiciário, cuja repercussão é digna de nota, a saber: (a) o caso referente aos prazos de decadência e de prescrição, no qual se discutiu a abrangência da expressão "normas gerais em matéria de legislação tributária" no contexto do art. 146, III, "b", da Constituição Federal de 1988, com posições divergentes de dois eminentes tributaristas integrantes da mesma escola, a PUC de São Paulo: o professor Roque Antônio Carrazza afirmando que na referida expressão não se compreende o estabelecimento de prazos e o professor Paulo de Barros Carvalho sustentando o contrário; e (b) o caso referente à isenção da COFINS concedida às sociedades de profissionais liberais, no qual se discutiu se a isenção de tributos é, ou não, matéria reservada à lei complementar.

Esses dois casos concretos são eloquentes porque foram resolvidos pelo Supremo Tribunal Federal de forma diferente. No primeiro o Supremo Tribunal Federal afirmou a validade da revogação de lei complementar por lei ordinária, ao argumento de que a isenção não é matéria reservada à lei complementar, e no segundo afirmou a invalidade da lei ordinária que alterou o Código Tributário Nacional, acolhendo o argumento de que decadência e prescrição constituem, sim, matéria reservada à lei complementar. Note-se que neste segundo caso existe manifestação doutrinária de jurista dos mais autorizados, o professor Roque Antônio Carrazza, em sentido oposto ao que veio a ser adotado pela Corte Maior – o que bem demonstra a imprevisibilidade gerada pela tese que refutamos.

Sabemos que as divergências são inevitáveis, porque inerentes à própria individualidade humana. E são próprias do denominado espírito científico, que há de superar as convicções pessoais.

A propósito da defesa de convicções pessoais aprendemos com o professor José Souto Maior Borges que: "Quem é propenso a defender intolerantemente suas próprias teorias ou, num giro subjetivista, as suas convicções pessoais, as suas opiniões, já se demitiu, sem o saber, da comunidade científica. Porque se opõe, essa tendência conservadora, ao espírito aberto que ousadamente prefere o método de 'tentativas e erros', pela formulação de hipóteses testáveis independentemente".[8]

Ao nos afastarmos da tese segundo a qual a qualificação da lei complementar como espécie normativa exige o elemento material, o que na verdade fizemos não foi mais que preferir o método de "tentativas e erros", formulando hipóteses testáveis independentemente. Um teste que se faça com qualquer dos dispositivos da Constituição Federal que reservam matérias à lei complementar com certeza vai nos mostrar que as bordas dessas matérias são imprecisas e, por isto mesmo, suas delimitações ensejam grande insegurança jurídica.

Essa imprecisão, aliás, ficou sobejamente demonstrada já pelo menos nos dois casos por nós referidos, vale dizer, nos casos do estabelecimento de prazos de decadência e de prescrição por lei ordinária contrariando o Código Tributário Nacional e da revogação por lei ordinária de isenção da COFINS concedida por lei complementar. E pode ser constatada no exame dos diversos dispositivos da Constituição Federal que formulam reserva de matérias à lei complementar, até porque na interpretação de qualquer regra jurídica sempre é possível apontarmos mais de um significado aos termos nela utilizados e, assim, colocarmos dentro ou fora de seu alcance situações de fato as mais diversas.

Neste livro vamos examinar todas as questões que direta ou indiretamente possam contribuir para a demonstração de nossa tese, segundo a qual a lei complementar em nosso ordenamento jurídico atual é uma espécie normativa que se caracteriza por elementos formais e ocupa posição hierárquica superior à lei ordinária. Começaremos estudando o ordenamento jurídico, com o exame, ainda que sumário, das diversas espécies normativas que o compõem. Depois estudaremos a lei complementar no ordenamento jurídico brasileiro, dando ênfase às características dessa espécie normativa tal como pode ser definida em face da vigente Constituição Federal. Em seguida

8. José Souto Maior Borges, *Obrigação Tributária – Uma Introdução Metodológica*, São Paulo, Saraiva, 1984, p. 86.

estudaremos a lei complementar tributária, examinando os diversos dispositivos constitucionais que formulam reserva de matérias tributárias a serem disciplinadas por leis complementares. E finalmente formularemos nossas conclusões.

Para evitar que a adequada compreensão de cada uma de nossas afirmações fique a depender da leitura de todo o livro, algumas repetições serão necessárias, e esperamos que sejam entendidas como forma de permitir que o leitor possa entender nossa tese sem que tenha a necessidade de ler o livro inteiro.

II
O ORDENAMENTO JURÍDICO

1. Noção de "ordenamento jurídico": 1.1 Ideia de "ordenamento jurídico" – 1.2 Finalidade essencial do ordenamento jurídico – 1.3 A segurança jurídica na ideia de Direito. 2. O ordenamento jurídico como sistema: 2.1 Ordenação e unidade – 2.2 Coerência. 3. O critério hierárquico: 3.1 Hierarquia e poder normativo – 3.2 Poder normativo e quórum de votação – 3.3 Hierarquia normativa e qualificação de cada espécie por critérios formais – 3.4 Importância dos conceitos – 3.5 Superação das antinomias do sistema. 4. O ordenamento jurídico brasileiro: 4.1 Delimitação do tema – 4.2 Necessidade de escalonamento hierárquico – 4.3 Espécies normativas produzidas pelo Congresso Nacional: 4.3.1 Divisão de poderes e as funções estatais – 4.3.2 O processo legislativo – 4.3.3 Constituição – 4.3.4 Emendas à Constituição – 4.3.5 Leis complementares – 4.3.6 Leis ordinárias – 4.3.7 Leis delegadas – 4.3.8 Medidas provisórias – 4.3.9 Decretos legislativos – 4.3.10 Resoluções – 4.4 Espécies normativas de outras origens: 4.4.1 Espécies normativas peculiares – 4.4.2 Regimentos dos tribunais – 4.4.3 Tratados e convenções internacionais – 4.4.4 Decretos e regulamentos – 4.4.5 Normas complementares.

1. Noção de "ordenamento jurídico"

1.1 Ideia de "ordenamento jurídico"

É difícil definir *ordenamento jurídico*, porque definir seja o que for é sempre tarefa muito difícil. Essa dificuldade já foi muito bem demonstrada por Gustav Radbruch a propósito da definição de "mesa",[1]

---

1. É a lição de Gustav Radbruch (*Filosofia do Direito*, 5ª ed., tradução do professor L. Cabral de Moncada, Coimbra, Arménio Amado Editor, 1974, pp. 44-45): "Que o Direito é obra dos homens e que, como toda a obra humana, só pode ser compreendido através da sua ideia é por si mesmo evidente. Reconheceremos isto

um objeto muito simples e de todos bastante conhecido. Mas é inegável que, embora nos seja difícil formular uma definição, todos temos uma ideia razoavelmente precisa do que é o ordenamento jurídico.

Realmente, as pessoas medianamente informadas sabem que existem Nações e que estas são delimitadas por um conjunto de normas jurídicas. Neste sentido fala-se do direito positivo de cada Nação. E a ideia que se tem de *ordenamento jurídico* é precisamente essa ideia de conjunto de normas jurídicas que conferem identidade à Nação. Neste sentido, a ideia de ordenamento jurídico confunde-se com a ideia de direito positivo e pode confundir-se com a ideia de Estado. Por isto mesmo, Hans Kelsen, um dos expoentes do Positivismo Jurídico, desenvolveu sedutora argumentação para afirmar a identidade entre o Estado e o Direito. Para ele o Estado é uma ordem jurídica relativamente centralizada.[2] E na tese em que sustenta a identidade entre o Direito e o Estado diz, em síntese, que:

mesmo se tentarmos definir qualquer obra humana, por mais simples que seja – por exemplo, uma mesa –, sem tomarmos em consideração, primeiro que tudo, o fim para o qual ela foi feita. Uma mesa pode, sem dúvida, definir-se como uma prancha assente sobre quatro pernas. E, contudo, se dermos esta definição de mesa logo surgirá a seguinte dificuldade: há mesas que não têm quatro pernas, mas têm três, duas, uma perna só, e há as até sem pernas, como as dobradiças, por forma que só vem afinal a constituir elemento essencial do conceito de mesa a ideia de prancha. Esta, porém, também não se distingue de qualquer outra tábua, ou grupo de tábuas reunidas, a não ser pela sua finalidade. E assim chegaremos à conclusão de que o respectivo conceito, o conceito de mesa, por último, só pode definir-se dizendo que mesa é um móvel que serve para sobre ele se colocarem quaisquer objetos destinados às pessoas que em torno dele podem vir a achar-se. Não pode, portanto, haver uma justa visão de qualquer obra ou produto humano se abstrairmos do fim para que serve e do seu valor. Uma consideração cega aos fins, ou cega aos valores, é pois aqui inadmissível, e assim também a respeito do Direito ou de qualquer fenômeno jurídico. Do mesmo modo, por exemplo, uma ciência natural do crime, como pretendeu construí-la a Antropologia Criminal, só é possível depois de se ter substituído a um conceito de crime, referido a valores jurídicos, um conceito naturalístico de crime. Seria um milagre extraordinário – produto duma espécie de harmonia preestabelecida entre dois modos totalmente diversos de contemplar a realidade, que ninguém suspeitaria possível – se um conceito formado com referência a valores, como o de Direito ou o de crime, pudesse coincidir com um conceito naturalístico obtido através duma contemplação não valorativa (*wertblind*) das coisas".

2. Hans Kelsen, *Teoria Pura do Direito*, 3ª ed., trad. de João Baptista Machado, Coimbra, Arménio Amado Editor, 1974, p. 385.

"A população do Estado é o domínio pessoal de vigência da ordem jurídica estadual.

"(...).

"O chamado território do Estado apenas pode ser definido como o domínio espacial de vigência de uma ordem jurídica estadual."

E, finalmente, que: "O poder do Estado não é uma força ou instância mística que esteja escondida detrás do Estado ou do seu Direito. Ele não é senão a eficácia da ordem jurídica".

E conclui, então: "Desta forma, o Estado, cujos elementos essenciais são a população, o território e o poder, define-se como uma ordem jurídica relativamente centralizada, limitada no seu domínio espacial e temporal de vigência, soberana ou imediata relativamente ao Direito Internacional e que é, globalmente ou de um modo geral, eficaz".[3]

Essa tese de Kelsen explica-se, como observa Lacambra, por ser a existência do Estado inseparável da existência de um ordenamento jurídico. No dizer de Lacambra: "La existencia del Estado es inseparable de la existencia de un orden jurídico. Tan inseparable que no ha sido una arbitrariedad especulativa sino una profunda razón gnoseológica (aun cuando recusable en el modo de su planteamiento) lo que ha llevado a Kelsen a afirmar nada menos que la unidad e la identidad substancial de Estado e orden jurídico".[4]

Não nos parece, porém, que o Estado se confunda com o ordenamento jurídico, embora este seja inerente àquele. A ideia de Estado envolve alguns elementos que não estão presentes na ideia de ordenamento jurídico.

Para Maria Helena Diniz *ordenamento jurídico* e *ordem jurídica* são sinônimos. Ela define *ordem jurídica*, no plano da Teoria Geral do Direito, como: "Conjunto de normas estabelecidas pelo poder político competente, que se impõem e regulam a vida social de um dado povo em determinada época. Com essas normas possível será

---

3. Idem, pp. 387-390.
4. Luis Legaz y Lacambra, *Filosofía del Derecho*, 2ª ed., Barcelona, Bosch, 1961, pp. 775-776.

obter o equilíbrio social, impedindo a desordem, os ilícitos e os crimes, procurando proteger a saúde e a moral pública, resguardando os direitos e a liberdade das pessoas. Pode-se dizer, seguindo a esteira de Miguel Reale, que o Direito é uma ordenação heterônoma das relações sociais, baseada numa integração normativa de fatos e valores. Trata-se do ordenamento jurídico".[5]

Como se vê, "ordenamento jurídico" e "direito positivo" são expressões equivalentes, de sorte que estudarmos a finalidade, ou razão de ser, do ordenamento jurídico é estudarmos a finalidade ou razão de ser do Direito.

1.2 Finalidade essencial do ordenamento jurídico

Temos sustentado que a finalidade essencial do Direito consiste em limitar o poder. E, quando o Direito está expresso em regras aplicáveis nas relações entre o cidadão e o Estado, certamente será um sistema de limites ao poder estatal. Uma forma, portanto, de autolimitação do Estado.

Entretanto, mesmo considerando que a finalidade essencial do Direito é a limitação do poder, temos de questionar, ainda, sobre a finalidade dessa limitação. Em outras palavras, coloca-se a questão de saber para quê o Direito, como fruto e instrumento da racionalidade humana, impõe limites ao poder. E a resposta que nos ocorre é a de que o Direito, ao estabelecer um regramento racional para os seres humanos, busca sempre a realização dos valores essenciais da Humanidade, entre os quais se destacam a justiça e a segurança ou ordem na sociedade, que se interligam e são, na verdade, interdependentes.

Claus-Wilhelm Canaris, depois de afirmar que a ideia da ordem interior, e da unidade, carece de confirmação, que se deve fundamentar na própria ideia de Direito, assevera: "De facto, a demonstração não é difícil. A ordem interior e a unidade do Direito são bem mais do que pressupostos da natureza científica da jurisprudência e do que postulados da metodologia; elas pertencem, antes, às mais fundamen-

---

5. Maria Helena Diniz, *Dicionário Jurídico*, vol. 3, São Paulo, Saraiva, 1988, p. 460.

tais exigências ético-jurídicas e radicam, por fim, na própria ideia de Direito. Assim, a exigência de 'ordem' resulta directamente do reconhecido postulado da justiça, de tratar o igual de modo igual e o diferente de forma diferente, de acordo com a medida da sua diferença: tanto o legislador como o juiz estão adstritos a retomar 'consequentemente' os valores encontrados, 'pensando-os, até ao fim', em todas as consequências singulares e afastando-os apenas justificadamente, isto é, por razões materiais – ou, por outras palavras: estão adstritos a proceder *com adequação*".[6]

Radbruch resume seu pensamento dizendo que "os elementos universalmente válidos da ideia de Direito são só a *justiça* e a *segurança*".[7] Larenz, por seu turno, ensina que: "A la larga la paz jurídica no está asegurada se el ordenamiento que subyace a ella es injusto y se siente como tal cada vez más".[8] E, nessa mesma linha, Arnaldo Vasconcelos acentua que: "Sem ordem não há como fazer justiça, e sem justiça não há como manter a ordem".[9]

1.3 A segurança jurídica na ideia de Direito

Assim como a justiça, também a segurança jurídica está presente na própria ideia de Direito, como tal concebido o ordenamento ou o sistema jurídico. Claus-Wilhelm Canaris afirma que a ideia de sistema jurídico justifica-se a partir de um dos mais elevados valores do Direito, que é a justiça, e acrescenta: "Acontece ainda que outro valor supremo, a *segurança jurídica*, aponta na mesma direcção. Também ela pressiona em todas as suas manifestações – seja como determinabilidade e previsibilidade do Direito, como estabilidade e continuidade da legislação e da jurisprudência ou simplesmente como praticabilidade da aplicação do Direito – para a formação de um sis-

---

6. Claus-Wilhelm Canaris, *Pensamento Sistemático e Conceito de Sistema na Ciência do Direito*, 2ª ed., trad. de A. Menezes Cordeiro, Lisboa, Fundação Calouste Gulbenkian, 1996, p. 18.
7. Gustav Radbruch, *Filosofia do Direito*, cit., 5ª ed., p. 162.
8. Karl Larenz, *Derecho Justo – Fundamentos de Ética Jurídica*, trad. de Luis Diez Picazo, Madri, Civitas, 1993, pp. 51-52.
9. Arnaldo Vasconcelos, *Teoria da Norma Jurídica*, 2ª ed., Rio de Janeiro, Forense, 1986, p. 11.

tema, pois todos esses postulados podem ser muito melhor prosseguidos através de um Direito adequadamente ordenado, dominado por poucos e alcançáveis princípios, portanto um Direito ordenado em sistema, do que por uma multiplicidade inabarcável de normas singulares desconexas e em demasiado fácil contradição umas com as outras".[10]

Realmente, a ideia de direito positivo envolve sempre a ideia de sistema de normas, e este não pode prescindir da hierarquia como critério organizador das diversas normas que o compõem. Hierarquia que se estabelece, sempre, por critérios formais, a saber, o órgão estatal competente para a feitura da norma e o procedimento para tanto utilizado.

A tese segundo a qual a lei complementar só se caracteriza como espécie normativa quando trata das matérias que a Constituição a ela reserva é inadmissível, portanto, também porque instaura enorme insegurança jurídica. É que a Constituição Federal faz reserva de matérias à lei complementar em diversos de seus dispositivos, de sorte que a delimitação dessas matérias é sempre e inevitavelmente problemática. Depende da interpretação de cada um dos dispositivos constitucionais nos quais essa reserva é formulada, e tal interpretação gera inevitáveis controvérsias quanto aos limites dessa reserva.

Assim, ainda quando se pudesse admitir que só é lei complementar aquela que trate das matérias constitucionalmente reservadas a essa espécie normativa, ter-se-ia de admitir que cabe ao Congresso Nacional a delimitação dessas matérias, evitando-se, deste modo, que essa delimitação fique a depender do intérprete e, em última análise, fique a depender de decisão judicial. Assim estaremos adotando a doutrina do eminente Min. Victor Nunes Leal, que nos ensina: "Embora não possa o Poder Legislativo resolver definitivamente uma controvérsia constitucional, não resta dúvida de que em muitos casos de interpretação duvidosa a ação legislativa é útil e às vezes imprescindível. A razão disso é que os princípios que orientam a aplicação do *judicial control* assentam na presunção de legitimidade da interpretação preferida pelo legislador. Somente nos casos em que a in-

---

10. Claus-Wilhelm Canaris, *Pensamento Sistemático e Conceito de Sistema na Ciência do Direito*, cit., 2ª ed., p. 22.

constitucionalidade seja ostensiva ou evidente é que o Judiciário a deve declarar. Daí a grande autoridade de que se reveste um pronunciamento legislativo nos pontos em que a inteligência do texto constitucional seja passível de dúvidas".[11]

2. O ordenamento jurídico como sistema

2.1 Ordenação e unidade

Seja qual for a definição que adotemos de *ordenamento jurídico*, nela podemos considerar presente a ideia de sistema. E, como ensina Canaris, de todas as definições de sistema emergem as ideias de *ordenação* e de *unidade*.[12] E essas ideias carecem – diz aquele eminente jusfilósofo – de confirmação, que se deve fundamentar na própria essência do Direito. Tanto a ordem como a unidade radicam, afinal de contas, como demonstra Canaris, na ideia de Direito, porque inerentes ao postulado universal da justiça, de tratar os iguais de modo igual e os diferentes de forma diferente, na medida de suas diferenças.[13]

2.2 Coerência

As ideias de ordenação e de unidade envolvem, inevitavelmente, a ideia de coerência, no sentido de ausência de normas incompatíveis.

É a lição de Norberto Bobbio: "Diz-se que um ordenamento jurídico constitui um sistema porque não podem existir nele *normas incompatíveis*".[14]

E, adiante, no mesmo estudo: "A coerência não é condição de validade, mas é sempre condição para a justiça do ordenamento. É

---

11. Victor Nunes Leal, "Leis complementares da Constituição", *RDA* VII/383, Rio de Janeiro, FGV, janeiro-março/1947.
12. Cf. Claus-Wilhelm, *Pensamento Sistemático e Conceito de Sistema na Ciência do Direito*, cit., 2ª ed., p. 12.
13. Idem, p. 18.
14. Norberto Bobbio, *Teoria do Ordenamento Jurídico*, 4ª ed., trad. de Maria Celeste Cordeiro Leite dos Santos, Brasília/DF, ed. UnB, 1994, p. 80.

evidente que quando duas normas contraditórias são ambas válidas, e pode haver indiferentemente a aplicação de uma ou de outra, conforme o livre arbítrio daqueles que são chamados a aplicá-las, são violadas duas exigências fundamentais em que se inspiram ou tendem a inspirar-se os ordenamentos jurídicos: a exigência de certeza (que corresponde ao valor da paz ou da ordem) e a exigência da justiça (que corresponde ao valor da igualdade). Onde existem duas normas antinômicas, ambas válidas, e portanto ambas aplicáveis, o ordenamento jurídico não consegue garantir nem a certeza, entendida como possibilidade, por parte do cidadão, de prever com exatidão as consequências jurídicas da própria conduta, nem a justiça, entendida como o igual tratamento das pessoas que pertencem à mesma categoria".[15]

Por isto mesmo – vale dizer, em razão da importância que tem a coerência em um ordenamento jurídico –, é da maior relevância o prestígio que a doutrina deve conferir aos critérios para a superação das antinomias, de sorte que, sendo possível duas interpretações, uma que assegura a aplicação de um desses critérios e outra que os despreza, com certeza deve prevalecer a primeira. Assim, se é possível mais de uma interpretação das regras albergadas por nossa Constituição Federal relativas às leis complementares, com certeza deve prevalecer a interpretação que permite a utilização do critério hierárquico para a superação de possíveis conflitos entre lei complementar e lei ordinária. Não se justifica, de modo algum, a preferência por outra interpretação.

Seja como for, em face da enorme complexidade que os ordenamentos jurídicos geralmente assumem, faz-se necessária a utilização de critérios para evitar que em um ordenamento jurídico subsistam normas incompatíveis. E entre esses critérios destaca-se, por sua grande importância, o critério hierárquico, porque o Direito é um sistema hierarquizado, precisamente porque é um sistema extremamente complexo. Esta é a lição de Bobbio: "Que seja unitário um ordenamento simples, isto é, um ordenamento em que todas as normas nascem de uma única fonte, é facilmente compreensível. Que seja unitário um ordenamento complexo, deve ser explicado. Aceitamos aqui

---

15. Idem, p. 113.

a teoria da construção escalonada do ordenamento jurídico, elaborada por Kelsen. Essa teoria serve para dar uma explicação da unidade de um ordenamento jurídico complexo. Seu núcleo é que *as normas de um ordenamento não estão todas no mesmo plano*".[16]

Certo que o critério hierárquico não é o único, porque também existem antinomias entre normas situadas no mesmo patamar hierárquico. Existem, portanto, também o critério cronológico e o critério da especialidade.

O estudo desses critérios, e até o da insuficiência dos mesmos, é da maior importância na Teoria Geral do Direito. No âmbito deste livro, porém, importa-nos especialmente o exame do critério hierárquico, e particularmente o exame da questão de saber qual é o critério utilizado para determinar a posição hierárquica da norma no sistema jurídico.

3. O critério hierárquico

3.1 Hierarquia e poder normativo

Que o direito positivo é um sistema de normas é praticamente pacífico. E também ninguém duvida, seriamente, de que esse sistema é composto de normas organizadas em patamares hierárquicos, segundo o poder normativo do órgão produtor das normas.

Quando nos referimos a *normas organizadas em patamares*, umas acima das outras, estamos colocando o pressuposto do qual necessita o aplicador da norma para superar possíveis antinomias entre estas pelo denominado critério hierárquico, assim definido por Norberto Bobbio: "O critério hierárquico, chamado também de *lex superior*, é aquele pelo qual, entre duas normas incompatíveis, prevalece a hierarquicamente superior; *lex superior derogat inferiori*. Não temos dificuldade em compreender a razão desse critério depois que vimos, no capítulo precedente, que as normas de um ordenamento são colocadas em planos diferentes: são colocadas em ordem hierárquica. Uma das consequências da hierarquia normativa é justamente esta: as nor-

---

16. Idem, pp. 48-49.

mas superiores podem revogar as inferiores, mas as inferiores não podem revogar as superiores. A inferioridade de uma norma em relação a outra consiste na menor força de seu poder normativo; essa menor força se manifesta justamente na incapacidade de estabelecer uma regulamentação que esteja em oposição à regulamentação de uma norma hierarquicamente superior".[17]

3.2 Poder normativo e quórum de votação

O que determina a colocação da norma em determinado patamar hierárquico é a *maior ou menor força do poder normativo* do órgão que a produz. Esse poder normativo, tratando-se de um órgão colegiado elaborador de normas jurídicas, só pode decorrer de critério formal que nos permita identificar a consistência da vontade desse órgão. Assim é que, em um tribunal eventualmente dividido em órgãos fracionários, o plenário, que reúne a totalidade dos membros do tribunal, tem maior poder decisório e normativo que um órgão fracionário. E, mesmo em relação ao órgão plenário, certas decisões consideradas mais importantes, e por isto mesmo dotadas de maior poder normativo, devem ser tomadas com quórum qualificado, geralmente o de maioria absoluta. É o que acontece, por exemplo, com a decisão do tribunal que declara a inconstitucionalidade de uma lei. Só pode ser adotada pelo plenário, e por maioria absoluta de votos.

Nessa mesma ordem de ideias, se um órgão legislativo eventualmente puder funcionar dividido em órgãos fracionários, a estes é sempre atribuído poder normativo menor que o do plenário, que reúne todos os órgãos fracionários. E mesmo no órgão plenário as decisões mais importantes, que exigem maior poder normativo, devem ser tomadas com um quórum qualificado, geralmente a maioria absoluta, como acontece – repita-se – com a que declara a inconstitucionalidade de uma lei.

Assim, norma jurídica produzida em procedimento que exige quórum mais expressivo da vontade do órgão legislativo é norma dotada de maior poder normativo. Pode, portanto, revogar norma produzida pelo mesmo órgão legislativo em procedimento que exige

---

17. Norberto Bobbio, *Teoria do Ordenamento Jurídico*, cit., 4ª ed., p. 93.

quórum menos expressivo da vontade do órgão legislativo. Confirmando esta nossa afirmação, Moreira Reis acolhe e transcreve a doutrina de Francinira Macedo de Moura, segundo a qual a exigência do quórum qualificado para aprovação da lei complementar é "condição que formalmente lhe reserva maior autoridade normativa".[18] Em outras palavras, a qualificação de cada uma das várias espécies de normas que compõem o sistema, para efeito do seu enquadramento em um dos patamares hierárquicos deste, há de ser decorrente sempre de critérios formais, como se vai a seguir demonstrar.

3.3 Hierarquia normativa e qualificação de cada espécie por critérios formais

Em qualquer ordenamento jurídico tem-se uma ordem hierarquizada, e no ápice dessa ordem está a Constituição, que é sempre o fundamento de validade de toda a ordem jurídica estatal. Não se pode, todavia, admitir que algumas normas da Constituição, porque não albergadas pelo conceito de Constituição em sentido material, estejam em posição hierárquica distinta daquelas que regulam a produção normativa. Pelo contrário, o que importa, sempre, para a determinação da posição hierárquica da norma que está na Constituição é o conceito formal desta. Neste sentido é a manifestação autorizada de Hans Kelsen, que afirma: "Da Constituição em sentido material deve distinguir-se a Constituição em sentido formal, isto é, um documento designado como 'Constituição' que – como Constituição escrita – não só contém normas que regulam a produção de normas gerais, isto é, a legislação, mas também normas que se referem a outros assuntos politicamente importantes e, além disso, preceitos por forma dos quais as normas contidas neste documento, a lei constitucional, não podem ser revogadas ou alteradas pela mesma forma que as leis simples, mas somente através de processo especial submetido a requisitos mais severos. Estas determinações representam a forma da Constituição, que, como forma, pode assumir qualquer conteúdo e que, em primeira linha, serve para a estabilização das normas que

---

18. Palhares Moreira Reis, *A Lei Complementar na Constituição de 1988*, Belo Horizonte, Fórum, 2007, p. 96.

aqui são designadas como Constituição material e que são o fundamento do direito positivo de qualquer ordem jurídica estadual".[19]

Três coisas indiscutíveis devem ser observadas nessa lição do Mestre de Viena, porque da maior importância na tese que sustentamos.

A primeira consiste na afirmação segundo a qual a Constituição *em sentido formal* contém normas que não integram a Constituição em *sentido material* e que essas normas, "que se referem a outros assuntos politicamente importantes", participam da mesma posição hierárquica daquelas normas que integram a Constituição em sentido material. Isto quer dizer que a posição hierárquica de uma espécie normativa decorre de seus elementos formais, e não do seu conteúdo. Em outras palavras, isto quer dizer que a organização do ordenamento jurídico em patamares hierárquicos se faz mediante elementos formais, e não em função do conteúdo de cada espécie normativa.

A segunda observação – que reproduz, no essencial, a mesma ideia – consiste na afirmação de que a Constituição, "como forma, pode assumir qualquer conteúdo". Em outras palavras, isto confirma a ideia de que o conteúdo é irrelevante para a qualificação da norma na espécie normativa. Se esta – no caso, a Constituição – pode ter qualquer conteúdo, é evidente que não é o conteúdo o elemento determinante da qualificação de determinada espécie normativa.

E a terceira, que concerne especialmente à segurança jurídica enquanto valor a ser preservado pelo Direito, situa-se na afirmação segundo a qual a inclusão de normas no patamar constitucional "serve para estabilização das normas que aqui são designadas como Constituição material". Essa estabilização, evidentemente, decorre do fato de ser o patamar constitucional aquele da mais elevada hierarquia no ordenamento jurídico, o que significa dizer que as normas colocadas nesse patamar não podem ser alteradas a não ser com obediência às formas mais exigentes.

Na verdade, quanto se trata de hierarquia normativa, o que importa na caracterização de cada uma das espécies normativas é seu aspecto formal. Por isto mesmo, a Constituição, a lei complementar, a lei ordinária e qualquer outra espécie de norma integrante de nosso ordenamento jurídico devem ser qualificadas como espécies em razão

---

19. Hans Kelsen, *Teoria Pura do Direito*, cit., 3ª ed., pp. 310-311.

de seus aspectos formais, e nunca em razão das matérias das quais se ocupam. E, por isto mesmo, quando se pretende assegurar maior estabilidade à disciplina jurídica de determinada matéria utilizam-se nessa disciplina normas de patamar hierárquico superior, o que quer dizer normas cuja alteração só é possível com o atendimento de formalidades mais rigorosas. Em outras palavras, são utilizados os elementos formais do Direito, que permitem o ordenamento de suas normas em patamares hierarquizados.

Essa ideia de que a hierarquia é estabelecida pela forma, e não pela matéria de que se ocupam as normas, fica ainda mais clara na doutrina de Kelsen quando este afirma que: "A Constituição estadual pode – como Constituição escrita – aparecer na específica forma constitucional, isto é, em normas que não podem ser revogadas ou alteradas como as leis normais mas somente sob condições mais rigorosas. Mas não tem de ser necessariamente assim; e não é assim quando nem sequer exista Constituição escrita, quando a Constituição surgiu por via consuetudinária, quer dizer: através da conduta costumeira dos indivíduos submetidos à ordem jurídica estadual, e não foi condicionada. Nesse caso, também as normas que têm o caráter de Constituição material podem ser revogadas ou alteradas por leis simples ou pelo direito consuetudinário".[20]

Como se vê, as normas que integram a Constituição não ganham posição hierárquica superior pelo conteúdo, mas pela forma. Apenas um aspecto relacionado ao conteúdo mostra-se de grande importância na questão da organização das normas em patamares hierárquicos: é o que diz respeito à determinação do significado e alcance das normas, que permite evitar possa uma norma de hierarquia inferior alterar norma de hierarquia superior, trabalhando com os conceitos nela albergados. Daí a enorme importância dos conceitos na preservação da hierarquia normativa.

3.4 Importância dos conceitos

Realmente, a importância dos conceitos, inegável em qualquer área do Direito, deve ser sempre considerada quando se enfrenta uma

20. Hans Kelsen, *Teoria Pura do Direito*, cit., 3ª ed., pp. 311-312.

questão na qual deve ser respeitada a superioridade hierárquica de uma norma. A delimitação adequada de certos conceitos utilizados na elaboração de uma norma pode ser decisiva para evitar seu amesquinhamento, que pode ocorrer se admitirmos que uma norma de hierarquia inferior possa definir livremente conceitos utilizados em normas de hierarquia superior.

Um exemplo deixará claro o que estamos querendo dizer. Nossa Constituição estabelece que "a casa é asilo inviolável do indivíduo, ninguém nela podendo penetrar sem consentimento do morador, salvo em caso de flagrante delito ou desastre, ou para prestar socorro, ou, durante o dia, por determinação judicial" (art. 5º, XI). Imaginemos, então, pudesse a lei ordinária definir como casa *a edificação com mais de 2.000m² de área construída, piso de mármore ou granito*. Por essa forma o legislador ordinário teria alterado substancialmente o alcance da regra da Constituição, tornando-a praticamente inútil.

Inúmeros outros exemplos poderiam ser apresentados deixando clara a ideia de que uma norma de hierarquia superior poderia ter seu alcance ampliado ou reduzido por uma norma de hierarquia inferior que eventualmente alterasse conceitos nela utilizados.

No âmbito do direito tributário temos interessante exemplo de norma da Constituição que teve seu alcance alterado pelo legislador complementar, que trabalhou com conceito substancial na definição de seu alcance. Exemplo cuja importância maior está exatamente em demonstrar que o mesmo pode ocorrer em relação a todas as regras da Constituição Federal que atribuem competência tributária às diversas pessoas jurídicas de direito público. Estamos nos referindo à lei complementar que, ao estabelecer quais são os serviços tributáveis pelos Municípios, entre eles incluiu a locação de bens móveis.

Repetimos que essa questão tem maior importância porque diz respeito a todo o ordenamento jurídico como sistema hierarquizado. Se admitirmos que o elaborador de uma norma possa definir conceitos utilizados na elaboração de uma norma de hierarquia superior, estaremos admitindo que ele possa alterar aquela norma e, assim, amesquinhar a hierarquia normativa. E no âmbito do direito tributário, quando enfrentamos a questão de saber se o legislador complementar pode, ou não, ao descrever o âmbito constitucional do imposto sobre serviços de qualquer natureza/ISS, incluir neste a locação de bens móveis, estamos, na verdade, diante da questão de saber em quê a hierarquia das normas deve ser prestigiada. E, especificamente, diante da questão de saber se realmente a supremacia da Constituição é, ou não é, uma garantia do contribuinte.

Já demonstramos, com referências a estudos doutrinários relativos à realidade de vários Países, a importância da supremacia constitucional como garantia do contribuinte.[21] E não temos dúvida de que essa supremacia somente será efetiva na medida em que forem preservados os conceitos utilizados pela Constituição, contra mudanças que nos mesmos pretenda o legislador introduzir.

Para a preservação dos conceitos temos de buscar meios para identificar o que nos mesmos existe de essencial, ou nuclear, de sorte a que possamos distinguir uns dos outros e, assim, evitar o solapamento da hierarquia normativa, que estará definitivamente destruída se admitirmos que a imprecisão justifica interpretações que ampliam ou que restringem o alcance das normas que os albergam, além de limites razoáveis que se fazem necessários dentro do sistema normativo.

3.5 Superação das antinomias do sistema

O critério hierárquico é da maior importância na superação das antinomias de um sistema jurídico, especialmente porque no Estado existem diversos órgãos produtores de normas jurídicas, e esses órgãos, com certeza, não são dotados do mesmo poder normativo. Não podemos comparar, por exemplo, o poder normativo de que é dotado o órgão ao qual é atribuída a função legislativa do Estado – no caso brasileiro, o Congresso Nacional – com o poder normativo de que é dotado um simples auxiliar do Presidente da República – no caso brasileiro, um ministro de Estado –, nem o poder normativo deste com aquele atribuído a um auxiliar seu – no caso brasileiro, por exemplo, o Secretário da Receita Federal do Brasil, para nos situarmos no âmbito do direito tributário.

---

21. Hugo de Brito Machado, "A supremacia constitucional como garantia do contribuinte", *Revista Dialética de Direito Tributário* 68/44-60, São Paulo, Dialética.

É praticamente impossível evitar que as normas editadas por todos os órgãos que no Estado estão dotados de poder normativo tenham alguma incompatibilidade umas com as outras. Assim, mesmo restringindo nossa observação ao âmbito do direito tributário, é praticamente impossível evitar antinomias entre as normas produzidas pelo Congresso Nacional e as produzidas por cada um dos citados órgãos do Poder Executivo. Por isto mesmo, é da maior importância a consideração da hierarquia que existe entre os órgãos produtores de normas, em decorrência da maior ou menor expressão de poder que ocorre na edição dos atos de cada um dos citados órgãos do Estado.

Temos de considerar, portanto, na superação das antinomias do sistema normativo, a posição ocupada pelo órgão produtor da norma na hierarquia necessariamente existente entre os órgãos que integram o Estado. Por isto mesmo é que, estudando as antinomias entre as regras jurídicas, Alfredo Augusto Becker, um dos maiores cultores do direito tributário em nosso País, ensina, com inteira propriedade: "Quando as regras jurídicas em antinomia foram criadas por órgãos legislativos de diferentes graus de hierarquia, sem desbordamento de suas respectivas competências, prevalece a regra (anterior ou posterior) criada pelo órgão de hierarquia superior; é o critério hierárquico".[22]

E não podemos deixar de considerar, também, que nos órgãos colegiados em geral, quando existam órgãos internos, ou fracionários, são sempre dotados de maior poder normativo aqueles dos quais participa o maior número dos membros do órgão colegiado pleno. Assim é que em um tribunal, por exemplo, as manifestações monocráticas, que expressam o entendimento de um só de seus membros, são sempre dotadas de menor poder, tanto que das mesmas geralmente cabe recurso para outro órgão interno, que pode ser uma câmara ou uma turma, ou para o plenário do tribunal. E as decisões de câmaras ou turmas são sempre dotadas de menor poder em relação às decisões do plenário, e geralmente delas cabe recurso para o plenário do tribunal.

---

22. Alfredo Augusto Becker, *Teoria Geral do Direito Tributário*, São Paulo, Saraiva, 1963, pp. 194-195.

Essa é a regra, a nos dizer que o poder hierárquico dos órgãos do Estado é sempre definido mediante critério formal. Jamais pelo conteúdo das manifestações desses órgãos.

4. O ordenamento jurídico brasileiro

4.1 Delimitação do tema

Sob o título "O Ordenamento Jurídico Brasileiro" é possível escrevermos um verdadeiro tratado de direito constitucional. Aqui, todavia, vamos limitar nosso estudo. Primeiro quanto ao aspecto temporal, porque vamos examinar nosso ordenamento jurídico à luz da Constituição Federal de 1988. Depois quanto ao aspecto substancial, porque vamos examinar apenas as principais espécies de normas que o integram, e especialmente para demonstrar que elas estão organizadas em patamares hierárquicos definidos segundo o poder normativo dos diversos órgãos produtores de normas. Também não vamos abordar, aqui, as normas produzidas no âmbito dos Estados-membros e dos Municípios.

Mesmo com as limitações mencionadas, podemos afirmar com segurança que nosso ordenamento jurídico não é simples. Logo, não é nem poderia ser unitário, vale dizer, não poderia ser composto por normas produzidas todas por uma única fonte. É, na verdade, um ordenamento extremamente complexo, composto por normas produzidas por órgãos os mais diversos, mesmo que com a palavra "norma" estejamos a designar apenas aquelas dotadas de generalidade, vale dizer, que não tenham sido produzidas para um caso concreto. Por isto mesmo, é evidente que as normas que o integram *não estão todas em um mesmo plano*.

4.2 Necessidade de escalonamento hierárquico

Sabemos todos que o ordenamento jurídico brasileiro, fundado na Constituição Federal de 1988, compreende normas de diversas espécies, produzidas por vários órgãos aos quais é reconhecido poder normativo. Assim, é da maior importância o estudo dessas espécies de normas tendo-se em vista a organização das mesmas em patamares hierárquicos.

No estudo das espécies normativas, que faremos a seguir, levaremos em conta o que estabelece a Constituição Federal de 1988 quando trata, em seu Título IV, "Da Organização dos Poderes". Em outras palavras: ao estudarmos as diversas espécies de normas que integram nosso sistema jurídico, tomaremos como ponto de partida a estrutura do Estado Brasileiro, tal como estabelecida na Constituição, bem como as atribuições de cada órgão que compõe essa estrutura.

Não nos limitaremos, porém, ao que está na Constituição. Vamos estudar também algumas espécies de normas que integram nosso ordenamento jurídico embora não sejam elas referidas na Constituição, nem sejam produzidas por órgãos nesta mencionados. Com isto pretendemos fazer uma demonstração mais completa de que todas as espécies normativas caracterizam-se por elementos formais.

Realmente, a caracterização de cada espécie normativa por elementos formais é o que ocorre nos ordenamentos jurídicos em geral. E em nosso ordenamento isto é indiscutível. Está fora de toda e qualquer dúvida razoável, tanto quanto é indiscutível a necessidade de que as diversas normas que integram um ordenamento jurídico estejam postas em patamares hierarquizados, como condição sem a qual não existiriam unidade e coerência no ordenamento.

Por outro lado, não é razoável admitir que uma espécie normativa possa estar em um ou em outro dos patamares hierárquicos do sistema, a depender do conteúdo ou matéria de que se ocupe. E menos admissível ainda é que uma espécie normativa possa ter alguns dos seus dispositivos em um determinado patamar hierárquico e outros tantos dos seus dispositivos em outro patamar hierárquico.

4.3 *Espécies normativas produzidas pelo Congresso Nacional*

4.3.1 *Divisão de poderes e as funções estatais*

Há quem sustente que o poder estatal é uno e indivisível e que a divisão que na verdade se opera é das funções estatais. Esta é a posição de Celso Ribeiro Bastos, para quem "o poder é sempre uno, qualquer que seja a forma por ele assumida".[23] Para o eminente constitucionalista é "incorreto afirmar-se a tripartição de poderes estatais, a tomar essa expressão ao pé da letra".[24] Não obstante, refere-se à separação dos poderes, e sobre o tema escreve:

"A teoria da separação dos poderes diz que, qualquer que seja a atividade estatal, esta deverá ser sempre precedida por normas do último tipo citado, isto é, normas abstratas e gerais, denominadas *leis*. Os atos concretos, ainda segundo a teoria ora exposta, só serão legítimos na medida em que forem praticados com fundamento nas normas gerais. Assim, exemplificando, a cobrança de um tributo de determinado contribuinte é legal desde que, entretanto, calcada em norma genérica e abstrata que diga que alguém que, porventura, venha a encontrar-se na situação X deverá pagar Y a título de imposto. Eis aí a função legislativa e a executiva.

"Além dessas, é prevista uma terceira função: a judiciária. Esta consiste em dirimir, em cada caso concreto, as divergências surgidas por ocasião da aplicação das leis."[25]

Seja como for, certo é que em nosso ordenamento jurídico é utilizada a palavra "poder" para compor as expressões indicadoras dos órgãos do Estado incumbidos do desempenho das funções estatais. E certo é também que a divisão orgânica do Estado não coincide inteiramente com a tripartição de suas funções.

A Constituição Federal estabelece que o Poder Legislativo é exercido pelo Congresso Nacional, que se compõe da Câmara dos Deputados e do Senado Federal (art. 44). A Câmara dos Deputados compõe-se de representantes do povo, eleitos pelo sistema proporcional em cada Estado, em cada Território e no Distrito Federal, e o Senado Federal compõe-se de representantes dos Estados e do Distrito Federal, eleitos segundo o princípio majoritário.

Quando se fala na divisão dos poderes estatais e se menciona o Poder Legislativo, ao lado do Poder Executivo e do Poder Judiciário,

---

23. Celso Ribeiro Bastos, *Curso de Direito Constitucional*, 18ª ed., São Paulo, Saraiva, 1997, p. 339.
24. Idem, ibidem.
25. Celso Ribeiro Bastos, *Curso de Direito Constitucional*, cit., 18ª ed., p. 341.

não se deve esquecer que essa divisão, geralmente feita pela Constituição, não coincide com a divisão das funções estatais, embora estas possam ser também qualificadas como função legislativa ou legislação, função administrativa ou administração e função jurisdicional ou jurisdição. E não coincide porque, na verdade, o Poder Legislativo exerce funções administrativas e funções jurisdicionais, como o Poder Executivo exerce também funções legislativas e funções jurisdicionais. E o Poder Judiciário também exerce funções legislativas e funções administrativas. Assim, quando a Câmara dos Deputados ou o Senado Federal nomeiam, promovem ou demitem um servidor, estão exercendo função administrativa, e quando apreciam a imputação de falta de decorro parlamentar feita a um de seus membros estão praticando atividade jurisdicional. Quando o Presidente da República edita uma medida provisória ou um outro órgão do Poder Executivo baixa uma portaria, tem-se nesses casos o exercício de função legislativa; e quando um órgão como, por exemplo, o Conselho de Recursos Fiscais do Ministério da Fazenda aprecia um recurso de contribuinte tem-se o exercício de função jurisdicional. Da mesma forma, quando um tribunal aprova seu regimento interno está exercendo função legislativa, e quando demite ou promove um servidor está exercendo função administrativa.

Nesse contexto, importa-nos saber qual é a função típica de cada poder do Estado. Qual a função essencial para cujo exercício foram instituídos os órgãos que compõem aquele setor do Estado. É essa função típica, ou essencial, que qualifica o poder e lhe empresta o nome. É essa função típica que consubstancia o que a final constitui a atividade-fim de cada um dos *poderes* nos quais, como órgãos, divide-se o Estado. Assim, diz-se que o Poder Legislativo tem como função típica a produção de normas, ou função legislativa. Essa é sua *atividade-fim*. O Poder Executivo tem como função típica ou atividade-fim a administração. E o Poder Judiciário tem como função típica ou atividade-fim a jurisdição.

4.3.2 *O processo legislativo*

Sobre o tema, doutrina Alexandre de Moraes: "O termo *processo legislativo* pode ser compreendido num duplo sentido, jurídico e sociológico. Juridicamente, consiste no conjunto coordenado de disposições que disciplinam o procedimento a ser obedecido pelos órgãos competentes na produção das leis e atos normativos que derivam diretamente da própria Constituição, enquanto sociologicamente pode-se defini-lo como o conjunto de fatores reais que impulsionam e direcionam os legisladores a exercitarem suas tarefas".[26]

E, logo adiante: "O desrespeito às normas de processo legislativo constitucionalmente previstas acarretará a inconstitucionalidade formal da lei ou ato normativo produzido, possibilitando pleno controle repressivo de constitucionalidade por parte do Poder Judiciário, tanto pelo método difuso como pelo método concentrado. Saliente-se, ainda, que, mesmo durante o processo legislativo, os parlamentares têm o direito público subjetivo à fiel observância de todas as regras previstas constitucionalmente para a elaboração de cada espécie normativa, podendo, pois, socorrerem-se do Poder Judiciário via mandado de segurança".[27]

Podemos dizer que o processo legislativo disciplina o exercício da função estatal legislativa, que compreende a elaboração de emendas à Constituição, leis complementares, leis ordinárias, leis delegadas, medidas provisórias, decretos legislativos e resoluções (CF, art. 59). Neste sentido, podemos dizer, ele não está disciplinado inteiramente na Constituição, embora nesta tenha suas diretrizes mais importantes. Como está na *Wikipédia*, a enciclopédia livre:

"O processo legislativo brasileiro é a sucessão de atos realizados para a produção das leis em geral. O conteúdo, a forma e a sequência desses atos obedecem a regras próprias, ditadas pela Constituição Federal de 1988, por leis e regimentos específicos, conforme o nível de competência normativa.

"Na produção das leis federais, as regras são ditadas pela Constituição Federal de 1988, pela Lei Complementar 95/1988, pelos Regimentos Internos da Câmara dos Deputados e do Senado Federal e pelo Regimento Comum das duas Casas. Enquanto a Constituição

26. Alexandre de Moraes, *Constituição do Brasil Interpretada*, 6ª ed., São Paulo, Atlas, 2006, p. 1.140.
27. Idem, pp. 1.140-1.141.

Federal de 1988 dita regras de âmbito geral (iniciativa, quórum, trâmite, sanção e veto), os Regimentos Internos disciplinam os demais detalhes do processo legislativo (trabalho das comissões, prazos para emendamento, emissão de pareceres, regras de votação e destaques). A Lei Complementar 95, de 26 de fevereiro de 1988, regulamenta o art. 59, parágrafo único, da Constituição Federal de 1988, que dispõe sobre a elaboração, redação, a alteração e a consolidação das leis, cujas normas e diretrizes são estabelecidas pelo Decreto 4.176, de 28 de março de 2002."[28]

Para a defesa da tese que sustentamos neste livro – segundo a qual é lei complementar a lei como tal aprovada pelo Congresso Nacional e sancionada pelo Presidente da República, e não somente aquela que trata de matérias constitucionalmente reservadas a essa espécie normativa –, merecem destaque neste contexto as afirmações colhidas no texto há pouco transcrito, segundo as quais:

(a) Na produção das leis federais, as regras são ditadas pela Constituição Federal de 1988, pela Lei Complementar 95/1988, pelos Regimentos Internos da Câmara dos Deputados e do Senado Federal e pelo Regimento Comum das duas Casas.

(b) O desrespeito às normas de processo legislativo constitucionalmente previstas acarretará a inconstitucionalidade formal da lei ou ato normativo produzido.

A primeira dessas duas afirmações tem indiscutível amparo na regra do parágrafo único do art. 59 da Constituição Federal, segundo a qual "lei complementar disporá sobre a elaboração, redação, alteração e consolidação das leis". E seu destaque é feito a propósito de demonstrarmos que a lei complementar é, sim, fundamento de validade das leis ordinárias em geral.

Já, a segunda das duas afirmações em referência, que é indiscutível no plano do direito constitucional, desmente o arranjo feito pela doutrina para preservar as regras constantes de *lei complementar* que tratam de matéria não reservada constitucionalmente a esse espécie normativa. Realmente, se uma lei complementar não pudesse tratar de matérias não reservadas a essa espécie normativa, ocorreria

28. Disponível em *http://pt.wikipedia.org/wiki/Processo_Legislativo_Brasileiro*.

inconstitucionalidade formal, por desobediência ao processo legislativo; vale dizer, pelo uso de processo legislativo próprio de lei complementar para a aprovação de matéria que pode ser tratada por lei ordinária.

Registre-se, finalmente, que o processo legislativo, como se vê, não cuida da elaboração da própria Constituição, embora seja esta a norma mais importante do ordenamento. A razão é simples, como a seguir se verá. Por outro lado, o processo legislativo refere-se às leis delegadas e às medidas provisórias, embora estas não sejam produzidas pelo Poder Legislativo, e sim pelo chefe do Poder Executivo. Adiante, ao tratarmos dessas espécies normativas, explicaremos por que estão elas colocadas no dispositivo constitucional que trata do processo legislativo.

4.3.3 *Constituição*

A palavra "Constituição" tem uma gama de significados, como observa Paulo Bonavides, e mesmo no âmbito da Ciência Política e do Direito Constitucional tem mais de um significado. Daí por que o eminente constitucionalista se refere ao conceito *material* de constituição e a seu conceito *formal*. E, então, escreve: "Do ponto de vista material, a Constituição é o conjunto de normas pertinentes à organização do poder, à distribuição da competência, ao exercício da autoridade, à forma de governo, aos direitos da pessoa humana, tanto individuais como sociais. Tudo quanto for, enfim, conteúdo básico referente à composição e ao funcionamento da ordem política exprime o aspecto material da Constituição".[29]

E, adiante, ensina que:

"As Constituições não raro inserem matéria de aparência *constitucional*. Assim se designa exclusivamente por haver sido introduzida na Constituição, enxertada no seu corpo normativo, e não porque se refira aos elementos básicos ou institucionais da organização política.

---

29. Paulo Bonavides, *Curso de Direito Constitucional*, 25ª ed., São Paulo, Malheiros Editores, 2010, p. 80.

"Entra essa matéria pois a gozar da garantia e do valor superior que lhe confere o texto constitucional. De certo tal não aconteceria se ela houvesse sido deferida à legislação ordinária. O paradoxo maior acontece porém nos sistemas de Constituição formal ou rígida, onde copiosa matéria de índole constitucional pode ficar excluída do texto constitucional, bem como sua regulamentação relegada à órbita da legislação ordinária."[30]

E, ainda, reportando-se a normas que cuidam de matérias alheias à Constituição em sentido material, ensina que:

"(...) uma vez postas na Constituição, tais normas – repetimos –, embora não sejam *materialmente* constitucionais, somente poderão suprimir-se ou alterar-se mediante um processo diferente, mais solene e complicado (maioria qualificada, votação repetida em legislaturas sucessivas, ratificação pelos Estados-membros em algumas organizações federativas, conforme a prescrição constitucional, etc.).

"Essa forma *difícil* de reformar a Constituição ou de elaborar uma lei constitucional, distinta pois da *forma fácil* empregada na feitura da legislação ordinária – cuja aprovação se faz em geral por maioria simples, com ausência daqueles requisitos –, caracteriza a Constituição pelo seu *aspecto formal*."[31]

Como se vê, quando se trata de determinar o patamar hierárquico no qual uma espécie normativa está situada em um ordenamento jurídico, importa o aspecto formal da espécie normativa, e não seu aspecto material ou substancial. Com a lei complementar, enquanto espécie normativa, portanto, não há de ser diferente. Por isto mesmo, aqui, ao estudarmos o ordenamento jurídico, a Constituição à qual nos estamos referindo é aquela espécie normativa como tal considerada em seu sentido formal.

A Constituição é a norma mais importante de nosso ordenamento jurídico, pois é a norma de posição hierárquica mais elevada. A validade de todas as demais normas do ordenamento depende da conformidade com a Constituição. A razão pela qual não está referida no dispositivo que trata do processo legislativo é muito simples.

30. Idem, p. 81.
31. Idem, p. 82.

É que ela precede a todas as normas do sistema, sendo obra do denominado poder constituinte originário, ou poder constituinte propriamente dito, o qual, diversamente do que ocorre com o denominado poder constituinte reformador, não se submete a regras postas pelo Estado, mas apenas àquela norma dita pressuposta no momento de sua instituição.

Nesse sentido doutrina Kelsen, com propriedade: "Como, dado o carácter dinâmico do Direito, uma norma somente é válida porque e na medida em que foi produzida por uma determinada maneira, isto é, pela maneira determinada por uma outra norma, esta outra norma representa o fundamento imediato de validade daquela. A relação entre a norma que regula a produção de outra e a norma assim regularmente produzida pode ser figurada pela imagem especial da supra-infraordenação. A norma que regula a produção é a norma superior, a norma produzida segundo as determinações daquela é a norma inferior. A ordem jurídica não é um sistema de normas ordenadas no mesmo plano, situadas umas ao lado das outras, mas é uma construção escalonada de diferentes camadas ou níveis de normas jurídicas. A sua unidade é produto da conexão de dependência que resulta do fato de a validade de uma norma, que foi produzida de acordo com outra norma, se apoiar sobre essa outra norma, cuja produção, por seu turno, é determinada por outra; e assim por diante, até abicar a norma fundamental – pressuposta".[32]

Ressalvada a posição suprema da norma pressuposta – cuja natureza não importa questionarmos aqui –, a Constituição é a norma que ocupa a posição hierárquica mais elevada. Assim, quando falamos no ordenamento jurídico brasileiro podemos dizer que a Constituição Federal ocupa o patamar hierárquico mais alto.

Claro que estamos nos referindo à Constituição em sentido formal, vale dizer, a um documento designado como *Constituição*, que contém normas que regulam a produção de normas gerais e também normas que se referem a vários outros assuntos politicamente importantes, além de preceitos por força dos quais as normas nele contidas só podem ser revogadas através de processo especial submetido a requisitos mais severos, que são as denominadas emendas constitucionais.

---

32. Hans Kelsen, *Teoria Pura do Direito*, cit., 3ª ed., pp. 309-310.

É a Constituição em sentido formal, portanto, que se define como espécie para o efeito do escalonamento hierárquico. Em outras palavras, também as normas que não integram a Constituição em sentido material estão abrangidas pela rigidez que caracteriza a Constituição como espécie normativa. E, por isto mesmo, só podem ser revogadas ou alteradas por uma espécie normativa especial, vale dizer, a *emenda constitucional*, em cuja produção existem exigências mais rigorosas que as presentes no processo de produção de espécies normativas hierarquicamente inferiores.

Pela mesma razão, é a lei complementar em sentido formal que se define como espécie normativa para o efeito do escalonamento hierárquico. E, por isto mesmo, uma lei complementar como tal aprovada pelo Congresso Nacional só pode ser revogada ou alterada por outra lei complementar ou por espécie normativa superior, vale dizer, por emenda constitucional.

4.3.4 *Emendas à Constituição*

As emendas à Constituição constituem a primeira das espécies normativas que estão indicadas no art. 59 da vigente Constituição Federal como produto do processo legislativo em nosso ordenamento jurídico. Coloca-se, portanto, desde logo a questão de saber se existe e qual é o campo de matérias a elas reservadas.

Em outras palavras, se pretendermos que o elemento material seja decisivo para a qualificação da *emenda à Constituição* como espécie normativa, teremos de identificar o campo das matérias a ela reservadas. Esse campo é constituído pelas regras da própria Constituição, que, ao descrever o procedimento a ser seguido para esse fim, exclui a possibilidade de emenda na vigência de intervenção federal, de estado de defesa ou de estado de sítio e indica as matérias que não podem ser objeto de emendas (art. 60 e seus §§ da CF).

Assim, podemos dizer que o campo das matérias reservadas às emendas constitucionais é o delimitado pela Constituição. Todas as matérias tratadas em regras da Constituição que não estejam abrangidas pelas denominas cláusulas de imodificabilidade – e possam, portanto, ser alteradas pelo processo legislativo constitucionalmente previsto – só podem ser tratas por *emendas à Constituição*.

Quando nos referimos a esse campo de matérias reservadas às emendas à Constituição, certamente estamos nos referindo à Constituição como um conceito jurídico-positivo que se identifica pelos elementos formais. É o conceito formal de Constituição. Há, porém, um conceito material de Constituição. E a distinção entre esses dois conceitos nos permite reconhecer quando as espécies normativas se caracterizam pelo elemento substancial e quando se caracterizam pelos elementos formais. E nos autoriza a afirmar que na caracterização de uma espécie normativa o elemento material não se mistura com elementos formais. Por isto mesmo, o elemento material ou substancial presta-se para caracterizar a Constituição apenas no sentido material, ou substancial, e nunca para sua caracterização como um conceito jurídico-positivo.

O conceito jurídico-positivo de Constituição há de ser formulado em razão do aspecto *formal*, dizendo-se, então, que se trata de uma Constituição rígida, vale dizer, uma Constituição que está hierarquicamente acima das demais normas do sistema e por estas não pode ser alterada. Conceito que é diverso daquele conceito de Constituição em sentido substancial, que resulta da matéria tratada nas regras que a integram. Essa distinção entre o conceito material ou substancial e o conceito formal de Constituição está claramente indicada na doutrina de Paulo Bonavides, adotada também por Marcello Caetano, que nos ensina:

"O nosso País rege-se por uma Constituição escrita, cuja elaboração e modificação obedecem a um processo legislativo diverso do adoptado para o comum das leis: temos, portanto, uma Constituição rígida.

"Materialmente só deveriam ser constitucionais as normas relativas à instituição e competência dos órgãos da soberania e nos limites do poder político. Porém, a existência de processo especial de produção das leis constitucionais leva o jurista a considerar compreendidas nessa categoria todas as normas definidas e impostas por via desse processo."[33]

---

33. Marcello Caetano, *Manual de Direito Administrativo*, 1ª ed. brasileira, t. I, Rio de Janeiro, Forense, 1970, p. 88.

Nossa Constituição Política do Império, ou Carta de Lei, de 25.3.1824, adotou a distinção entre Constituição em sentido substancial ou material e Constituição em sentido formal, posto que admitiu expressamente que só tinham posição hierárquica superior determinadas regras na mesma albergadas. E, assim, depois de dispor, em seus arts. 173 a 177, a respeito da forma pela qual poderia ser alterada, estabeleceu: "Art. 178. É só constitucional o que diz respeito aos limites, e atribuições respectivas dos Poderes Políticos, e individuais dos cidadãos. Tudo, o que não é constitucional, pode ser alterado sem as formalidades referidas, pelas Legislaturas ordinárias".

Essa, porém, não é a diretriz utilizada pelas demais Constituições brasileiras. Pelo contrário, em todas elas tem sido adotado o conceito formal de Constituição, de sorte que as normas nas mesmas encartadas só podem ser alteradas por emenda formalmente entendida como tal, vale dizer, aprovada com obediência das regras constitucionais para tal fim estabelecidas.

Essa mesma diretriz orienta todo o ordenamento jurídico enquanto sistema de normas organizado em escalões hierárquicos. A Constituição, as emendas à Constituição, as leis complementares, e assim por diante, são espécies normativas que nesse contexto devem ser consideradas em atenção aos elementos formais que ditam a respectiva elaboração.

A Constituição, que está no ápice desse sistema, é considerada como um conceito jurídico- positivo. Ela é um conjunto de normas que integram uma categoria definida pelos elementos formais. Nesse contexto, evidentemente, não se pode cogitar de Constituição em sentido material. O conceito jurídico-positivo de Constituição há de ser formulado em razão do elemento formal, dizendo-se, então, que se trata de uma Constituição rígida, vale dizer, uma Constituição que está hierarquicamente acima das demais normas do sistema e só pode ser alterada por emenda constitucional, espécie normativa que se caracteriza por aspectos formais, vale dizer, pela competência e pelo procedimento adotados para sua elaboração. Mesmo quando a emenda constitucional trata de matérias até então não albergadas pela Constituição ela não perde sua natureza mas, pelo contrário, faz com que a matéria, até então alheia à Constituição, passe a ser, daí por diante, matéria constitucional.

A propósito da qualificação das emendas pelos elementos formais, registre-se que a Emenda Constitucional 45, de 8.12.2004, introduziu na vigente Constituição Federal regra estabelecendo que "os tratados e convenções internacionais sobre direitos humanos que forem aprovados, em cada Casa do Congresso Nacional, em 2 (dois) turnos, por três quintos dos votos dos respectivos membros, serão equiparados às emendas constitucionais" (CF de 1988, art. 5º, § 3º, com a redação que lhe deu o art. 1º da EC 45, de 8.12.2004). Como se vê, a qualificação como emenda constitucional enquanto espécie normativa depende, sim, de elementos formais. E não depende, em hipótese alguma, do elemento material; vale dizer, não depende da matéria regulada. Aliás, não conhecemos uma única manifestação doutrinária afirmando que determinada regra jurídica, não obstante introduzida no ordenamento por emenda à Constituição, seja simples regra de lei ordinária porque trata de matéria que poderia por lei ordinária ser tratada.

A doutrina questiona a indicação das emendas constitucionais como espécie normativa resultante do processo legislativo. Assim, referindo-se ao inciso do art. 59 da Constituição Federal segundo o qual o processo legislativo compreende as emendas à Constituição, escreve Paulo Napoleão Nogueira da Silva: "Neste inciso reside um dos pontos das suprarreferidas celeumas. Emendas ao texto da Constituição são espécies meramente legislativas, se ela é o ponto de partida, o marco inicial de toda a ordem jurídica, e se a produção legislativa – tanto substancial conto adjetivamente – dela decorre? Tudo indica que não, mas que as emendas à Constituição devessem estar enunciadas em tópico diverso às demais espécies legislativas".[34]

A nosso ver, a indicação das emendas à Constituição como espécie normativa resultante do processo legislativo tem o sentido de identificar a obra do poder constituinte reformador, atribuído ao Congresso Nacional, como produto da função normativa do Estado, que assim se submete ao controle de validade em face dos padrões fixados pela Constituição. Neste sentido doutrina Alexandre de Moraes:

---

34. Paulo Napoleão Nogueira da Silva, "Arts. 59 ao 69", in Paulo Bonavides, Jorge Miranda e Walber de Moura Agra (coords.), *Comentários à Constituição Federal de 1988*, Rio de Janeiro, Gen/Forense, 2009, p. 985.

"A emenda à Constituição Federal, enquanto proposta, é considerada um ato infraconstitucional sem qualquer normatividade, só ingressando no ordenamento jurídico após sua aprovação, passando então a ser preceito constitucional, de mesma hierarquia das normas constitucionais originárias.

"Tal fato é possível, pois a emenda à Constituição é produzida segundo uma forma e versando sobre conteúdo previamente limitado pelo legislador constituinte originário. Dessa maneira, se houver respeito aos preceitos fixados pelo art. 60 da Constituição Federal, a emenda constitucional ingressará no ordenamento jurídico com *status* constitucional, devendo ser compatibilizada com as demais normas originárias. Todavia, se qualquer das limitações impostas pelo citado artigo for desrespeitada, a emenda constitucional será inconstitucional, devendo ser retirada do ordenamento jurídico por meio das regras de controle de constitucionalidade, por inobservarem as limitações jurídicas estabelecidas na Carta Magna."

Destacamos dessa lição – porque relevante na defesa da tese que sustentamos neste livro – que *a emenda à Constituição é produzida segundo uma forma e versando sobre conteúdo previamente limitado pelo legislador constituinte originário.*

É evidente, porém, que essa limitação de conteúdo apenas exclui a possibilidade de versar a emenda sobre as matérias que integram as denominadas "cláusulas pétreas", ou cláusulas de imodificabilidade. A restrição que neste ponto se impõe ao Congresso Nacional, no exercício do denominado poder constituinte reformador, apenas impede que ele revogue ou modifique regras cujo conteúdo esteja reservado ao trato por um poder de hierarquia superior àquele exercido pelo Congresso Nacional no processo legislativo, atuando como constituinte derivado ou reformador. Em outras palavras, essa limitação de conteúdo apenas impede que na elaboração de uma emenda à Constituição o Congresso Nacional trate de matérias reservadas ao próprio poder constituinte originário. Não impede, porém, que a emenda à Constituição trate de matérias até então não referidas no texto constitucional, e que por isto mesmo podiam ser tratadas por espécies normativas inferiores, vale dizer, matérias não reservadas a um poder hierarquicamente superior.

Também a lei complementar *é produzida segundo uma forma e versando sobre conteúdo previamente limitado pelo legislador constituinte*. Entretanto, tal como se entende relativamente à limitação de conteúdo da emenda à Constituição, essa limitação de conteúdo apenas impede que a lei complementar cuide de matérias reservadas ao trato por um poder superior, ou seja, o poder constituinte. Não impede, porém, que a lei complementar trate de matéria que pode ser tratada por normas produzidas por poderes estatais inferiores, seja o legislador ordinário, seja qualquer outro poder que produza normas inferiores.

Ressalte-se, finalmente, que a Constituição Federal, além de excluir certas matérias do trato mediante emendas, formula, para a aprovação destas, exigências específicas, entre as quais se destacam as constantes da regra segundo a qual "a proposta será discutida e votada em cada Casa do Congresso Nacional, em 2 (dois) turnos, considerando-se aprovada se obtiver, em ambos, três quintos dos votos dos respectivos membros" (art. 60, § 2º). Essa exigência da votação em dois turnos e do quórum especial de três quintos dos votos de seus membros confere ao Congresso Nacional, e à norma por ele produzida, posição mais elevada na hierarquia do sistema jurídico.

4.3.5 *Leis complementares*

Logo abaixo das emendas constitucionais no ordenamento jurídico brasileiro situam-se as leis complementares. Com certeza, não é o fato de ser indicada em segundo lugar no rol das espécies normativas constante do art. 59 da Constituição Federal que confere à lei complementar essa posição hierárquica. Ela decorre – isto, sim – das particularidades do processo legislativo obrigatoriamente adotado pelo Congresso Nacional em sua produção, entre as quais se destaca o quórum especial de aprovação, que é de maioria absoluta (CF, art. 69).

Nos patamares da hierarquia do nosso sistema jurídico as leis complementares ocupam posição superior às leis ordinárias. Neste sentido, Antônio Carlos Rodrigues do Amaral, depois de citar manifestações de outros doutrinadores, assevera:

"Nessa perspectiva, embora seu âmbito de abrangência não se confunda com aquele destinado às leis ordinárias, as leis complementares irradiam comandos a serem compulsoriamente seguidos pelo legislador ordinário. Desse modo, a lei ordinária poderá ser ilegal, se desconsiderar normas vertentes da legislação de nível complementar; ou inconstitucional, se violar diretamente o Texto Magno. Há, destarte, relação de subordinação da lei ordinária para com a lei complementar.

"Dessa forma, a lei complementar encontra sua limitação apenas no texto constitucional, somente podendo ser revogada por veículo normativo de igual envergadura."[35]

Aliás, Antônio Carlos Rodrigues do Amaral, em seu estudo sobre o assunto, já explicou a razão de ser da existência da lei complementar como espécie normativa, justificando sua interposição entre a Constituição e as leis ordinárias, nestes termos: "A inserção do instituto da lei complementar no ordenamento positivo pátrio deveu-se ao fato de ter o legislador supremo verificado que, diante de sua natureza, não seria conveniente que determinadas matérias ficassem submetidas à rigidez constitucional, tampouco à flexibilidade concedida à legislação ordinária. Previu assim a edição de normas integradoras do Texto Magno, orientando, com força vinculante, o trabalho legislativo ordinário. A lei complementar, nessa perspectiva, encontra sua expressão natural ao veicular normas gerais. Normas, na realidade, dirigidas ao legislador ordinário, regulando a produção de outras normas. Daí o parágrafo único do art. 59 da Carta Magna de 1988 inclusive destacar que: 'Lei complementar disporá sobre a elaboração, redação, alteração e consolidação das leis'".[36]

Na mesma linha, afirmando a relevância da regra albergada pelo parágrafo único do art. 59 da Constituição Federal de 1988, Regina Helena Costa ensina: "Quanto à hierarquia formal, a Constituição de 1988 trouxe relevante inovação para o estudo da lei complementar, ao prescrever que 'lei complementar disporá sobre a elaboração,

---

35. Antônio Carlos Rodrigues do Amaral, "Lei complementar", in Ives Gandra da Silva Martins (coord.), *Curso de Direito Tributário*, 11ª ed., São Paulo, Saraiva, 2009, p. 80.
36. Idem, pp. 78-79.

redação, alteração e consolidação das leis (art. 59, parágrafo único). Tal preceito veio a consagrar, assim, a superioridade hierárquica formal dessa espécie legislativa".[37]

Entretanto, embora reconheça a superioridade hierárquica da lei complementar, que está posta como espécie legislativa formalmente identificada em nosso ordenamento jurídico, Antônio Carlos Rodrigues do Amaral sustenta que só se qualifica como lei complementar aquela que tratar de matérias a ela reservadas. Em suas palavras:

"Nessa ótica, se lei complementar regular matéria fora dos parâmetros constitucionais, terá, nesse caso, apesar do *nomen juris* que lhe foi atribuído, eficácia de lei ordinária, podendo, consequentemente, por esta última ser alterada ou revogada.

"Assim, pode-se conceituar lei complementar como sendo veículo normativo de caráter nacional destinado a disciplinar matéria a ela conferida com exclusividade pela Constituição (requisito material), a ser aprovada por quórum qualificado (requisito formal), representado este pela maioria absoluta dos membros das duas Casas integrantes do Congresso Nacional, independentemente consideradas, aplicando-se, no que couber, o regime de votação das leis ordinárias."[38]

Nessa mesma linha, afirmando a superioridade hierárquica da lei complementar mas sustentando que essa espécie normativa somente se qualifica como tal quando trata de matérias a ela reservadas, colocam-se outros autores. E outros, ainda, preferem afirmar que entre lei complementar e lei ordinária não existe hierarquia, sendo os eventuais conflitos resolvidos pelo critério da reserva constitucional de matérias.

Regina Helena Costa, por seu turno, assume posição peculiar, ensinando: "Cumpre concluir, pois, que, sob o prisma estritamente formal, a lei complementar é hierarquicamente superior à lei ordinária, nos precisos termos do art. 59, parágrafo único, da Lei Maior.

---

37. Regina Helena Costa, *Curso de Direito Tributário*, São Paulo, Saraiva, 2009, p. 19.

38. Antônio Carlos Rodrigues do Amaral, "Lei complementar", cit., in Ives Gandra da Silva Martins (coord.), *Curso de Direito Tributário*, 11ª ed., pp. 81-82.

Quanto ao aspecto material, contudo, a lei complementar poderá ser ou não ser hierarquicamente superior à lei ordinária, dependendo da existência ou não de vinculação do conteúdo da norma inferior".[39]

Entendemos que a lei complementar caracteriza-se como espécie normativa ao ser como tal aprovada pelo Congresso Nacional. Não somente ela. Todas as demais espécies normativas que integram nosso ordenamento jurídico ganham identidade específica pelos requisitos formais, vale dizer, competência do órgão que as produz e procedimento adotado nessa produção. Não é razoável pretender que somente a lei complementar tenha sua identidade específica a depender do conteúdo. A nosso ver, a doutrina da qual divergimos está, neste ponto, equivocada, pela forte influência que sobre a mesma exerceu o já citado excelente artigo escrito por Victor Nunes Leal.

As leis complementares constituem a segunda das espécies normativas indicadas no art. 59 da Constituição Federal como produto do processo legislativo em nosso ordenamento jurídico. E existe certamente um campo de matérias a elas constitucionalmente reservadas. Em outras palavras, a Constituição Federal diz quais são as matérias que só podem ser tratadas por lei complementar.

Podemos dizer que o campo das matérias reservadas às leis complementares é o delimitado pela Constituição. Todas as matérias que, segundo regras da Constituição, devem ser tratadas por lei complementar só por essa espécie normativa podem ser tratadas; vale dizer, não podem ser tratadas por normas de hierarquia inferior, embora nada impeça que sejam tratadas por normas de hierarquia superior – a saber, emendas constitucionais.

Também aqui estamos diante de conceitos jurídico-positivos, formados a partir dos elementos formais. Da mesma forma que ao nos referirmos ao campo de matérias reservadas às emendas constitucionais dizemos que esse campo é composto pelas matérias que estão albergadas nas regras da Constituição, e o conceito de Constituição, nesse contexto, é o conceito jurídico-positivo, definido por elementos formais, também agora, quando nos referimos ao campo das matérias

---

39. Regina Helena Costa, *Curso de Direito Tributário*, cit., pp. 19-20.

reservadas à lei complementar, é evidente que estamos nos referindo a espécie normativa definida por elementos formais.

Isto não quer dizer que desconheçamos os conceitos *materiais* tanto de Constituição como de lei complementar. Mas não podemos ignorar a inegável distinção que existe entre estes e os conceitos jurídico-positivos. Distinção que nos permite reconhecer quando as espécies normativas se caracterizam pelo elemento substancial e quando se caracterizam pelos elementos formais. E nos autoriza a afirmar que na caracterização de uma espécie normativa o elemento material não se mistura com elementos formais. Ou utilizamos os elementos formais e formulamos um conceito jurídico-positivo, ou utilizamos o elemento material e formulamos um conceito material ou lógico-jurídico, em cuja composição os elementos formais serão sempre irrelevantes.

É certo que a Lei Complementar 123, de 14.122006, que estabelece normas relativas ao tratamento diferenciado e favorecido a ser dispensado às microempresas e empresas de pequeno porte nos âmbitos da União, do Distrito Federal, dos Estados e dos Municípios, estabelece que: "As matérias tratadas nesta Lei Complementar que não sejam reservadas constitucionalmente à lei complementar poderão ser objeto de alteração por lei ordinária" (art. 86).

Tal como a regra do art. 178 da Constituição de 1824, referida no item precedente, reconheceu a distinção entre os conceitos formal e material de Constituição e autorizou a desconsideração da superioridade hierárquica em relação aos dispositivos que, embora formalmente albergados pela Constituição, não tratassem das matérias que considerou desta integrantes, essa regra do art. 86 da Lei Complementar 123/2006 reconheceu a distinção entre os conceitos formal e material de lei complementar e autorizou a desconsideração da superioridade hierárquica desta em relação aos dispositivos que, embora estejam nela albergados, não tratam das matérias constitucionalmente reservadas à lei complementar.

Com isto, o legislador reconhece, decididamente, que, à luz da vigente Constituição Federal, a identidade específica da lei complementar não depende da matéria da qual ela se ocupa, mas dos aspectos formais dos quais se reveste sua produção. Como a lei não deve conter dispositivos inúteis ou desnecessários, o sentido do art. 86 da Lei Complementar 123/2006 só pode ser o do reconhecimento de que a lei ordinária não pode alterar uma lei complementar, salvo, é claro, quando esta o autorize expressamente.

A espécie normativa de hierarquia superior – no caso, a Lei Complementar 123/2006 – pode atribuir à espécie normativa de hierarquia inferior – no caso, a lei ordinária – competência para alterar os seus dispositivos, desde que, ao fazê-lo, não contrarie uma norma de hierarquia superior àquela que atribui tal competência – no caso, a Constituição Federal. Assim, quando o art. 86 da Lei Complementar 123/2006 diz que as matérias nela tratadas "que não sejam reservadas constitucionalmente à lei complementar poderão ser objeto de alteração por lei ordinária", está concedendo ao legislador ordinário um poder que este não teria sem aquele dispositivo.

É da maior evidência, portanto, que em nosso atual ordenamento jurídico a lei complementar é uma espécie normativa que se define pelos elementos formais e ocupa posição hierárquica superior à das leis ordinárias.

4.3.6 Leis ordinárias

As leis ordinárias constituem a terceira das espécies normativas indicadas no art. 59 da Constituição Federal. E, tal como ocorre em relação às emendas à Constituição e em relação às leis complementares, existem matérias que, por força do princípio da legalidade, somente por lei podem ser tratadas. Isto, porém, não quer dizer que as leis ordinárias não possam tratar de outras matérias além daquelas que compõem a denominada reserva legal, que em matéria tributária está explicitada pelo art. 97 do Código Tributário Nacional.

Seja como for, certo é que a lei ordinária caracteriza-se como espécie normativa em face dos elementos formais, a saber, a competência e o procedimento adotado para sua elaboração. Quanto à matéria, é indiscutível que pode tratar de matérias não incluídas na denominada reserva legal, vale dizer, pode tratar de matérias das quais se pode ocupar, validamente, um decreto ou regulamento. E, mesmo quando trata de matéria que poderia ser tratada validamente por decreto ou regulamento, não poderá ser por estes alterada, prevalecendo sua superioridade hierárquica independentemente da matéria versada. E, se a lei ordinária tratar de matéria reservada a uma espécie normativa de categoria superior, inclusive de matéria que esteja disciplinada pela própria Constituição e, por isto mesmo, constitua reserva da lei complementar, será uma lei ordinária inconstitucional, mas não perderá sua identidade específica.

Sobre a lei ordinária doutrina, com propriedade, Celso Ribeiro Bastos:

"A lei ordinária, ou simplesmente lei, é o ato normativo que edita normas gerais e abstratas, ou seja, é o ato legislativo típico. É toda aquela que não traz o adjetivo 'complementar' ou 'delegada' e da qual não se exige maioria absoluta para a sua aprovação. As leis são indispensáveis à convivência humana, como 'modelo racional de conduta'. Contudo, é no Estado de Direito que a importância da lei se revela em toda sua exuberância, visto que este se caracteriza pelo princípio da legalidade, segundo o qual 'ninguém é obrigado a fazer ou deixar de fazer alguma coisa senão em virtude de lei', princípio que prevalece sobre subordinantes e subordinados. Maria Garcia, em sua preciosa obra *Desobediência Civil*, salienta: 'A lei, expressão do Direito, determina paritariamente a contenção do poder do Estado, dentro da experiência social vivenciada em cada momento histórico, e, concomitantemente, a limitação dos direitos humanos, melhor dito, a sua enquadratura jurídica – o das liberdades, na medida em que tais direitos são assegurados a todos os homens, tendência do Estado de Direito'.

"O âmbito material da lei ordinária é bastante abrangente. Em regra, ela pode tratar de qualquer matéria, salvo algumas exceções. Não são suscetíveis de tratamento por essa espécie normativa as matérias constitucionalmente reservadas à lei complementar, bem como aquelas de competência exclusiva do Congresso Nacional (CF, art. 49), as privativas da Câmara dos Deputados e do Senado Federal (CF, arts. 51 e 52), pertencentes ao âmbito dos decretos legislativos e das resoluções."[40]

---

40. Celso Ribeiro Bastos, *Curso de Direito Constitucional*, cit., 18ª ed., pp. 357-358.

A nosso ver, a lei ordinária tem campo de atuação muito abrangente, limitado apenas pela reserva formal de matérias a outras espécies normativas ou pelo fato de estarem disciplinadas em espécies normativas de categoria hierárquica superior. Em outras palavras, a lei ordinária só não pode tratar de matérias constitucionalmente reservadas a outras espécies normativas ou que tenham sido tratadas pela Constituição, inclusive através de emendas, ou por lei complementar.

4.3.7 *Leis delegadas*

O Congresso Nacional pode, mediante solicitação do Presidente da República, delegar a este a elaboração de leis (CF, art. 68, *caput*). Não pode, porém, ser objeto de delegação matéria (a) da competência exclusiva do Congresso Nacional (CF, arts. 68, § 1º, e 49) ou privativa da Câmara dos Deputados (CF, arts. 68, § 1º, e 51) ou do Senado Federal (CF, arts. 68, § 1º, e 52); (b) que deva ser tratada por lei complementar (CF, art. 68, § 1º, e diversos dispositivos da Constituição que reservam certas matérias à lei complementar); (c) que seja concernente à organização do Poder Judiciário e do Ministério Público, à carreira e à garantia de seus membros (art. 68, § 1º, I); a nacionalidade, cidadania, direitos individuais, políticos e eleitorais (art. 68, § 1º, II); (d) referente a planos plurianuais, diretrizes orçamentárias e orçamentos (art. 68, § 1º, III).

A delegação de atribuições legislativas ao Presidente da República tem a forma de resolução do Congresso Nacional, que especificará seu conteúdo e os termos de seu exercício (CF, art. 68, § 2º). Poderá, outrossim, a resolução determinar que a matéria seja apreciada pelo Congresso, que o fará em procedimento especial, com votação única e sem possibilidade de emendas (CF, art. 68, § 3º).

A lei delegada ocupa a mesma posição hierárquica das leis ordinárias. Pode, portanto, uma lei delegada revogar uma lei ordinária, assim como pode uma lei ordinária revogar uma lei delegada. Como se vê, portanto, não obstante algumas restrições sejam feitas quanto às matérias objeto de delegação legislativa, a distinção entre lei ordinária e lei delegada não se estabelece pela matéria de que se ocupa cada uma dessas espécies normativas, mas pela competência e pelo procedimento adotado na respectiva elaboração. Em outras palavras, também a *lei delegada* qualifica-se como tal em razão de elementos formais.

Sobre essa espécie normativa ensina Celso Ribeiro Bastos:

"A lei delegada é uma norma com idêntica força hierárquica das leis ordinárias. A diferença que as separa reside, tão somente, na autoridade que a elabora e promulga. É editada pelo Presidente da República, por força de uma delegação que recebe do Congresso Nacional, que o habilita a fazer a lei, seguindo as diretrizes básica constantes do ato de delegação. Cumpre salientar que a delegação deve ser solicitada pelo Presidente da República, é dizer, não pode o Legislativo obrigar o Presidente a legislar.

"O Congresso Nacional aprova a transferência de poderes ao Presidente da República por intermédio de resolução, que especificará o conteúdo e os termos do seu exercício (art. 68, § 2º).

"O projeto de lei delegada poderá ser ou não apreciado pelo Congresso Nacional. Haverá apreciação se assim determinar a resolução, caso em que o projeto retornará àquele órgão para, em votação única, deliberar sobre o mesmo, vedada qualquer emenda (art. 68, § 3º). Se a resolução não determinar essa apreciação, dispensa-se a sanção, passando-se à promulgação."[41]

A existência dessa espécie não deixa de ser uma expressão da tendência do Poder Executivo à expansão de seus poderes, passando a exercitar também a atividade legislativa, como acontece, ainda, com a edição das denominadas medidas provisórias, que vamos examinar a seguir.

4.3.8 *Medidas provisórias*

Estabelece a Constituição que, em casos de relevância e urgência, "o Presidente da República poderá adotar medidas provisórias, com força de lei, devendo submetê-las de imediato ao Congresso Nacional" (art. 62).

---

41. Celso Ribeiro Bastos, *Curso de Direito Constitucional*, cit., 18ª ed., p. 362.

Em face de flagrantes abusos por parte do chefe do Poder Executivo na edição de medidas provisórias, a Emenda Constitucional 32, de 11.9.2001, introduziu novas restrições ao uso das mesmas, entre as quais a exclusão de matérias reservadas à lei complementar e, ainda – de grande importância em matéria tributária –, a restrição quanto ao início da vigência, de tal forma que a instituição ou aumento de tributo, salvo quanto ao imposto extraordinário de guerra e aos casos nos quais é facultada ao Poder Executivo a alteração de alíquotas, praticamente não podem se dar por medida provisória.

A propósito das medidas provisórias, é importante observarmos que, se admitirmos a necessidade de determinação dos limites de cada matéria reservada à lei complementar, para a determinação da identidade específica dessa espécie normativa, estaremos abrindo oportunidade a que o Presidente da República altere ou revogue dispositivos de lei complementar, ao argumento de que tais dispositivos extrapolam os limites constitucionalmente reservados a essa espécie normativa. Muitos exemplos dessa possibilidade podem ser apontados, sendo indiscutível que a mesma incrementa significativamente a insegurança jurídica. E permite a indesejável ampliação da área de atuação do Poder Executivo na atividade de produção normativa.

Salvo as restrições constitucionais, pode-se afirmar que as medidas provisórias têm conteúdo que se confunde com o das leis ordinárias. A propósito, ensina Celso Ribeiro Bastos: "As medidas provisórias podem versar sobre todas as matérias que possam ser objeto de lei, salvo as seguintes exceções: (a) matérias reservadas à lei complementar; (b) matérias que não podem ser objeto de delegação legislativa; (c) matéria penal; (d)matéria tributária".[42]

As medidas provisórias, como se vê, são em tudo equivalentes às leis ordinárias, das quais se distinguem apenas em razão do elemento formal, vale dizer, da competência e do procedimento adotado para a respectiva elaboração.

---

42. Celso Ribeiro Bastos, *Curso de Direito Constitucional*, cit., 18ª ed., p. 359.

4.3.9 Decretos legislativos

Os decretos legislativos são atos do Congresso Nacional no trato de matérias de sua competência exclusiva, previstas no art. 49 da Constituição Federal. Atos que de, um modo geral, assumem feição normativa, vale dizer, albergam normas, prescrições jurídicas dotadas de hipoteticidade.

Diversamente da lei, em cuja feitura geralmente participa o Presidente da República, o decreto legislativo é ato produzido no âmbito exclusivo do Congresso Nacional.

Não existem decretos legislativos da Câmara dos Deputados, nem do Senado Federal. Tais atos são da competência exclusiva do Congresso Nacional, e se distinguem das *resoluções* por veicularem normas, estando, assim, mais próximos das leis, enquanto aquelas veiculam atos de concreção do Direito, e, assim, estão mais próximas dos atos administrativos.

Note-se que os decretos legislativos podem eventualmente tratar de matérias que tenham sido reguladas por medidas provisórias não convertidas em lei (CF, art. 62, § 3º), o que afasta qualquer possibilidade de identificação destes pelo respectivo conteúdo.

4.3.10 *Resoluções*

Embora constem do elenco estabelecido pelo art. 59 da Constituição Federal, as resoluções não configuram propriamente atos normativos. Diversamente, as resoluções são atos do Congresso Nacional, do Senado Federal ou da Câmara dos Deputados que geralmente veiculam matéria de conteúdo próprio dos atos administrativos, vale dizer, atos de concreção do Direito.

São exemplos de atos veiculados através de resoluções: (a) a suspensão, pelo Senado Federal, da vigência de lei declarada inconstitucional pelo Supremo Tribunal Federal (CF, art. 52, X[43]); (b) a de-

---

43. O dispositivo reporta-se à suspensão da execução. Na verdade, a suspensão que se opera é da vigência, vale dizer, da aptidão para incidir e, assim, produzir efeitos jurídicos.

legação ao Presidente da República de atribuições legislativas (CF, art. 68, § 2º); (c) o estabelecimento de alíquotas máximas e mínimas para o ICMS (CF, art. 155, § 2º, V, "a" e "b").

Como as resoluções não configuram, ao menos em princípio, atos normativos, não tem sentido comparar o conteúdo das mesmas com o conteúdo dos atos essencialmente normativos. E, seja como for, é possível afirmar que as mesmas se caracterizam pelo elemento formal.

4.4 Espécies normativas de outras origens

4.4.1 Espécies normativas peculiares

Conforme já afirmamos, nosso ordenamento jurídico é extremamente complexo, de sorte que não é razoável, em um livro que tem como objetivo o estudo de teses concernentes à lei complementar, estudarmos todas as espécies normativas que o integram. Mesmo assim, parece-nos interessante a indicação, ainda que sumária, de algumas espécies normativas que aqui designamos como *peculiares*.

As espécies normativas que designamos aqui como *peculiares* são aquelas que não constam do rol das espécies produzidas mediante o processo legislativo (CF, art. 59) e que estão colocadas em patamar superior ao das leis ou são produzidas no exercício de competência expressamente atribuída, em caráter privativo, a órgãos de outro Poder, e que por isto mesmo não podem ser alteradas por leis. Entre estas apontamos os regimentos dos tribunais e os tratados e convenções internacionais, que comportam estudo específico, em razão de suas peculiaridades e de dispositivos constitucionais especificamente a eles pertinentes.

4.4.2 Regimentos dos tribunais

A Constituição Federal atribui competência aos tribunais para "elaborar seus regimentos internos, com observância das normas de processo e das garantias processuais das partes, dispondo sobre a competência e funcionamento dos respectivos órgãos jurisdicionais e administrativos" (CF, art. 96, I, "a"). Tem-se, portanto, em nosso ordenamento jurídico, entre as espécies normativas, os regimentos dos tribunais.

Esses regimentos ocupam, no plano hierárquico, posição superior àquela ocupada pelas leis, salvo no que diz respeito às normas de processo e às garantias processuais das partes. Em relação a estas últimas por se tratar de garantias asseguradas pela própria Constituição Federal, e em relação às normas de processo por se tratar de normas para cuja produção a própria Constituição atribui competência ao Congresso Nacional, como se vê do disposto em seu art. 48, combinado com o art. 22, I.

Tem-se, portanto, também quanto aos regimentos dos tribunais, que a posição das espécies normativas nos escalões hierárquicos do sistema normativo decorre de elementos formais.

4.4.3 Tratados e convenções internacionais

Os tratados e convenções internacionais têm especial importância, principalmente no direito tributário, e por isto nos pareceu melhor estudá-los de forma autônoma.

Temos sustentado que os tratados e convenções internacionais ocupam posição hierárquica superior à das leis. Comentando o art. 98 do CTN, escrevemos:

"Não nos parece razoável a tese segundo a qual as leis internas de um País podem validamente dispor contrariando o estabelecido em tratados internacionais do qual participe. O comportamento de qualquer pessoa que contraria um contrato por ela firmado configura ato ilícito. Do mesmo modo, a feitura de uma norma interna pelo Estado, contrariando um tratado internacional por ele firmado, é um ato ilícito. Não apenas um ato contrário à ética, mas contrário ao próprio direito positivo. E como tal não pode prevalecer no mundo jurídico.

"É certo que se admite a prevalência da Constituição de um País sobre um tratado internacional por ele firmado, embora se considere que a elaboração de uma Constituição dispondo em sentido contrário ao estabelecido em um tratado configura um ilícito. Assim, pode parecer incoerente sustentar-se a invalidade de uma lei interna pelo fato de ser ela contrária a um tratado internacional. Ela seria ilícita no plano internacional, mas seria válida no plano interno. Na verdade, porém, não é assim. Há uma diferença importante entre a Constituição e a lei, neste aspecto.

"A Constituição, como obra do poder constituinte originário, não pode ser considerada válida ou inválida, porque prescinde de fundamento em qualquer outra norma. Ela inaugura a ordem jurídica. Não existe como se possa aferir sua validade, ou invalidade, em face do sistema de normas no qual ela está na posição hierárquica mais elevada. Assim, se dispõe de modo contrário a um tratado internacional, configura um ato ilícito no plano do Direito Internacional, mas no plano do Direito interno segue sendo válida."[44]

Na verdade, nada poderia justificar a atitude de um Estado que, tendo firmado tratado com outras pessoas de direito público internacional, viesse a alterar sua legislação interna de modo a impor regras diversas, em detrimento daquelas estabelecidas no tratado. Ocorre que, na doutrina e na jurisprudência, duas teorias, a monista e a dualista, disputavam a primazia, disputa que a final foi superada pela Constituição Federal de 1988. Assim é que Alberto Xavier, depois de estudar com proficiência a questão, formula suas conclusões nestes termos: "(a) a Constituição Federal consagrou o sistema monista com cláusula geral de recepção plena (art. 5º, § 2º), o que significa que os tratados valem na ordem interna como tal e não como leis internas, apenas sendo suscetíveis de revogação ou denúncia pelos mecanismos próprios do direito dos tratados; (b) o art. 5º, § 2º, da Constituição Federal atribui expressa superioridade hierárquica aos tratados em matéria de direitos e garantias fundamentais, entre os quais a matéria tributária (art. 150, *caput*); (c) a celebração dos tratados é ato da competência conjunta do Chefe do Poder Executivo e do Congresso Nacional (arts. 84, VIII, e 49, I), não sendo portanto admissível a sua revogação por ato exclusivo do Poder Legislativo; (d) o art. 98 do

---

44. Hugo de Brito Machado, *Comentários ao Código Tributário Nacional*, 2ª ed., vol. II, São Paulo, Atlas, 2008, p. 43.

Código Tributário Nacional – que é lei complementar que se impõe ao legislador ordinário – é expresso ao estabelecer a superioridade hierárquica dos tratado, sendo inadmissível restringir essa superioridade apenas a algumas espécies ou modalidades não distinguidas por lei".[45]

Como se vê, Alberto Xavier afirma categoricamente que a posição hierárquica da espécie normativa depende de aspectos formais – no caso dos tratados internacionais, a produção conjunta, vale dizer, do chefe do Poder Executivo e do Congresso Nacional. E, ainda, diz ser inadmissível restringir a superioridade hierárquica apenas a algumas espécies ou modalidades.

Registre-se que a Emenda Constitucional 45, de 8.12.2004, introduziu no art. 5º da Constituição Federal um § 3º, a dizer que "os tratados e convenções internacionais sobre direitos humanos que foram aprovados, em cada Casa do Congresso Nacional, em 2 (dois) turnos, por três quintos dos respectivos membros, serão equivalestes às emendas constitucionais". E com isto reforça o entendimento segundo o qual a posição hierárquica de uma espécie normativa depende, sim, do elemento formal. No caso, a aprovação nas duas Casas do Congresso Nacional, em dois turnos, por três quintos dos respectivos membros. O mesmo procedimento de elaboração das emendas à Constituição (CF, art. 60, II e § 2º).

4.4.4 *Decretos e regulamentos*

Salvo em relação às espécies normativas que, segundo nossa Constituição, decorrem do processo legislativo, como a lei delegada e a medida provisória, as espécies normativas produzidas pelo Poder Executivo e pelo Poder Judiciário, em regra, situam-se em patamar hierárquico inferior ao ocupado pelas leis.

No que diz respeito aos decretos e regulamentos essa inferioridade hierárquica relativamente às leis está expressa claramente na

---

45. Alberto Xavier, *Direito Tributário Internacional do Brasil*, 4ª ed., Rio de Janeiro, Forense, 1998, p. 122.

Constituição Federal, que, ao indicar as atribuições do Presidente da República, diz que a este compete privativamente "sancionar, promulgar e fazer publicar as leis, bem como expedir decretos e regulamentos para sua fiel execução" (CF, art. 84, IV). Os decretos e regulamentos, portanto, prestam-se para a fiel execução das leis; e, por isto mesmo, não podem alterá-las.

Sobre os decretos e regulamentos no âmbito do direito tributário já escrevemos:

"Em matéria tributária o regulamento tem grande importância. Ele se presta para a consolidação, em texto único, de diversas leis sobre um tributo, além de estabelecer regras relativas a obrigações acessórias.

"Como em matéria tributária não existe espaço para o regulamento autônomo, qualquer regra de decreto, ou de regulamento, que não seja mera explicitação do que determina a lei, nem se limite a fixar os meios e formas de execução desta, é inválida.

"A regra de decreto, ou de regulamento, em matéria tributária só tem utilidade para a explicitação de textos legais, ou para o estabelecimento dos meios e formas de cumprimento das disposições de leis. Meios e formas que tenham, realmente, caráter meramente instrumental. Todo os elementos essenciais na formação da relação jurídica tributária devem estar na lei. Nenhum pode ser posto, acrescentado ou modificado pelo regulamento."[46]

Cuida-se de limitação imposta pela própria Constituição, ao dizer que os decretos ou regulamentos são *para fiel execução das leis*. E em matéria tributária não poderia mesmo ser diferente, em face do princípio da legalidade, consagrado em nossa Constituição Federal, pelo qual, "sem prejuízo de outras garantias asseguradas ao contribuinte, *é vedado à União, aos Estados, ao Distrito Federal e aos Municípios*: I – *exigir ou aumentar tributo sem lei que o estabeleça*; (...)"(art. 150, I – grifamos).

---

46. Hugo de Brito Machado, *Curso de Direito Tributário*, 31ª ed., São Paulo, Malheiros Editores, 2010, p. 94.

4.4.5 Normas complementares

Não obstante, nosso ordenamento jurídico alberga diversas espécies normativas em patamares inferiores aos ocupados pelas leis. E mesmo em patamares inferiores ao ocupado pelos decretos e regulamentos. São as normas complementares, que em matéria tributária desempenham importante papel, embora sejam hierarquicamente inferiores aos decretos e regulamentos.

Em seu art. 100, o Código Tributário Nacional diz que "são normas complementares das leis, dos tratados e das convenções internacionais e dos decretos: I – os atos normativos expedidos pelas autoridades administrativas; II – as decisões dos órgãos singulares ou coletivos de jurisdição administrativa, a que a lei atribua eficácia normativa; III – as práticas reiteradamente observadas pelas autoridades administrativas; IV – os convênios que entre si celebrem a União, os Estados, o Distrito Federal e os Municípios".

Sobre a utilidade dessas normas complementares da legislação tributária já escrevemos:

"Os tributaristas geralmente criticam a Administração Tributária pela edição de normas infralegais. Ninguém até hoje procurou explicar a razão de ser e a utilidade dessas normas.

"É certo que muitas vezes a Administração Tributária diz, em norma infralegal, coisa que contraria a lei. Neste caso, o interessado poderá arguir a ilegalidade da norma complementar, em ação judicial, sem prejuízo da competência que tem o Congresso Nacional para *sustar os atos normativos do Poder Executivo que exorbitem do poder regulamentar*, prevista no art. 49, V, da Constituição Federal. Afastados os abusos, porém, é inegável a utilidade das normas complementares em matéria tributária, impondo-se, por isto mesmo, uma explicação a respeito do assunto.

"As leis apresentam sempre certa margem para dúvidas razoáveis por parte do intérprete, especialmente em razão da inevitável vaguidade dos conceitos utilizados. Por isto as normas complementares são de grande utilidade. Com elas a autoridade administrativa assegura tratamento uniforme aos contribuintes, afastando a possibilidade de interpretações diferentes por parte de cada um de seus agentes.

"São, portanto, essas normas complementares de enorme utilidade no sentido de fazer com que a atividade de administração e cobrança dos tributos seja exercida de forma plenamente vinculada, como manda o art. 3º do CTN."[47]

Essas normas complementares da legislação tributária ocupam posição inferior no plano hierárquico. Inferior não apenas em relação às leis, mas também em relação aos decretos e regulamentos. E ninguém coloca em dúvida essa posição inferior, que decorre de elemento formal, vale dizer, da competência do órgão que as produz.

Para afastar possível confusão entre *normas complementares* e *leis complementares*, escrevemos:

"Não se há de confundir *normas complementares* com *leis complementares*. As primeiras são as de que trata o art. 100 do CTN. Complementam as leis, os tratados internacionais e os decretos e regulamentos. São hierarquicamente subalternas, as de menor hierarquia do sistema tributário. Já, as últimas são *complementares* da Constituição Federal e estão em plano hierárquico superior às próprias leis ordinárias. Ficam abaixo apenas da Constituição, que complementam.

"As normas complementares são, formalmente, atos administrativos, mas materialmente são *leis*. Assim, pode-se dizer que são leis *em sentido amplo* e estão compreendidas na legislação tributária, conforme, aliás, o art. 96 do CTN determina expressamente.

"Além de não poderem invadir o campo da reserva legal, devem observância também aos *decretos* e regulamentos, que se colocam em posição superior porque editados pelo chefe do Poder Executivo, e a este os que editam as normas complementares estão subordinados.

"Há quem sustente que as normas complementares só produzem efeitos relativamente aos funcionários, no âmbito interno das repartições. Estamos, porém, com os que entendem que as suas normas aplicam-se à relação Fisco/contribuinte, desde que respeitadas as limitações decorrentes de sua posição hierárquica inferior."[48]

---

47. Hugo de Brito Machado, *Comentários ao Código Tributário Nacional*, cit., 2ª ed., vol. II, pp. 68-69.
48. Hugo de Brito Machado, idem, pp. 69-70.

Registre-se, finalmente, a grande utilidade da explicitação feita pela regra que está no parágrafo único do art. 100 do CTN, a dizer que a observância das normas complementares das leis, dos tratados e das convenções internacionais e dos decretos "exclui a imposição de penalidades, a cobrança de juros de mora e a atualização do valor monetário da base de cálculo do tributo".

III
LEI COMPLEMENTAR
NO DIREITO BRASILEIRO

1. O que é uma lei complementar: 1.1 Conceitos de lógica jurídica e conceitos de direito positivo – 1.2 Lei complementar como conceito de lógica jurídica – 1.3 Lei complementar como conceito jurídico-positivo – 1.4 Questão de direito intertemporal – 1.5 Quórum qualificado para aprovação da lei complementar – 1.6 Configuração como espécie normativa na Constituição Federal de 1967. 2. Lei complementar na Constituição de 1988: 2.1 Elenco de espécies normativas resultantes do processo legislativo – 2.2 Matérias reservadas à lei complementar: 2.2.1 Reserva feita expressamente – 2.2.2 Admitindo a reserva às vezes implícita na referência à lei – 2.2.3 Reserva implícita mais ampla – 2.3 Regime especial de elaboração, com exigência de quórum qualificado – 2.4 Identidade da lei complementar como conceito jurídico-positivo. 3. Caracterização da lei complementar: 3.1 Explicação para a tese que exige elemento material – 3.2 Impossibilidade de caracterização pela matéria – 3.3 Caracterização pelos elementos formais. 4. Posição hierárquica da lei complementar: 4.1 O ordenamento jurídico como um sistema hierarquizado – 4.2 Negando a existência de hierarquia – 4.3 Afirmando a superioridade hierárquica da lei complementar – 4.4 Afirmando a hierarquia e restringindo a identidade pela matéria – 4.5 Posição peculiar negando a hierarquia e a qualificação pela matéria – 4.6 Hierarquia e reserva de matéria como hibridismo inconsequente. 5. Preservação da segurança jurídica: 5.1 A segurança como valor inerente à essência do Direito – 5.2 O exclusivo e o gradual – 5.3 Arguta observação de Alexandre de Moraes – 5.4 A segurança como diretriz para o intérprete. 6. Natureza jurídica do Código Tributário Nacional: 6.1 Uma razão do questionamento sobre a posição hierárquica da lei complementar – 6.2 Razão da exigência de lei complementar para alterar uma lei ordinária. 7. A Lei Complementar 123/2006: 7.1 Em defesa da segurança jurídica – 7.2 Delimitação das matérias reservadas à lei complementar – 7.3 O reconhecimento da dificuldade pelo próprio legislador – 7.4 Validade e limite da delegação. 8. Exame crítico da tese que qualifica a lei complementar pela matéria: 8.1 Considerações iniciais – *8.2 Limites materiais para edição de leis complementares* – *8.3 A lei complementar não pode invadir o campo da lei ordinária* – *8.4 Redução do campo reservado à lei ordinária* – *8.5 A tese é inconciliável com a teoria da recepção* – *8.6 O requisito material e a segurança jurídica:* *8.6.1 Exigência do elemento material e a segurança jurídica* – *8.6.2 A álea e a segurança jurídica* – *8.6.3 O quórum especial como requisito de validade* – *8.6.4 A Lei Complementar 123/2006 e a Constituição de 1824* – *8.7 Fundamento de validade* – *8.8 Outros aspectos do debate:* *8.8.1 Isenção da COFINS* – *8.8.2 Inexistência de regra expressa na Constituição Federal* – *8.8.3 Utilidade da reserva de matérias à lei complementar* – *8.8.4 Os decretos legislativos e as resoluções* – *8.8.5 Rigidez e hierarquia* – *8.8.6 Impossibilidade de ampliação da reserva de matérias.*

1. O que é uma lei complementar

1.1 Conceitos de lógica jurídica e conceitos de direito positivo

Na linguagem jurídica existem conceitos que podemos considerar universais, que não decorrem da observação de um determinado ordenamento jurídico nem se ligam a qualquer instituto jurídico localizado no tempo e no espaço. São os conceitos de *lógica jurídica*, elaborados a partir da observação da fenomenologia jurídica em geral e utilizados no estudo da Teoria Geral do Direito. São dessa espécie os conceitos de "norma", "incidência", "relação jurídica", "dever jurídico", entre muitos outros. Assim é que Geraldo Ataliba, referindo-se ao conceito de "hipótese de incidência", asseverou, com inteira propriedade: "É aplicável assim ao Direito vigente como ao revogado ou constituendo. É válido aqui, como alhures, onde haja Direito, porque conceito lógico-jurídico".[1]

Por outro lado, na mesma linguagem jurídica existem conceitos cuja elaboração se faz à luz de regras integrantes de determinado ordenamento jurídico, regras do direito positivo de determinado Estado. Esses conceitos de direito positivo podem existir em vários ordenamentos jurídicos e nos mesmos podem ter idêntica significação, mas isto não os transforma em conceitos de lógica jurídica porque, na ver-

---

1. Geraldo Ataliba, *Hipótese de Incidência Tributária*, 6ª ed., 11ª tir., São Paulo, Malheiros Editores, 2010, p. 60.

dade, eles decorrem de determinadas normas que podem ser a qualquer tempo alteradas pelo legislador de cada País. Serão idênticos, em vários ordenamentos jurídicos, enquanto forem idênticas as normas neles existentes, em face das quais o conceito é formulado.

A diferença essencial entre os conceitos de lógica jurídica e os conceitos de direito positivo reside em que os primeiros são elaborados no plano da fenomenologia jurídica sem qualquer dependência do que estabeleça determinada regra jurídica, enquanto os últimos são elaborados tomando-se como base precisamente o que é estabelecido em determinada regra jurídica.

Celso Antônio Bandeira de Mello esclarece, com propriedade, que os conceitos de lógica jurídica são dados necessários ao raciocínio jurídico, intermediários obrigatórios entre o jurista e a ciência jurídica, e estão imanentes em qualquer sistema normativo como condicionantes do pensamento jurídico, enquanto "os conceitos jurídico-positivos são o resultado de uma criação humana, produzida em tempo e lugar determinados, tendo em vista a produção de certos efeitos".[2]

A existência de inegável distinção entre um conceito de lógica jurídica e um conceito jurídico-positivo, todavia, não impede que determinado conceito – como o de "lei complementar", por exemplo – seja tomado ora como conceito de lógica jurídica, ora como conceito jurídico-positivo. Basta que em determinado ordenamento jurídico existam regras que o afetem de modo a alterar aspectos relevantes do seu significado. E, sendo esse o caso, a doutrina deve ter o cuidado de evitar que um conceito seja utilizado indistintamente em lugar do outro.

Relevante, ainda, é observarmos que o estabelecimento de regra capaz de criar um conceito jurídico-positivo, diverso do conceito de lógica jurídica ao qual se assemelha, tem sempre a finalidade de produzir certos efeitos que não são próprios daquele conceito de lógica jurídica. Assim é que Celso Antônio Bandeira de Mello conclui seus ensinamentos sobre o assunto afirmando: "Em conclusão, fica

---

2. Celso Antônio Bandeira de Mello, cit. por Américo Masset Lacombe, *Obrigação Tributária*, São Paulo, Ed. RT, 1977, pp. 60-61.

firmado que os conceitos lógico-jurídicos ou conceitos puros, ditos ainda essenciais ('pessoa', 'objeto', 'relação' etc.), são noções estruturais a toda norma, a toda figura e a toda situação jurídica que existe, existiu e que existirá, ao passo que os conceitos jurídicos positivos são o resultado de uma criação humana, produzida em tempo e lugar determinados, tendo em vista a produção de certos efeitos".[3]

Aliás, podemos afirmar que é tão somente a necessidade de colocar no conceito lógico-jurídico algo que no mesmo não existe que justifica o estabelecimento, em determinado ordenamento jurídico, de norma atinente àquele conceito, destinada a fazer com que se passe a ter, no ordenamento, um conceito jurídico-positivo diverso. Conceito capaz de produzir um contexto jurídico diverso daquele que seria resultante do conceito de lógica jurídica batizado pela mesma palavra ou expressão.

Há quem se refira a conceitos doutrinários e conceitos jurídico-positivos. Na verdade, porém, melhor é dizermos *conceito de lógica jurídica* em vez de *conceito doutrinário*, porque este pode muito bem ser construído em face de determinadas regras de um ordenamento jurídico. Aliás, parece que a palavra "doutrina" diz algo que é ou está muito próximo da simples descrição de um ordenamento. Seja como for, preferimos falar em conceito de lógica jurídica em vez de conceito doutrinário.

1.2 Lei complementar como conceito de lógica jurídica

Realmente, a expressão "lei complementar" pode ser utilizada para designar uma lei que completa uma regra da Constituição. E neste caso será um conceito lógico-jurídico, pois sua elaboração não está vinculada a nenhuma determinação existente em regra jurídica de determinado ordenamento. Resulta simplesmente de um raciocínio desenvolvido no âmbito da Teoria Geral do Direito.

Exatamente por isto, a doutrina jurídica brasileira utilizou a expressão "lei complementar", quando nenhuma regra de nosso orde-

---

3. Celso Antônio Bandeira de Mello, cit. por Américo Masset Lacombe, *Obrigação Tributária*, cit., p. 61.

namento jurídico a ela fazia referência. Assim, Victor Nunes Leal, em excelente artigo no qual preconizou a reformulação de certas leis em face do advento da Constituição Federal de 1946, asseverou: "Em princípio, todas as leis são complementares, porque se destinam a complementar princípios básicos enunciados na Constituição. Geralmente, porém, se reserva esta denominação para aquelas leis sem as quais determinados dispositivos constitucionais não podem ser aplicados. Consequentemente, no caso em que tais leis existam mas estejam informadas por princípios de um regime político diferente, como era no caso presente o Estado Novo, a sua reforma torna-se imprescindível".[4]

A expressão "lei complementar" utilizada por Victor Nunes Leal designava um conceito de lógica jurídica, e não um conceito jurídico-positivo. No plano do nosso então vigente direito positivo aquela expressão designava uma *lei ordinária* que, por completar a disciplina de matéria constante de dispositivo da Constituição, merecia o nome de *lei complementar*. Era este, repita-se, um conceito de lógica jurídica, simplesmente, e não um conceito jurídico-positivo.

Note-se que, ainda no plano da lógica jurídica, a expressão "lei complementar" pode ter um significado amplo, abrangendo todas as leis, e um significado restrito, abrangendo somente as leis sem as quais determinados dispositivos da Constituição não podem ser aplicados. Aliás, a existência desses dois significados para a expressão "lei complementar" projetou-se na análise que a doutrina jurídica brasileira tem feito da lei complementar como conceito jurídico-positivo, ensejando significativa divergência entre os que sustentam que a lei complementar é somente aquela que trata de matérias constitucionalmente reservadas a essa espécie normativa. Com efeito, alguns afirmam que só é lei complementar aquela que trata de matérias constitucionalmente reservadas a essa espécie normativa, explícita ou implicitamente, enquanto outros asseveram que só é lei complementar aquela que trata de matérias a ela expressamente reservadas pela Constituição, rejeitando, assim, a reserva constitucional implícita.

4. Victor Nunes Leal, "Leis complementares da Constituição", *RDA* VII/381, Rio de Janeiro, FGV, janeiro-março/1947.

1.3 Lei complementar como conceito jurídico-positivo

É importante repetirmos que mesmo no campo da lógica jurídica o conceito de *lei complementar* tem um sentido amplo e um sentido restrito. Em sentido amplo, todas as leis são complementares, porque se destinam a completar princípios básicos enunciados na Constituição. Em sentido restrito, porém, leis complementares são somente aquelas sem as quais determinados dispositivos da Constituição não podem ser aplicados.[5]

Se adotarmos o conceito lógico-jurídico estrito de lei complementar, entendendo que esta é a lei sem a qual determinado dispositivo da Constituição não pode ser aplicado, realmente não há como possa existir uma lei complementar tratando de outras matérias. Há uma verdadeira impossibilidade lógica, porque a lei só é complementar exatamente porque trata de certas matérias. Porque completa certos dispositivos da Constituição. Foi nesse ambiente que o Min. Victor Nunes Leal construiu sua doutrina, esclarecendo que a Constituição (então vigente) "não alude especialmente às leis complementares", fato que excluía qualquer possibilidade de se elaborar um conceito jurídico-positivo dessa espécie normativa, que formalmente não existia. Ambiente no qual não existia um conceito jurídico-positivo de lei complementar, mas simplesmente um conceito lógico-jurídico. E, por isto mesmo, não se podia cogitar de hierarquia, nem se podia admitir ser a lei complementar qualificada como tal por qualquer outro critério.

Entretanto, desde quando nosso ordenamento jurídico passou a abrigar a lei complementar como espécie normativa formalmente identificada, já não existe tal impossibilidade lógica. A partir de quando nosso ordenamento jurídico passou a abrigar um conceito jurídico-positivo de lei complementar, podemos cogitar de dois conceitos. Temos, a partir de então, um conceito jurídico-positivo de lei complementar e podemos cogitar também de um conceito lógico-jurídico de lei complementar. São conceitos distintos, embora uma determinada lei possa caber em ambos. Pode ser lei complementar porque complementa a Constituição e também por haver sido como tal pro-

---

5. Cf. Victor Nunes Leal, "Leis complementares da Constituição", cit., *RDA* VII/381.

duzida pelo Congresso Nacional. Mas é possível que uma determinada lei complemente dispositivo da Constituição e não trate de assunto colocado entre as matérias reservadas às leis complementares. Talvez por isto a doutrina se refira a reserva implícita. Seja como for, se a lei não for aprovada pelo Congresso Nacional como lei complementar, não pertencerá a essa espécie normativa. Para seu enquadramento nos patamares hierárquicos será uma lei *ordinária*, porque, para os fins da hierarquia das normas, o que importa é o conceito jurídico-positivo.

Não se diga que o conceito jurídico-positivo de lei complementar em nosso ordenamento jurídico exige elemento material. O conceito de *lei complementar* que exige elemento material, que tem o elemento material em sua essência, é o conceito que prevalece no âmbito da lógica jurídica, posto que diversos dispositivos da Constituição dependem de lei para poderem ser aplicados. Os elementos novos, acrescentados em nosso ordenamento jurídico ao conceito de *lei complementar*, fazendo deste um conceito estritamente jurídico-positivo, foram simplesmente o nome, como espécie normativa distinta, e um procedimento legislativo próprio, com a exigência de quorum especial para sua aprovação.

Ressalte-se que não basta a aprovação por maioria absoluta. Uma *lei ordinária* não será jamais uma *lei complementar* apenas por haver sido aprovada por maioria absoluta dos votantes. Para que se tenha uma lei complementar é necessário que o procedimento legislativo próprio dessa espécie normativa tenha sido desde o início observado. Como ensina Manoel Gonçalves Ferreira Filho, exige-se para a feitura de uma lei complementar um procedimento próprio, específico: "Em nível regimental, há diferenças na tramitação entre os projetos. Por exemplo, não se exige para o projeto de lei ordinária senão um turno de votação, mas dois são reclamados para a lei complementar (art. 148 do Regimento Interno da Câmara dos Deputados)".[6]

Há quem afirme – certamente, no calor da argumentação apaixonada – que, se a *lei complementar* como tal fosse qualificada pelo quórum de maioria absoluta na votação que a aprova, quando uma

---

6. Manoel Gonçalves Ferreira Filho, *Do Processo Legislativo*, 6ª ed., São Paulo, Saraiva, 2009, p. 250.

lei ordinária obtivesse esse quórum seria uma *lei complementar*. Trata-se de afirmação que não pode ser levada a sério, porque, evidentemente, o que caracteriza a lei complementa como tal – repita-se – não é o quórum eventualmente obtido na votação, mas o quórum previamente exigido nas disposições que integram a disciplina do processo legislativa ao qual está submetida.

1.4 Questão de direito intertemporal

Ocorre que antes da inovação que instituiu em nosso ordenamento jurídico a *lei complementar* como espécie normativa formalmente distinta – vale dizer, antes da inovação que introduziu em nosso ordenamento jurídico um conceito jurídico-positivo de lei complementar – algumas leis ordinárias tratavam de matérias hoje constitucionalmente reservadas a essa nova espécie normativa.

Isto não quer dizer que as referidas leis ordinárias – entre as quais está o Código Tributário Nacional – tenham perdido a validade. E também não quer dizer que o Código Tributário Nacional seja hoje uma lei complementar.

Quando se cogita da validade de uma norma jurídica tem-se necessariamente uma dupla questão. Podemos cogitar da validade da norma do ponto de vista formal e podemos cogitar da validade da norma do ponto de vista material. A validade de qualquer espécie de norma jurídica do ponto de vista formal é aferida pelo confronto desta com norma superior vigente na data de sua edição. Por isto mesmo, o Código Tributário Nacional é válido do ponto de vista formal, embora seja uma lei ordinária, porque ao tempo em que foi elaborado estava de acordo com a Constituição então vigente, que não exigia procedimento especial, vale dizer, não contemplava a categoria das leis complementares.

Por outro lado, como o Código Tributário Nacional trata de matéria que na vigente Constituição é reservada à lei complementar, sua alteração só é possível mediante lei complementar. Não porque o Código Tributário Nacional seja hierarquicamente superior à lei ordinária, mas porque trata de matéria que não pode ser tratada por essa espécie normativa. Entretanto, se admitirmos que no Código Tributário Nacional existem dispositivos tratando de matéria não reservada pela atual Constituição à lei complementar, teremos de concluir que esses dispositivos podem ser alterados por lei ordinária. Como o Código Tributário Nacional é uma lei ordinária, pode ele ser alterado por lei ordinária, porque a questão da hierarquia somente se coloca em razão de elementos formais da norma.

Talvez a falta de atenção para essa questão típica do direito intertemporal tenha contribuído para a confusão que tem sido estabelecida em nossa doutrina a respeito da questão da existência de hierarquia entre lei complementar e lei ordinária. Forte indicativo dessa confusão, aliás, vê-se na frequente invocação da doutrina de Victor Nunes Leal pelos defensores da inexistência dessa hierarquia. Esquecem de que Victor Nunes Leal escreveu em face da então recém-editada Constituição de 1946, que não continha qualquer dispositivo capaz de permitir o conceito de lei complementar como espécie normativa formal.

Seja como for, muitos dos que escreveram a respeito da lei complementar ainda não se deram conta de que todas as espécies normativas, como tais identificadas em um ordenamento jurídico, caracterizam-se por elementos formais, e não pelo conteúdo. E parece que essa desatenção é que os leva a pretenderem que a lei complementar se caracterize como tal pela matéria na mesma regulada.

1.5 Quórum qualificado para aprovação da lei complementar

Com a Emenda 4 à Constituição Federal de 1946 foi estabelecida, em setembro/1961, a exigência de quórum qualificado para a aprovação de leis que podiam ser catalogadas como leis orgânicas, ou leis complementares como entendidas estas em lógica jurídica. Leis destinadas a complementar a organização do Estado. E, ainda, leis delegadas e leis sobre a realização de plebiscito.

Com efeito, a referida Emenda Constitucional instituiu o sistema parlamentar de governo, e estabeleceu:

"Art. 22. Poder-se-á complementar a organização do sistema parlamentar de governo ora instituído, mediante leis votadas, nas duas casas do Congresso Nacional, pela maioria absoluta dos seus membros.

"Parágrafo único. A legislação delegada poderá ser admitida por lei votada na forma deste artigo."

E essa mesma Emenda Constitucional estabeleceu, ainda: "Art. 25. A lei votada nos termos do art. 22 poderá dispor sobre a realização de plebiscito que decida da manutenção do sistema parlamentar ou volta ao sistema presidencial, devendo, em tal hipótese, fazer-se a consulta plebiscitária 9 (nove) meses antes do termo do atual período presidencial".

Pode parecer que ficou, assim, instituída em nosso direito positivo a figura específica da lei complementar como um conceito de direito positivo, e a ela foram reservadas as matérias indicadas nos dispositivos supratranscritos. Mesmo assim, teremos de concluir que não se tratava, ainda, de uma espécie normativa autônoma, a exigir procedimento próprio para sua elaboração.

Realmente, vê-se claramente que os dispositivos supratranscritos, introduzidos na Constituição Federal de 1946 pela Emenda 4/1961, não chegaram a configurar a lei complementar como espécie normativa formalmente distinta. Neles não há sequer uma denominação específica para as leis às quais se referem. Nem a exigência de um procedimento próprio de elaboração.

Com a Emenda Constitucional 18, de 1.12.1965, ainda não se pode considerar introduzida em nosso ordenamento jurídico a lei complementar como conceito jurídico-positivo. É certo que essa Emenda Constitucional utilizou a expressão "lei complementar", em seus arts. 1º, 2º, 4º, 15, parágrafo único, e 26, § 1º, estabelecendo:

"Art. 1º. O Sistema Tributário Nacional compõe-se de impostos, taxas e contribuições de melhoria, e é regido pelo disposto neste Emenda, em *leis complementares*, em resoluções do Senado Federal, e, nos limites das respectivas competências, em lei federal, estadual ou municipal.

"Art. 2º. É vedado à União, aos Estados, ao Distrito Federal e aos Municípios: (...) IV – cobrar impostos sobre: (...) c) o patrimônio, a renda ou serviços de partidos políticos e de instituições de educação ou de assistência social, observados os requisitos fixados em *lei complementar*.

"(...).

"Art. 4º. Somente a União, em casos expressamente definidos em *lei complementar*, poderá instituir empréstimos compulsórios.

"(...).

"Art. 15. Compete aos Municípios o imposto sobre serviços de qualquer natureza, não compreendidos na competência tributária da União e dos Estados.

"Parágrafo único. *Lei complementar* estabelecerá critérios para distinguir as atividades a que se refere este artigo das previstas no art. 12.

"(...)

"Art. 26. (...) § 1o. A lei complementar poderá estabelecer que as alterações e substituições tributárias na conformidade do disposto nesta Emenda, entrem gradualmente em vigor nos exercícios de 1967, 1968 e 1969."

Não obstante, não introduziu no texto constitucional um regime jurídico próprio para a votação das *leis complementares*, que não foram indicadas entre as espécies normativas. Nos dispositivos introduzidos pela Emenda 4/1961 há exigência de quórum para a aprovação de leis sobre certas matérias, mas não há a qualificação destas como *lei complementar*; e nos dispositivos introduzidos pela Emenda 18/1965 há referências à lei complementar, mas não se estabelece o regime de sua aprovação, nem são colocadas as leis complementares como espécie normativa.

Aliás, não se pode esquecer que àquela época vivíamos um regime jurídico excepcional, caracterizado pela edição de atos institucionais com os quais os militares, que tomaram o governo em 1964, violavam a Constituição de diversas formas, e o Congresso Nacional estava praticamente submetido ao Executivo, de sorte que o processo legislativo era apenas um conjunto de regras destinadas a assegurar a hegemonia daquele.

Seja como for, aqueles dispositivos das referidas Emendas Constitucionais talvez tenham contribuído também para a formação da doutrina segundo a qual a lei complementar só pode tratar das matérias a ela reservadas pela Constituição, quando na verdade não existe em nossa Constituição Federal dispositivo algum que se preste como fundamento para tal ideia. Pelo contrário, razoável é admitir-se, com Edvaldo Pereira de Brito,[7] um conceito bem mais amplo de lei complementar, mesmo em face da Constituição de 1988, como adiante se verá. Conceito que, todavia, não nos permite identificar uma espécie normativa autônoma, porque é simplesmente um conceito de lógica jurídica, acrescido da exigência de quórum qualificado para aprovação. A diferença essencial, na verdade, reside em que a Constituição Federal de 1988 alberga regras que consagram a lei complementar como espécie normativa formalmente autônoma, submetendo a elaboração desta não apenas à exigência de quórum qualificado de votação, mas a um procedimento legislativo próprio.

Não podemos negar que existe uma diferença entre criar-se no ordenamento uma espécie normativa distinta à qual se atribua a disciplina de certas matérias e simplesmente colocar na Constituição a exigência de quórum qualificado para a aprovação de leis ordinárias que tratem de certas matérias.

É importante observarmos que, tratando-se de leis complementares, como espécie normativa distinta, não se trata de um quórum eventualmente alcançado na votação. Trata-se de um quórum que previamente se sabe ser necessário para a aprovação da espécie normativa em elaboração. Por isto mesmo, não se pode cogitar da hipótese de uma lei complementar ser aprovada por maioria simples de votos, que se confundiria com uma lei ordinária. Não alcançada a maioria absoluta, a lei complementar terá sido rejeitada.

1.6 Configuração como espécie normativa na Constituição Federal de 1967

Parece que a configuração da lei complementar como espécie normativa em nosso ordenamento jurídico deu-se com o advento da

---

7. Edvaldo Pereira de Brito, "Arts. 145 ao 149-A", in Paulo Bonavides, Jorge Miranda e Walber de Moura Agra (coords.), *Comentários à Constituição Federal de 1988*, Rio de Janeiro, Gen/Forense, 2009, p. 1.780.

Constituição Federal de 1967, que não se limitou à reserva de matérias. É certo que reservou certas matérias à *lei complementar* (CF de 1967, art. 14), inclusive em matéria tributária, dizendo que: "Lei complementar estabelecerá normas gerais de direito tributário, disporá sobre os conflitos de competência tributária entre a União, os Estados, o Distrito Federal e os Municípios, e regulará as limitações constitucionais ao poder de tributar" (CF de 1967, art. 19, § 1º).

Além disto, porém, fez expressa referência à lei complementar como espécie legislativa autônoma ao estabelecer o elenco dos atos resultantes do processo legislativo. Disse que o processo legislativo compreende a elaboração de: "I – emendas à Constituição; II – leis complementares à Constituição; III – leis ordinárias; IV – leis delegadas; V – decretos-leis; VI – decretos legislativos; VII – resoluções" (CF de 1967, art. 49).

E estabeleceu, ainda, que as leis complementares da Constituição seriam votadas por maioria absoluta dos membros das duas Casas do Congresso Nacional, observados os demais termos da votação das leis ordinárias (CF de 1967, art. 53).

Como se vê, em face da Constituição Federal de 1967 já era possível falar-se de lei complementar como um conceito jurídico-positivo em nosso ordenamento jurídico. Em outras palavras, desde então podíamos afirmar a existência, em nosso ordenamento jurídico, de lei complementar como espécie normativa claramente configurada por elementos formais – vale dizer, a denominação e o procedimento específico de elaboração. Neste sentido é o registro feito por Luciano Amaro, que, reportando-se ao conceito jurídico-positivo de lei complementar, escreve: "Nesta acepção, as leis complementares (após episódica e restrita atuação no início dos anos 60, na vigência do parlamentarismo em nosso País) foram introduzidas no direito constitucional brasileiro pela Constituição de 1967, com a missão (que lhes deu o nome) de 'complementar' a disciplina constitucional de certas matérias, indicadas pela Constituição. Designadas 'leis complementares à Constituição' pelo art. 48 (art. 46, após a Emenda 1/1969) daquele diploma e 'leis complementares' pelo art. 59 da atual Constituição, essas leis têm de específico, além do nome e da função, o quórum de aprovação: elas requerem maioria absoluta de votos na Câmara dos Deputados e no Senado (art. 69 da CF)".[8]

Por outro lado, considerando-se que as emendas à Constituição, as leis complementares e as leis ordinárias eram todas produzidas pelo mesmo órgão legislativo, as questões relativas à hierarquia e ao conteúdo dessas espécies normativas já podiam ser colocadas tal como acontece agora, perante a Constituição Federal de 1988, não obstante fosse diminuto o rol das matérias reservadas à lei complementar. É razoável afirmarmos, portanto, que a partir da Constituição de 1967 passamos a ter em nosso ordenamento jurídico a lei complementar como um conceito jurídico-positivo, a definir uma espécie normativa com identidade própria.

2. Lei complementar na Constituição de 1988

2.1 Elenco de espécies normativas resultantes do processo legislativo

A vigente Constituição Federal estabelece que "o processo legislativo compreende a elaboração de: I – emendas à Constituição; II – leis complementares; III – leis ordinárias; IV – leis delegadas; V – medidas provisórias; VI – decretos legislativos; VII – resoluções" (art. 59).

Este, portanto, é o elenco das espécies normativas que resultam do processo legislativo, nos termos da Constituição Federal, e que serão, adiante, uma a uma, por nós examinadas.

Ressalte-se desde logo que, depois de arrolar as espécies normativas, como se viu acima, a Constituição Federal estabelece que a lei complementar disporá sobre a elaboração, redação, alteração e consolidação das leis (CF de 1988, art. 59 e seu parágrafo único).

Daí se vê que a lei complementar foi colocada em nosso ordenamento jurídico como uma espécie normativa formalmente definida,

---

8. Luciano Amaro, *Direito Tributário Brasileiro*, 12ª ed., São Paulo, Saraiva, 2006, pp. 167-168.

distinta da lei ordinária, e que tem como finalidade, entre outras, dispor sobre a elaboração, redação, alteração e consolidação das leis – sendo, portanto, fundamento de validades das mesmas. E isto nos faz procurar identificar a razão de ser dessa colocação, pois com certeza já não devemos considerar a lei complementar apenas como um conceito de lógica jurídica, como ocorria em face da Constituição de 1946, antes da Emenda 4/1961. Sem prejuízo da lei complementar como conceito de lógica jurídica, temos hoje a lei complementar como um conceito jurídico-positivo, que é diverso daquele. E quando a Constituição se refere a lei complementar é razoável entender-se que a referência é feita ao conceito jurídico-positivo, e não ao conceito lógico-jurídico.

Assim, é razoável entendermos que as espécies normativas enumeradas no art. 59 da Constituição Federal como produto do processo legislativo, entre as quais está a espécie designada como "leis complementares", devem ser entendidas como conceitos jurídico-positivos.

Cada uma das espécies normativas mencionadas no referido dispositivo constitucional constitui um grupo que se caracteriza pelos elementos formais, e não pela matéria de que se ocupa, embora algumas dessas espécies possam sofrer certas limitações quanto à matéria – como é o caso, por exemplo, dos decretos legislativos e das resoluções. Seja como for, o que afinal caracteriza essas espécies normativas é mesmo o elemento formal, vale dizer, a competência para a correspondente produção e o procedimento adotado nessa produção.

2.2 Matérias reservadas à lei complementar

A vigente Constituição Federal estabeleceu, ainda, em diversos de seus dispositivos, a reserva de certas matérias à lei complementar, tornando-se inegável a necessidade de se reformular aquele conceito de lógica jurídica, para se chegar a um conceito de lei complementar em nosso ordenamento jurídico. Um conceito de direito positivo. Conceito que, com certeza, não pode ser aquele que levou Victor Nunes Leal a afirmar a inexistência de hierarquia entre a lei complementar e a lei ordinária.

É da maior evidência que o simples fato de algumas matérias serem reservadas à lei complementar implica a necessidade de existir no ordenamento jurídico uma espécie normativa distinta da lei ordinária. A não ser assim, a reserva não teria o menor sentido. E essa espécie distinta, sendo, como é, produzida pelo mesmo órgão legislativo, para ser diferente há de ser produzida mediante procedimento legislativo diferenciado, sem o quê não será uma espécie distinta.

São muitos os dispositivos da vigente Constituição Federal que estabelecem reserva de matérias à lei complementar. Não vamos examiná-los especificamente, porque isto excede os objetivos deste livro. Entretanto, mais adiante examinaremos os dispositivos que estabelecem essa reserva em matéria tributária.

Cumpre-nos, todavia, desde logo registrar a divergência existente entre os que sustentam que a lei complementar qualifica-se como tal por tratar de determinadas matérias que a Constituição a ela reserva. Alguns sustentam que essa reserva de matérias é somente aquela feita expressamente, enquanto outros admitem a existência de matérias implicitamente reservadas pela Constituição à lei complementar.

2.2.1 *Reserva feita expressamente*

Entre os que afirmam que a reserva constitucional de matérias à lei complementar é apenas aquela feita expressamente está Antônio Carlos Rodrigues do Amaral, que escreve: "(...). Dada a rigidez de suas disposições, importa restringir a liberdade do parlamentar na sua função legiferante. Desse modo – configurando o instituto regra restritiva da atividade parlamentar –, sempre que o constituinte entendeu necessário o uso de diploma legal de tal porte, o fez expressamente. Não há, no Texto Magno, exigência implícita para o uso de lei complementar".[9]

Como se vê, Antônio Carlos Rodrigues do Amaral é taxativo ao afirmar que na Constituição não existe exigência implícita para o uso

---

9. Antônio Carlos Rodrigues do Amaral, "Lei complementar", in Ives Gandra da Silva Martins (coord.), *Curso de Direito Tributário*, 11ª ed., São Paulo, Saraiva, 2009, p. 81.

de lei complementar. Essa doutrina certamente reduz a incerteza na questão de saber se determinada matéria deve ser, ou não, regulada por lei complementar. Não afasta, porém, a enorme insegurança que se instaura sempre que se precisa definir o alcance de uma regra que, expressamente, formula reserva de lei complementar.

No mesmo sentido é a doutrina de Pinto Ferreira, para quem "a Constituição Federal de 1988 fixou de modo exaustivo, em *numerus clausus*, o campo específico da lei complementar, prescrevendo de antemão qual a matéria reservada exclusivamente à legislação complementar".[10]

Ricardo Cunha Chimenti, Fernando Capez, Márcio Fernando Elias Rosa e Marisa Ferreira dos Santos também afirmam que a reserva de matéria à lei complementar deve ser expressa. Assim é que afirmam: "O projeto de lei complementar (só é exigida lei complementar quando a Constituição é expressa nesse sentido, a exemplo do art. 148), por sua vez, somente é aprovado se obtiver voto favorável da maioria absoluta dos membros das duas Casas".[11]

Manoel Gonçalves Ferreira Filho, por seu turno, ensina que as matérias reservadas à lei complementar são aquelas expressamente indicadas na Constituição. Em suas palavras: "A Constituição enuncia claramente em muitos de seus dispositivos a edição de lei que irá complementar suas normas relativamente a esta ou àquela matéria. Fê-lo por considerar a particular importância dessas matérias, frisando a necessidade de receberem um tratamento especial. Só nessas matérias, e só em decorrência dessas indicações expressas, é que cabe a lei complementar".[12]

Para Nelson de Sousa Sampaio também a lista das matérias a serem disciplinadas por leis complementares é taxativa.[13]

10. Pinto Ferreira, *Comentários à Constituição Brasileira*, 3º vol., São Paulo, Saraiva, 1992, p. 748.
11. Ricardo Cunha Chimenti, Fernando Capez, Márcio Fernando Elias Rosa e Marisa Ferreira dos Santos, *Curso de Direito Constitucional*, 2ª ed., São Paulo, Saraiva, 2005, p. 255.
12. Manoel Gonçalves Ferreira Filho, *Do Processo Legislativo*, cit., 6ª ed., pp. 249-250.
13. Nelson de Sousa Sampaio, *O Processo Legislativo*, São Paulo, Saraiva, 1968, p. 38.

Menos radical é a doutrina que sustenta ser o elemento material necessário à caracterização da lei complementar mas admite que, ao lado da reserva constitucional expressa de lei complementar, existe a reserva que às vezes estaria implícita em dispositivos da Constituição.

2.2.2 Admitindo a reserva às vezes implícita na referência à lei

Paulo de Barros Carvalho, com referências e elogios a Souto Maior Borges, adota a tese segundo a qual a lei complementar somente se qualifica como tal quando trata de matérias constitucionalmente reservadas a essa espécie legislativa. Admite, porém, que essa reserva pode estar implícita em simples referência à lei, sem qualificação. Assim, define a lei complementar como "aquela que, dispondo sobre matéria, expressa ou implicitamente, prevista na redação constitucional, está submetida ao quórum qualificado do art. 69 (CF), isto é, maioria absoluta das duas Casas do Congresso Nacional". E, adiante, esclarece: "Os assuntos que o constituinte reservou para o campo da lei complementar estão quase sempre expressos, inobstante possamos encontrar, em alguns passos, a simples alusão à lei, desacompanhada do qualificativo *complementar*. Em circunstâncias como essa, a bem empreendida análise do comando supremo apontará que a grandeza do tema somente pode ser objeto de lei complementar, visto que estão em pauta regulações diretas de preceitos da Lei Maior, que por outros estatutos não poderiam ser versadas".[14]

Nessa mesma linha manifesta-se Regina Helena Costa, afirmando que a lei complementar "disciplina as matérias expressa ou implicitamente indicadas pelo texto constitucional".[15]

Roque Antônio Carrazza também admite que a reserva de matérias à lei complementar pode estar implícita na Constituição Federal,

---

14. Paulo de Barros Carvalho, *Curso de Direito Tributário*, 18ª ed., São Paulo, Saraiva, 2007, pp. 219-220.
15. Regina Helena Costa, *Curso de Direito Tributário*, São Paulo, Saraiva, 2009, p. 18.

e aponta o art. 150, VI, "c", o § 5º desse mesmo artigo, o art. 153, § 2º, II, e o art. 195, § 7º, da Constituição Federal como casos de reserva implícita de lei complementar.[16]

Ao admitir a reserva implícita, essa doutrina amplia o campo das matérias constitucionalmente reservadas à lei complementar, com a possibilidade de se ver em dispositivos de lei complementar matérias constitucionalmente reservadas a essa espécie normativa – o que é, sem dúvida, positivo para a preservação da segurança jurídica. Entretanto, compromete esse princípio fundamental do Direito, na medida em que deixa indefinida ou, mais exatamente, amplia a área de indefinição da reserva constitucional da lei complementar.

E existe, ainda, doutrina ampliando ainda mais o que seria essa reserva constitucional implícita de matérias a serem tratadas por lei complementar.

2.2.3 Reserva implícita mais ampla

Edvaldo Pereira de Brito admite a reserva sempre que houver na regra da Constituição referência à lei. Basta que se trate de instituições constitucionais – expressão que, em sua linguagem, parece indicar matéria enunciada na Constituição a ser completada pela lei. Na doutrina de Edvaldo Brito é "necessário o quórum da *lei complementar* toda vez que a norma infraconstitucional tiver de ser integrativa, porque atina com a rigidez constitucional". Neste sentido, argumenta Edvaldo Pereira de Brito:

"E o texto de 1988 não induz a outro entendimento porque, sob o aspecto formal, preserva à complementar o quórum específico da maioria absoluta para que qualquer Casa Legislativa aprove-a; materialmente, a ordenação constitucional de agora, também, lista os casos, expressamente, em que requer esse quórum, sem, contudo, poder-se concluir que o faz *numerus clausus* desde quando a rigidez constitucional quanto ao poder de emenda não autoriza permitir que se admita quórum da maioria simples para tratar de questões relativas a

---

16. Roque Antônio Carrazza, *Curso de Direito Constitucional Tributário*, 26ª ed., São Paulo, Malheiros Editores, 2010, pp. 1.008-1.011 e 1.048.

instituições constitucionais, sobretudo em face da simplificação deliberativa decorrente da competência terminativa das Comissões, dispensando a do Plenário (cf. item I do § 2º do art. 58), sob pena de fraude à rigidez.

"Lei complementar, no sistema estatuído na nossa Constituição, é aquela que, tratando de instituições constitucionais ou de matéria para a qual tenha sido, expressamente, requerida pelo ordenamento constitucional, tenha, por isso, de ser aprovada pelo quórum específico da maioria absoluta dos votos dos membros das Casas Legislativas, vedada, portanto, a competência terminativa das Comissões que dispensa a do Plenário, tendo em vista a rigidez constitucional relativamente ao poder de emenda e considerando a natureza integrativa da norma complementar. As demais leis, obviamente, são reguladoras, também, da Constituição, mas não ao nível de norma integradora, como o é a complementar batizada ou não, assim, no texto da Lei Maior. Sob esse conceito, *lei complementar* é uma categoria de norma infraconstitucional cuja materialidade é, expressamente, requerida pela própria Constituição, ou que corresponde a uma explicitação de elementos sumariados em norma constitucional tipificadores de questões relativas a instituições constitucionais. Assim, ela é integrativa, mas não é condição para a aplicabilidade da norma constitucional, ainda que possam ocorrer algumas situações nas quais seja necessária a proteção jurisdicional para ou constituir o direito subjetivo no caso concreto ou, sendo outras as hipóteses, instar a pessoa competente a promover os atos integrativos, sob pena de a decisão judicial operar *qua non* para a execução da regra constitucional."[17]

Como se vê, essa doutrina amplia o âmbito das previsões implícitas de matérias reservadas à lei complementar, que compreenderia também aquelas matérias relativas a instituições constitucionais, mesmo que a lei complementar não seja condição para a aplicabilidade da norma constitucional.

É evidente, pois, a dificuldade que se tem na delimitação das matérias reservadas à lei complementar. E, ainda que se considere

17. Edvaldo Pereira de Brito, "Arts. 145 ao 149-A", cit., in Paulo Bonavides, Jorge Miranda e Walber de Moura Agra (coords.), *Comentários à Constituição Federal de 1988*, p. 1.780.

que a reserva é somente aquela feita explícita e expressamente pela Constituição, é praticamente impossível evitar divergências quanto à delimitação da matéria reservada por cada um dos dispositivos da Constituição que cuidam do assunto. Aliás, com o advento da Emenda Constitucional 42, de 19.12.2003, que introduziu no texto constitucional o art. 146-A, com mais uma reserva de matérias à lei complementar, essa delimitação tornou-se inteiramente impossível.

Por tais razões é que preferimos qualificar a lei complementar, enquanto conceito jurídico-positivo, como categoria normativa autônoma apenas pelos elementos formais – a saber, a competência e o regime especial adotado para sua elaboração. Não nos parece que a lei complementar, ou qualquer outra espécie normativa integrante de nosso ordenamento jurídico, ganhe sua identidade específica pela matéria de que se ocupa.

2.3 Regime especial de elaboração, com exigência de quórum qualificado

Por outro lado, do ponto de vista formal é evidente e indiscutível o elemento distintivo. Estabelece a Constituição Federal de 1988 que as leis complementares constituem espécie distinta das demais espécies resultantes do processo legislativo (art. 59), com autonomia formal, e devem ser aprovadas por maioria absoluta (art. 69 da CF). Essa qualificação como espécie distinta das demais resultantes do processo legislativo implica a necessidade de um procedimento especial de apreciação do projeto de lei pelo Congresso Nacional. Confere o elemento distintivo da lei complementar.

Ressalte-se que não se trata simplesmente do fato de ser a lei aprovada por um quórum de maioria absoluta, que seja eventualmente alcançado. Trata-se – isto, sim – de um quórum que é previamente exigido e implica a adoção de regras regimentais diversas, aplicáveis especificamente aos projetos de lei complementar, como é a que estabelece ser inadmissível o acordo de lideranças. Em outras palavras, o quórum de maioria absoluta eventualmente alcançado na aprovação de uma lei ordinária não faz da mesma uma lei complementar, assim como o quórum de mais de três quintos dos votos dos membros do Congresso Nacional não faz de uma lei ordinária emenda constitucional. Lei ordinária será sempre lei ordinária, mesmo que seja aprovada por unanimidade de votos. Cada uma das espécies normativas enumeradas no art. 59 da Constituição Federal, para que se qualifique como tal, deve ser discutida e votada no Congresso Nacional com obediência ao procedimento regimental especificamente previsto, que pode conter disciplina diversa desde a iniciativa até a publicação do ato normativo.

2.4 Identidade da lei complementar como conceito jurídico-positivo

Enquanto no âmbito da lógica jurídica o conceito de lei complementar é formulado a partir do conteúdo da norma – vale dizer, é lei complementar aquela que complementa a Constituição –, a identidade da lei complementar como conceito jurídico-positivo se perfaz com elementos formais. Trata-se de uma distinção essencial, reconhecida mesmo por autores que sustentam a tese de que a lei complementar só pode tratar de matérias a ela reservadas. Neste sentido, escreveu Celso Ribeiro Bastos:

"Lei complementar, como o próprio nome diz, é aquela que completa a Constituição. O que significa completar a Constituição? Significa que, levando-se em conta o fato de nem todas as normas constitucionais terem o mesmo grau de aplicabilidade e a possibilidade de se tornarem imediatamente eficazes, demandam a superveniência de uma lei que lhes confira esses elementos faltantes. Dá-se o nome de lei complementar a essa norma que vem, na verdade, integrar a Constituição.

"Esta, contudo, é a noção clássica de lei complementar. Dizemos 'clássica' porque a partir da Emenda Constitucional 4, que implantou o parlamentarismo, criou-se uma nova modalidade de lei complementar, definida não a partir do papel por ela desempenhado, qual seja o de completar a Constituição, mas pelas suas características formais, é dizer, pelo fato de ser aprovada por um quórum próprio e por versar sobre matéria a ela afeta pela Constituição.

"Temos, assim, duas realidades compreendidas pelo termo 'lei complementar': (a) a tradicional – encontrada em outros sistemas jurídicos e mesmo no Brasil, antes da emenda parlamentarista, que consistia em entender como complementar toda lei que na sua função desempenhasse o papel de completar a Constituição; (b) a formal – atualmente, não se pode aceitar outra definição senão esta, que é encampada pela Constituição. Quando esta fala em lei complementar está se referindo a uma modalidade com características formais, é dizer, independentes do papel por ela cumprido."[18]

É fácil de ver que os conceitos de lógica jurídica e de direito positivo, aos quais nos referimos, são precisamente aqueles que Celso Ribeiro Bastos denominou, referindo-se à lei complementar, "tradicional" e "formal". Um ligeiro reparo, entretanto, nos parece indispensável. É que o conceito jurídico-positivo de lei complementar, em nosso ordenamento jurídico, somente se fez possível a partir da Constituição de 1967, porque a Emenda 4 à Constituição de 1946 apenas exigiu o quórum especial para a aprovação de leis que tratassem das matérias que indicou. Isto significa dizer que eram leis ordinárias, para cuja aprovação se fazia necessário um quórum especial, e não uma espécie normativa formalmente distinta.

Por outro lado, registramos que há uma diferença entre os dispositivos da Emenda 4 à Constituição de 1946 que estabeleceram reserva de matérias à lei aprovada mediante quórum especial e os dispositivos da atual Constituição que reservam certas matérias à lei complementar. Nos dois dispositivos da Emenda 4, tanto no art. 22 como no art. 25, está clara a ideia de exclusividade, quer dizer, apenas naqueles casos exige-se lei votada com o quórum ali indicado. E tinha, mesmo, de ser assim, pois as leis que não tratassem das matérias indicadas naqueles dois dispositivos podiam, sim, ser votadas e aprovadas por maioria simples, porque eram leis ordinárias. Já, nos dispositivos da vigente Constituição Federal que reservam certas matérias à lei complementar não se vislumbra essa ideia. Pelo contrário, em nenhum dispositivo da vigente Constituição se pode ver a ideia de que a lei complementar apenas tratará das matérias reservadas a

18. Celso Ribeiro Bastos, *Curso de Direito Constitucional*, 18ª ed., São Paulo, Saraiva, 1997, p. 356.

essa espécie normativa. E há de ser assim porque, no regime da vigente Constituição, lei complementar é uma espécie normativa distinta, que jamais poderá ser aprovada por maioria simples. Assim, na votação das leis complementares a exigência de maioria absoluta é a regra, e não uma exceção, como acontecia na votação de leis ordinárias à luz dos arts. 22 e 25 da Emenda 4 à Constituição de 1946.

Em síntese, a identidade da lei complementar como conceito jurídico-positivo à luz da Constituição Federal de 1988 se perfaz com o atendimento de requisitos formais – a saber, o nome e o procedimento especial de votação. Neste sentido, portanto, *lei complementar* é a lei elaborada pelo Congresso Nacional com observância do procedimento especificamente estabelecido para esse fim, inclusive com a aprovação por maioria absoluta de seus membros.

Como todas as demais espécies normativas, a lei complementar, enquanto conceito jurídico-positivo, caracteriza-se como tal pelo elemento formal, que fica a critério do Congresso Nacional adotar. Há quem sustente que, ao admitirmos essa competência do Congresso Nacional, estamos admitindo um possível "engessamento" da ordem jurídica, pois as matérias incluídas no texto de lei complementar só poderão ser alteradas depois mediante lei complementar – isto é, só pelo voto da maioria absoluta dos parlamentares será possível sua alteração. Ocorre que é exatamente isto, é exatamente esse "engessamento", que confere segurança jurídica às matérias que, a juízo do Congresso Nacional, devem ser tratadas por lei complementar.

Note-se que esse mesmo "engessamento" acontece quando o Congresso Nacional se utiliza de emenda constitucional para tratar de matérias que não estão na Constituição. E ninguém nega que esteja a seu critério fazê-lo.

3. Caracterização da lei complementar

3.1 Explicação para a tese que exige elemento material

Do que expusemos até aqui se vê que entendemos ser a lei complementar, em nosso atual ordenamento jurídico, uma espécie normativa que se qualifica pelos elementos formais – a saber, pela competência para produzi-la, atribuída ao Congresso Nacional, e pelo procedimento especificamente adotado em sua produção, no qual se inclui a exigência de aprovação pela maioria absoluta de seus membros.

Ocorre que respeitabilíssimos doutrinadores persistem na sustentação de uma tese – a nosso ver – equivocada, segundo a qual a lei complementar somente se qualifica como tal quando trata de matéria que a Constituição reserva a essa espécie normativa. Tese que tem sido adotada por muitos sem maiores cuidados, em função do que denominamos *argumento de autoridade*. Assim, parece-nos oportuna uma explicação a respeito de fatos que podem ser, de certa forma, considerados causa do equívoco e de sua persistência, embora estejamos convencidos de que os mais destacados defensores do equívoco talvez o tenham construído e nele persistam muito mais por uma questão de vaidade pessoal.

A origem da tese segundo a qual a lei complementar ganha sua identidade pelo elemento material – vale dizer, em razão da matéria da qual se ocupa – parece residir no excelente artigo de Victor Nunes Leal publicado em 1947, aliada à desatenção para a distinção existente entre a lei complementar enquanto conceito de lógica jurídica e a lei complementar enquanto conceito jurídico-positivo. Alguns indicam expressamente essa fonte doutrinária e deixam implícita sua influência para a aceitação da tese que, corretamente construída em face da Constituição de 1946 – que não albergava regras a permitir um conceito jurídico-positivo de lei complementar –, já não pode ser aceita diante da vigente Constituição. Frederico Araújo Seabra de Moura, por exemplo, sustenta que: "(...) não há de se falar que a lei complementar é sempre superior hierarquicamente à lei ordinária. Esse é um equívoco rotundo, segundo Victor Nunes Leal. Pode vir a ser, mas unicamente quando servir de fundamento de validade – formal ou material – para uma lei ordinária, o que não ocorre sempre".[19]

Como se vê, o referido autor parece não distinguir a lei complementar enquanto conceito de lógica jurídica da lei complementar enquanto conceito jurídico-positivo. E parece, ainda, que não conside-

---

19. Frederico Araújo Seabra de Moura, *Lei Complementar Tributária*, São Paulo, Quartier Latin, 2009, p. 102.

ra a lei complementar como uma espécie normativa autônoma, mas cada lei complementar individualmente – o que também contribui para o equívoco no qual incorre ao adotar a tese que refutamos.

Souto Maior Borges também registra expressamente a fonte de sua inspiração, ao escrever: "O ponto de partida para a formulação do conceito 'ontológico' ou 'doutrinário' – ou 'material' – de lei complementar, como preferimos denominá-lo no Direito Brasileiro, é um estudo clássico de Victor Nunes Leal no qual ele sustenta que, em princípio, todas as leis são complementares, porque se destinam a completar princípios básicos enunciados na Constituição. Adverte entretanto Nunes Leal que, geralmente, se reserva esta denominação para aquelas leis sem as quais determinados dispositivos constitucionais não podem ser aplicados".[20]

E, como se vê, Souto Maior Borges não distinguiu bem o conceito lógico-jurídico do conceito jurídico-positivo, tanto que denominou o primeiro de conceito *doutrinário* ou *material* de lei complementar, mas ligou esse conceito ao Direito Brasileiro, sem considerar que tais conceitos são iguais em qualquer ordenamento jurídico, exatamente por não serem conceitos jurídico-positivos, mas conceitos de lógica jurídica.

A forma como surgiu a exigência de quórum qualificado para a aprovação de leis sobre certas matérias na Constituição Federal de 1946, com a Emenda 4/1961, também parece haver contribuído para a formação da tese segundo a qual a lei complementar ganha sua identidade pelo elemento material – vale dizer, em razão da matéria da qual se ocupa. É que a referida Emenda Constitucional não instituiu a lei complementar como espécie normativa – vale dizer, não criou uma espécie de lei distinta da lei ordinária. Simplesmente determinou que o sistema parlamentar de governo, então por ela instituído, poderia ter sua organização complementada por leis votadas nas duas Casas do Congresso Nacional pela maioria absoluta de seus membros (EC 4/1961, art. 22). Admitiu a delegação legislativa mediante lei ordinária também aprovada pelo referido quórum especial e admitiu, ainda, que a lei ordinária, desde que aprovada com o re-

---

20. José Souto Maior Borges, "Eficácia e hierarquia da lei complementar", *RDP* 25/99, São Paulo, Ed. RT, julho-setembro/1973.

ferido quórum especial, podia dispor sobre a realização de plebiscito para decidir sobre a manutenção do sistema parlamentar ou a volta ao sistema presidencial (EC 4/1961, art. 25).

É importante insistir em que a Emenda 4 à Constituição Federal de 1946 não introduziu em nosso ordenamento um conceito jurídico-positivo de lei complementar – vale dizer, não introduziu em nosso ordenamento a lei complementar como figura legislativa específica. Não colocou em nosso direito positivo elementos suficientes para a qualificação da lei complementar como um conceito jurídico-positivo. A lei complementar, então, continuava a ser um conceito de lógica jurídica, simplesmente, e não um conceito de direito positivo, porque a exigência de quórum qualificado não levava à catalogação das leis complementares em espécie distinta das leis ordinárias. Pelo contrário, todas integravam uma única espécie, a das leis ordinárias.

Outras razões podem ser apontadas para o equívoco de se afirmar que a lei complementar só se qualifica como tal se tratar das matérias constitucionalmente reservadas a essa espécie normativa. Entre elas, a confusão entre forma e matéria na aferição da validade das normas jurídicas e o desconhecimento ou desconsideração da doutrina da recepção, segundo a qual as normas são recepcionadas por uma nova ordem jurídica desde que sejam com esta materialmente compatíveis, sem se levar em conta a subsistência, ou não, da espécie normativa.

Finalmente, uma explicação para a persistência da tese segundo a qual as leis complementares se qualificam pela matéria da qual se ocupam pode ser a desatenção de alguns que a acolhem sem qualquer questionamento, aliada à vaidade pessoal de alguns dos que a defendem, que chegam a se irritar e ficar agressivos com quem deles ousa divergir.

3.2 Impossibilidade de caracterização pela matéria

Quando se cogita de espécies normativas tendo em vista a posição de cada uma nos diversos planos da hierarquia do sistema jurídico, o elemento substancial ou material geralmente é irrelevante.

Assim, quando procuramos saber qual é o plano hierárquico de determinada espécie normativa, a caracterização dessa espécie se faz a partir da competência para sua produção e do procedimento a ser observado nessa produção. Em outras palavras, sempre que se coloca a questão da hierarquia no sistema jurídico, o que importa são os elementos formais característicos de cada espécie normativa. Não o elemento material, ou o conteúdo de cada norma. Isto acontece com todas as espécies normativas, como tivemos oportunidade de demonstrar no capítulo anterior, no qual tratamos do ordenamento jurídico. Não é razoável pretender que seja diferente em relação à lei complementar, especialmente quando na Constituição não existe regra que o diga.

A Constituição Federal alberga normas as mais diversas. É indiscutível, porém, que na mesma está o fundamento de validade de todo o ordenamento jurídico. Indiscutível, também, que a mesma se caracteriza, como norma do mais elevado plano hierárquico do sistema, pelo elemento formal. Por isto mesmo, é possível seu posicionamento em um único plano do escalonamento hierárquico, não obstante albergue – repita-se – normas de conteúdos os mais diversos. Salvo a doutrina de Bachof, que admite normas inconstitucionais dentro da própria Constituição como obra do poder constituinte originário,[21] não conhecemos qualquer outra apontando distinção hierárquica entre dispositivos da Constituição. É certo que existem normas na Constituição em relação às quais não se admite revogação ou modificação que lhes reduza o alcance. São as denominadas cláusulas pétreas, ou cláusulas de imodificabilidade. Tais normas, todavia, albergam determinação do próprio poder constituinte originário e são apenas aquelas como tais expressamente referidas.

As leis complementares também albergam normas as mais diversas, mas, desde que passaram a constituir uma espécie normativa, caracterizam-se pela competência do órgão que as produz e pelo procedimento adotado nessa produção, não são diferentes umas das outras por tratarem de assuntos diferentes. O fato de haver a Constituição Federal estabelecido que certas matérias devem ser tratadas

---

21. Otto Bachof, *Normas Constitucionais Inconstitucionais?*, trad. de José Manuel M. Cardoso da Costa, Coimbra, Atlântida, 1977.

por lei complementar não é que lhes confere especificidade. Pelo contrário, a existência, no sistema jurídico, de uma espécie normativa situada em plano hierárquico superior é que enseja essa reserva constitucional de certas matérias, às quais o constituinte pretendeu assegurar maior estabilidade. Neste sentido doutrina, com indiscutível acerto, Napoleão Nunes Maia Filho:

"Insisto: *há realmente na Constituição dispositivos que instituem reserva material* em favor da lei complementar, mas essas previsões constitucionais têm essencialmente o efeito de *excluir, daquelas situações, a incidência de outras espécies normativas, quais a lei ordinária, a lei delegada ou a medida provisória, de emissão pelo Presidente da República.*

"Em outras palavras: as indicações (previsões) que se fazem em prol da lei complementar *têm o objetivo claro de afastar, nessas matérias, a atividade normativa do legislador ordinário e do Presidente da República, que em relação a elas não poderá receber delegação legislativa nem as disciplinar através de medidas provisórias.*

"Ao meu sentir, se o constituinte originário tivesse tido a intenção de só admitir a lei complementar naquelas hipóteses previstas na Constituição (e em nenhuma outra mais), tê-lo-ia dito às expressas; como não o disse de forma explícita, creio que será melhor seguir a velha recomendação hermenêutica que *proíbe o intérprete de fazer distinções ou criar restrições onde a norma interpretada não o fez.*

"Portanto, o ordenamento jurídico pode perfeitamente conter uma lei complementar editada para regular matéria não prevista na Constituição como a ela reservada, *sem que isso lhe traga a pecha de invalidade, principalmente sem importar vício de inconstitucionalidade*; vale dizer, em outras palavras: a lei complementar editada em semelhante situação será plenamente válida e eficaz."[22]

E, embora reconheça que sua conclusão não é acolhida pela grande maioria dos eminentes doutrinadores nacionais, conclui que a lei complementar que trata de matérias a ela não constitucional-

---

22. Napoleão Nunes Maia Filho, *Estudos Temáticos de Direito Constitucional*, Fortaleza/CE, UFC, 2000, p. 85.

mente reservadas somente poderá ser modificada ou revogada por outra lei complementar.[23]

Realmente, se o constituinte tivesse pretendido que a lei complementar não tratasse de matérias outras, limitando-se àquelas reservadas a essa espécie normativa, deveria tê-lo dito, e não o fez. Em nenhum dispositivo da vigente Constituição está dito, ainda que implicitamente, que a lei complementar não pode tratar de outras matérias além daquelas que estão a ela reservadas. E tal restrição à lei complementar não seria razoável, porque, como assevera Napoleão Nunes Maia Filho, ao atuar fora dos campos a ele expressamente reservados o legislador complementar está no exercício legítimo de sua avaliação quanto à importância das matérias disciplinadas, que, por isto mesmo, exigem elevação a nível hierárquico superior. Em suas palavras:

"Ao meu ver, ocorre, na hipótese de lei complementar editada fora das previsões constitucionais, o exercício legítimo de *avaliação estratégica por parte do legislador*; elevando o nível da disciplina de determinada matéria, *revestindo-a objetivamente de características que a fazem de modificabilidade mais complexa, em razão de sua aprovação por maioria qualificada.*

"Mas, se o legislador optou por emitir uma lei complementar em caso não reservado a ela, não lhe será lícito, no futuro, recuar da orientação adotada, relativamente ao conteúdo dessa lei complementar, e modificá-la ou revogá-la por norma de hierarquia subalterna: a modificação e revogação de lei complementar editada naquelas condições somente poderão ser efetivadas através de lei da mesma hierarquia.

"Ocorrendo essa hipótese, a lei complementar não poderá ser modificada ou revogada por lei posterior que não tenha a sua mesma hierarquia, pois se tal fosse possível se implantaria a sempre indesejável insegurança jurídica ou se daria alvedrio absoluto para, a seu talante, usar e abusar do poder de legislar."[24]

Aliás, se o elaborador da Constituição Federal de 1988 tivesse pretendido colocar certas matérias sob reserva de lei complementar

23. Idem, ibidem, p. 85.
24. Idem, p. 91.

– como tal entendida a espécie normativa que tenha por conteúdo tais matérias –, bastaria não ter criado a lei complementar como um conceito de direito positivo, vale dizer, como espécie normativa formalmente qualificada. E, assim, em vez de dizer que determinadas matérias serão tratadas por lei complementar, teria simplesmente formulado a exigência de quórum qualificado para a aprovação da lei que cuidasse das matérias indicadas, como fez a Emenda 4 à Constituição de 1946.

Realmente, poderia o constituinte, em cada um dos dispositivos da Constituição Federal de 1988 que reservam matérias à lei complementar, simplesmente exigir quórum qualificado para a aprovação da lei que tratasse daquelas matérias.

Na verdade, porém, a vigente Constituição Federal, embora em diversos dispositivos diga que certas matérias devem ser tratadas em lei complementar, contém dispositivo que deixa fora de dúvida a impossibilidade de caracterização dessa espécie normativa pela matéria da qual se ocupa. Com seu art. 146-A afastou qualquer dúvida, estabelecendo que: "A lei complementar poderá estabelecer critérios especiais de tributação, com o objetivo de prevenir desequilíbrios da concorrência, sem prejuízo da competência da União, por lei, estabelecer normas de igual objetivo".

Nos termos desse dispositivo constitucional, a lei complementar poderá estabelecer critérios especiais de tributação, com o objetivo de prevenir desequilíbrios da concorrência. Esta seria a matéria reservada à lei complementar. Ocorre que o mesmo dispositivo constitucional estabelece que a disciplina, em lei complementar, de critérios especiais de tributação, com o objetivo de prevenir desequilíbrios da concorrência, deve ser feita sem prejuízo da competência da União para, por lei ordinária, estabelecer normas com igual objetivo. Em outras palavras, a lei complementar que trate da matéria em referência só será caracterizada como tal, vale dizer, só será lei complementar, em virtude dos elementos formais.

Na verdade, a lei complementar identifica-se simplesmente por ter sido como tal aprovada pelo Congresso Nacional, e está em nível hierárquico superior ao da lei ordinária. E, se não for assim, como ficará a convivência dessas duas espécies normativas quando cuidarem de critérios especiais de tributação, com o objetivo de prevenir desequilíbrios da concorrência?

Em síntese, se antes da inserção do art. 146-A na vigente Constituição Federal já era razoável afirmar que a lei complementar não se caracteriza pela matéria da qual se ocupa, depois da Emenda Constitucional 42, de 19.12.2003, que fez tal inserção, tornou-se impossível qualificar a lei complementar pela matéria da qual se ocupa.

3.3 Caracterização pelos elementos formais

Certo, porém, é que a vigente Constituição Federal trata a *lei complementar* como uma espécie normativa autônoma, indicando-a como tal no elenco dos atos resultantes do processo legislativo. E, como todos esses atos, a *lei complementar* caracteriza-se por elementos formais – a saber, a competência do Congresso Nacional para sua edição e o procedimento a ser observado para esse fim.

Já estivemos entre os que adotam a tese segundo a qual a lei complementar exige o elemento material para sua caracterização. Entretanto, sem qualquer vaidade ou apego às teses que adotamos, mudamos de opinião, e então escrevemos:

"Abandonamos a tese segundo a qual a lei complementar caracteriza-se pelo conteúdo, a partir da observação do universo jurídico. Nenhuma espécie normativa ganha sua identidade específica em razão da matéria da qual se ocupa. Pelo contrário, todas as espécies normativas, desde as instruções, as portarias, os regulamentos, até a Constituição, todas ganham identidade específica em razão de elementos formais, vale dizer, da competência do órgão que as edita e do procedimento adotado para a edição.

"Não nos prendemos a nenhum dogma. Buscamos a experiência, a observação dos fatos, e terminamos por enxergar a enorme insegurança criada pela tese segundo a qual a lei ordinária pode alterar dispositivos de lei complementar que teriam transbordado os limites da matéria constitucionalmente a ela reservada. Insegurança que resulta da imprecisão dos limites dessa área definida como de reserva à lei complementar, e tem sido demonstrada pela experiência, inclusive relacionada à instituição da COFINS, que foi criada por lei complementar precisamente porque estava ainda sendo questionada a necessidade dessa espécie normativa e o Governo não quis correr o risco de ver adiante declarada inconstitucional essa contribuição."[25]

Essa questão relativa à criação da contribuição para financiamento da Seguridade Social – COFINS pela Lei Complementar 70, de 30.12.1991, e da revogação de dispositivos desta relativos à isenção para sociedades prestadoras de serviços profissionais pela Lei 9.718, de 27.11.1998, é um exemplo eloquente da insegurança jurídica decorrente da tese que admite a alteração ou revogação de lei complementar por lei ordinária. Por isto, voltaremos a essa questão quando tratarmos da preservação da segurança jurídica como um motivo de nossa opção doutrinária. Aqui, importa-nos demonstrar que as espécies normativas que estão indicadas como produto do processo legislativo e assim integram nosso ordenamento jurídico caracterizam-se, todas elas, pelos elementos formais.

4. Posição hierárquica da lei complementar

4.1 O ordenamento jurídico como um sistema hierarquizado

Em virtude da complexidade dos ordenamentos jurídicos em geral, é inevitável o surgimento de antinomias entre normas que o integram. E se faz necessária a busca de critérios para a superação dessas antinomias, sem o quê o ordenamento perde seu caráter sistêmico. E nessa busca não se pode deixar de considerar que o sistema jurídico é um sistema de normas hierarquicamente organizadas, o que permite seja adotado, ao lado do critério da especialidade e do critério cronológico, o critério hierárquico.

No dizer de Norberto Bobbio: "O critério hierárquico, chamado também de *lex superior*, é aquele pelo qual, entre duas normas incompatíveis, prevalece a hierarquicamente superior: *lex superior derogat*

---

25. Hugo de Brito Machado, "Segurança jurídica e lei complementar", *Revista Dialética de Direito Tributário* 152/107, São Paulo, Dialética, maio/2008.

inferiori. Não temos dificuldade em compreender a razão desse critério depois que vimos, no capítulo precedente, que as normas de um ordenamento são colocadas em planos diferentes: são colocadas em ordem hierárquica. Uma das consequências da hierarquia normativa é justamente esta: as normas superiores podem revogar as inferiores, mas as inferiores não podem revogar as superiores. A inferioridade de uma norma em relação a outra consiste na menor força de seu poder normativo; essa menor força se manifesta justamente na incapacidade de estabelecer uma regulação que esteja em oposição à regulamentação de uma norma hierarquicamente superior".[26]

O ordenamento jurídico brasileiro é, indiscutivelmente, um sistema hierarquizado de normas. E, assim, nenhuma dúvida deveria haver no sentido de que a lei complementar, em face dos critérios formais que a caracterizam, ocupa posição superior no escalonamento hierárquico. Todavia, surgiram na doutrina orientações diversas a esse respeito.

4.2 Negando a existência de hierarquia

Negando terminantemente a existência de hierarquia entre lei complementar e lei ordinária manifesta-se Valmir Pontes Filho, escrevendo: "Em vários constitucionalistas de renome encontramos a afirmação de que a lei complementar está em posição de superioridade em relação à lei ordinária. A enumeração das espécies normativas, feita no art. 59 da Constituição, não deve, porém, servir de ponto de apoio para que se tirem conclusões como esta, inclusive porque as medidas provisórias, por exemplo, embora estejam abaixo das leis ordinárias naquela enumeração, na verdade se encontram na mesma posição hierárquica destas, podendo até revogá-las. A lei complementar, assim, embora não possa ser modificada por lei ordinária, não é hierarquicamente superior a esta. O que se pode dizer é que, em razão de possuir a primeira (lei complementar) *matéria própria* – que lhe é reservada pela Constituição –, possui ela um campo indevassável pelas demais normas do sistema. Havendo ingerência de

---

26. Norberto Bobbio, *Teoria do Ordenamento Jurídico*, 4ª ed., trad. de Maria Celeste Cordeiro Leite dos Santos, Brasília/DF, UnB, 1994, p. 93.

outras espécies normativas em sua área incidental própria, haverá desrespeito à própria Constituição. O mesmo ocorre, aliás, em relação às leis federais, estaduais e municipais: não há hierarquia entre elas, sendo certo apenas que uma não pode invadir a área de competência da outra".[27]

4.3 Afirmando a superioridade hierárquica da lei complementar

Adotando a tese que temos sustentado, Agostinho Toffoli Tavolaro, depois de ressalvar manifestações em sentido diverso, afirma que: "(...) entendemos, com Hugo de Brito Machado, caracterizar-se a lei complementar apenas e tão somente pelo seu aspecto formal, pois outra exigência não fez a Lei Maior senão a de quórum especial para sua aprovação (art. 60), cabendo-nos acrescentar que o juízo político de conveniência e oportunidade é que ditará a forma a ser selecionada pelo Legislativo para editar seu ato, atentos sempre ao fato de que a lei complementar se distingue exatamente pela sua perenidade, segurança jurídica que situações ocasionais e conjunturais afetam quando se trata de lei ordinária, tanto mais que hoje facilmente alteráveis pelas abomináveis medidas provisórias".[28]

Na verdade, o que distingue as espécies normativas de um sistema jurídico é seu aspecto formal – vale dizer, a competência para edição e o procedimento que deve ser adotado para esse fim. Esta é a lição de Paulo Sarasate, que, ao afirmar a superioridade hierárquica das leis complementares, assim se manifesta sobre o assunto: "Instituída pelo Estatuto Básico de 1967, a figura das leis complementares era, até então, despida de feição constitucional em nosso País. Podia ser intitulada assim qualquer lei que visasse a regulamentar um preceito constitucional inerte, isto é, sem força para valer por si mesmo. Mas era uma denominação arbitrária, porque despida uma

---

27. Valmir Pontes Filho, *Curso Fundamental de Direito Constitucional*, São Paulo, Dialética, 2001, pp. 192-193.
28. Agostinho Toffoli Tavolaro, *"Treaty override* – Tratados *x* lei interna", *Revista de Direito Tributário Internacional* abril/2008, São Paulo, Quartier Latin, pp. 29-30.

lei dessas de qualquer característica de natureza formal capaz de distingui-la das demais leis ordinárias. Hoje, não. As leis complementares existem, de fato e de direito, porque estão expressamente previstas na Constituição, a qual estabelece para as mesmas um quórum especial de votação – maioria absoluta –, conferindo-lhes destarte aquela característica formal a que aludimos e que lhes dá uma posição hierárquica inequívoca, logo abaixo das emendas constitucionais, na dinâmica legislativa".[29]

Em nota de rodapé, Sarasate esclareceu: "As constituições anteriores nenhuma referência fizeram a leis complementares. Apenas a de 1891 e a de 1934, ao tratar da competência do Poder Legislativo, aludiram à atribuição de decretar leis orgânicas para a execução completa da Constituição, mas não as definiram através de rito ou quórum especial de votação. Não passaram, assim, de leis ordinárias com um nome pomposo".[30]

E, ainda: "O relator do Projeto de Constituição, Senador Antônio Carlos Konder Reis, assim se manifestou em seu parecer acerca da ampliação do processo legislativo com a instituição das leis complementares: 'A importância da lei complementar como instrumento de execução da Constituição foi magnificamente ressaltada no discurso que Afonso Arinos pronunciou na sessão da Câmara, a 12 de maio de 1947, quando da votação do requerimento que pedia a criação de uma Comissão de Leis Complementares da Constituição. Começando por lembrar que nenhuma Constituição é completamente escrita e que todas necessitam, para construção do seu mecanismo, de textos complementares que as interpretem e as enriqueçam, afirmou: 'Devemos acentuar desde logo o caráter extraordinário dessa legislação complementar. É o que faz o projeto, segundo nosso entendimento'".[31]

Walter Barbosa Corrêa e Francisco José de Castro Rezek, atualizador de sua obra, afirmam a superioridade hierárquica da lei complementar ao escreverem:

---

29. Paulo Sarasate, *A Constituição do Brasil ao Alcance de Todos*, Rio de Janeiro/São Paulo, Freitas Bastos, 1967, pp. 332-333.
30. Idem, p. 332, nota de rodapé 9.
31. Idem, p. 333, nota de rodapé 10.

"O sistema legislativo brasileiro prevê, do ponto de vista hierárquico, abaixo das leis complementares, várias normas situadas num mesmo nível, embora nem todas com idêntica função.

"Examinemos inicialmente a lei ordinária – a lei no sentido estrito –, partindo dos preceitos constitucionais contidos no art. 150, I, que dispõe ser vedado à União, aos Estados, ao Distrito Federal e aos Municípios exigir ou aumentar tributo sem lei que o estabeleça."[32]

Fábio Fanucchi também afirma a superioridade hierárquica da lei complementar, escrevendo: "Com o processo legislativo inaugurado em 1967, embora com Projeto existente antes daquele ano (no Projeto da Emenda Constitucional 18, de 1º de dezembro de 1966, já houvera previsão de leis superiores, embora não elaboradas por poder constituinte), surgiram as chamadas 'leis complementares' à Constituição, que possuem hierarquia sobre as leis ordinárias, subordinando-as aos seus ditames, tal qual as subordina a Constituição. Essas assumem o caráter de leis nacionais e não simplesmente federais, mesmo promanadas do Legislativo da União, e devem se observadas pelo legislador ordinário federal, estadual e municipal".[33]

Rodrigo Rodrigues de Farias, em excelente artigo intitulado "Hierarquia entre lei complementar e lei ordinária na Constituição Federal do Brasil", depois de analisar com propriedade as diversas manifestações doutrinárias sobre o assunto, conclui:

"Considerando os fundamentos de cada teoria que pretende explicar a relação entre a lei complementar e a lei ordinária, conclui-se que aquela é plenamente superior, em termos hierárquicos, a esta. A doutrina nacional atualmente inclina-se majoritariamente no sentido das teorias mistas. Optou-se, politicamente, por convalidar leis complementares no regramento de outras matérias. Mas as desnaturaram, classificando-as como leis ordinárias.

---

32. Walter Barbosa Corrêa e Francisco José de Castro Rezek, "Fontes do direito tributário", in Ives Gandra da Silva Martins (coord.), *Curso de Direito Tributário*, 11ª ed., São Paulo, Saraiva, 2009, pp. 66-67.

33. Fábio Fanucchi, *Curso de Direito Tributário Brasileiro*, 4ª ed., vol. I, São Paulo, Instituto Brasileiro de Direito Tributário/Resenha Tributária, 1986, p. 133.

"Entretanto, embora majoritário, é um entendimento cientificamente precário. Além de que instaura a insegurança jurídica, indo de encontro a um dos pilares do Estado de Direito.

"Considerando que as divergências surgem dentro de contextos exegéticos, necessário se faz conceber a lei complementar em consonância com o princípio basilar do Estado de Direito, qual seja, a segurança jurídica.

"Nesse sentido, e considerando os argumentos expostos, a lei complementar é, portanto, hierarquicamente superior à lei ordinária, ainda que no trato de matérias àquela não reservadas constitucionalmente. Por essa razão, a relação entre a lei e a lei complementar será sempre de subordinação, por não estarem no mesmo nível hierárquico."[34]

Manoel Gonçalves Ferreira Filho, festejado constitucionalista que é citado como defensor da tese segundo a qual a lei complementar é hierarquicamente superior à lei ordinária, realmente afirma essa hierarquia. Neste sentido, já em face da Emenda 4 à Constituição de 1946, invocava a doutrina de Miguel Reale, asseverando que: "Numa análise percuciente, o professor Reale demonstrou serem essas leis um *tertium genus* de leis, que não ostentam a rigidez dos preceitos constitucionais, nem tampouco devem comportar a revogação (perda de vigência) por força de qualquer lei ordinária superveniente', opinião, essa, partilhada por outros juristas, como Pontes de Miranda".[35]

E, adiante, apoiando-se em Maximiliano para sustentar que se deve aplicar à norma atual a interpretação aceita para a anterior, manifesta-se no mesmo sentido em face da vigente Constituição, escrevendo:

"Não é só, porém, o argumento de autoridade que apoia essa tese; a própria lógica jurídica o faz. A lei complementar só pode ser aprovada por maioria qualificada, a maioria absoluta, para que não

---

34. Rodrigo Rodrigues de Farias, "Hierarquia entre lei complementar e lei ordinária na Constituição Federal do Brasil", disponível em *http://www.fadivale.edu.br/Site%20Revista%20Oficialrodrigo.pdf*.

35. Manoel Gonçalves Ferreira Filho, *Do Processo Legislativo*, cit., 6ª ed., p. 247.

seja, nunca, o fruto da vontade de um minoria ocasionalmente em condições de fazer prevalecer sua voz. Essa maioria é assim um sinal certo da maior ponderação que o constituinte quis ver associada ao seu estabelecimento. Paralelamente, deve-se convir, não quis o constituinte deixar ao sabor de uma decisão ocasional a desconstituição daquilo para cujo estabelecimento exigiu ponderação especial. Aliás, é princípio geral de Direito que, ordinariamente, um ato só possa ser desfeito por outro que tenha obedecido à mesma forma.

"Da inserção da lei complementar entre a Constituição e a lei ordinária decorrem consequências inexoráveis e óbvias.

"Em primeiro lugar, a lei complementar não pode contradizer a Constituição. Não é outra forma de emenda constitucional, embora desta se aproxime pela matéria. Daí decorre que pode incidir em inconstitucionalidade e ser, por isso, inválida.

"Em segundo lugar, a lei ordinária, o decreto-lei e a lei delegada estão sujeitos à lei complementar. Em consequência disso não prevalecem contra ela, sendo inválidas as normas que a contradisserem."[36]

Não obstante a firmeza de sua doutrina no sentido da superioridade hierárquica da lei complementar, Ferreira Filho parece admitir que a lei complementar somente como tal se qualifica quando trata de matéria a ela constitucionalmente reservada, como a seguir se verá.

4.4 Afirmando a hierarquia
e restringindo a identidade pela matéria

Realmente, Manoel Gonçalves Ferreira Filho – que, como acima se viu, sustenta ser a lei complementar hierarquicamente superior à lei ordinária – parece admitir que o elemento material é relevante para a caracterização dessa espécie normativa. Nesse sentido, assevera que: "A Constituição enuncia claramente em muitos de seus dispositivos a edição de lei que irá complementar suas normas relativamente a esta ou àquela matéria. Fê-lo por considerar a particular importância dessas matérias, frisando a necessidade de receberem um

---

36. Idem, 6ª ed., p. 248.

tratamento especial. Só nessas matérias, e só em decorrência dessas indicações expressas, é que cabe lei complementar".[37]

Não sabemos se Ferreira Filho, com a expressão "cabe lei complementar", quis dizer "exige-se lei complementar". Ou se realmente quis dizer que só será lei complementar aquela que trata das matérias constitucionalmente reservadas a essa espécie normativa. Seja como for, fica o nosso registro.

Finalmente, muitos são os doutrinadores que afirmam a existência de superioridade hierárquica da lei complementar, mas sustentam que esta somente se qualifica como tal quando trata das matérias constitucionalmente reservadas a essa espécie normativa. Paulo Napoleão Nogueira da Silva, por exemplo, não obstante adote a tese segundo a qual o elemento material é indispensável à caracterização da lei complementar, assim se manifesta quanto à hierarquia:

"É possível afirmar que a lei complementar é a mais importante dentre todas as espécies legislativas, tanto que sua aprovação exige maioria absoluta de todos dos membros do Congresso Nacional, em sessão conjunta, além disso, em virtude de a própria Constituição determinar a sua necessidade para os casos que especifica – sempre assuntos da mais alta relevância – mediante as expressões 'conforme lei complementar', 'lei complementar disporá' etc.

"Obviamente, uma lei complementar só pode ser revogada por outra lei complementar, até pela questão do quórum de votação, ou por emenda constitucional que disponha em contrário ao nela estatuído; há para ela, portanto, uma hierarquia vertical."[38]

A grande maioria dos doutrinadores que afirmam a superioridade da lei complementar admite que o elemento material, o tratar de matérias constitucionalmente reservadas a essa espécie normativa, é indispensável à sua caracterização como espécie normativa.

---

37. Manoel Gonçalves Ferreira Filho, *Do Processo Legislativo*, cit., 6ª ed., pp. 249-250.
38. Paulo Napoleão Nogueira da Silva, "Arts. 59 ao 69", in Paulo Bonavides, Jorge Miranda e Walber de Moura Agra (coords.), *Comentários à Constituição Federal de 1988*, Rio de Janeiro, Gen/Forense, 2009, p. 985.

Muitos não se preocupam em fundamentar essa tese, mas a adotam expressamente.

Essa doutrina deixa em aberto, como se vê, a questão de saber como devemos determinar os limites das matérias constitucionalmente reservadas a essa espécie normativa sem graves prejuízos à segurança jurídica.

4.5 Posição peculiar negando a hierarquia e a qualificação pela matéria

Peculiar, por fim, é a posição adotada por Eduardo Marcial Ferreira Jardim. Afirma que a lei complementar não desfruta, por si mesma, de hierarquia superior à legislação ordinária, porque tanto uma como a outra versam matéria previamente definida no Texto Supremo e, ainda, porque têm o mesmo fundamento de validade. Faz apenas uma ressalva, afirmando: "O que existe, por vezes, é a preeminência de um dado diploma normativo em relação a outros, não em face da natureza complementar, mas em virtude de seu conteúdo de legislação nacional que desfruta de preeminência em relação aos planos normativos federal, estadual e municipal".[39]

Segundo Eduardo Marcial Ferreira Jardim, mesmo tratando de matérias a ela reservada pela Constituição, a lei complementar não seria hierarquicamente superior à lei ordinária. Tal superioridade somente existiria tratando-se de lei nacional. Entretanto, registra, com acerto, que a lei complementar tributária, "a teor de qualquer legislação complementar, antessupõe quórum qualificado expresso por maioria absoluta dos membros do Congresso Nacional, sendo vedada, outrossim, votação por lideranças, porquanto esse expediente desnatura o substrato e a razão de ser do procedimento legislativo especial e qualificado".[40]

---

39. Eduardo Marcial Ferreira Jardim, *Dicionário Jurídico Tributário*, 3ª ed., São Paulo, Dialética, 2000, p. 135.
40. Idem, p. 136.

4.6 Hierarquia e reserva de matéria como hibridismo inconsequente

A superioridade hierárquica da lei complementar tem sido geralmente admitida. A questão que subiste diz respeito à identidade dessa espécie normativa, porque muitos são os que, embora afirmem a superioridade hierárquica da lei complementar, admitem que esta somente como tal se qualifica quando trata das matérias constitucionalmente a ela reservadas.

A nosso ver, a identidade específica da lei complementar decorre exclusivamente de elementos formais, como, de resto, acontece com todas as espécies normativas. A doutrina que afirma a superioridade hierárquica da lei complementar mas ao mesmo tempo admite que a qualificação desta como tal exige, além dos elementos formais, também o elemento material – vale dizer, afirma que só é lei complementar aquela que trata de matérias constitucionalmente reservadas a essa espécie normativa –, a rigor, constrói um hibridismo inconsequente. Se a Constituição reserva determinadas matérias à lei complementar e de tais matérias não pode a lei ordinária validamente cuidar, fica sem sentido cogitar de hierarquia.

Realmente, não tem relevância prática a disputa doutrinária entre os que sustentam ser a lei complementar hierarquicamente superior à lei ordinária mas exigem o elemento material para sua caracterização e aqueles que sustentam simplesmente que a lei ordinária não pode tratar validamente das matérias reservadas à lei complementar. Seja por uma, seja pela outra razão, o conflito entre uma lei complementar e uma lei ordinária será resolvido pela prevalência da primeira sobre a segunda.

Ocorre, todavia, que a tese segundo a qual só é lei complementar aquela que trata das matérias constitucionalmente reservadas a essa espécie normativa nem sempre nos permite afirmar que estamos diante de uma lei complementar. Podem surgir dúvidas a respeito da delimitação da matéria sobre a qual dispõe. Dúvidas, aliás, inevitáveis na interpretação das regras da Constituição Federal que formulam reserva de matérias à lei complementar, e que indiscutivelmente causam enorme insegurança jurídica. Daí nossa opção pela tese segundo a qual a lei complementar qualifica-se como tal em face dos elementos formais, que se caracterizam pelo procedimento adotado em sua elaboração. Tese que preserva a segurança, que é um valor inerente à própria ideia de Direito, como a seguir vamos demonstrar.

5. Preservação da segurança jurídica

5.1 A segurança como valor inerente à essência do Direito

A *segurança* é um dos valores fundamentais da Humanidade, que ao Direito cabe preservar. Ao lado do valor *justiça*, tem sido referida como os únicos elementos que, no Direito, escapam à relatividade no tempo e no espaço. "Podemos resumir o nosso pensamento – assevera Radbruch – dizendo que os elementos universalmente válidos da ideia de Direito são só a *justiça* e a *segurança*".[41] Daí se pode concluir que o prestar-se como instrumento para preservar a justiça e a segurança é algo essencial para o Direito. Em outras palavras, sistema normativo que não tende a preservar a justiça nem a segurança, efetivamente, não é Direito.[42]

Também no sentido de que segurança e justiça são os dois valores essenciais à ideia de Direito, e que são inseparáveis, um condicionando o outro, doutrina Karl Larenz, com inteira razão: "La paz jurídica y la justicia, los dos componentes principales de la idea del Derecho, están entre si en una relación dialéctica, lo cual significa, por una parte, que se condicionan recíprocamente. A la larga la paz jurídica no está asegurada, se el ordenamiento que subyace a ella es injusto y se siente como tal cada vez más. Donde la paz jurídica falta, donde cada uno trata de realizar su (supuesto) derecho con sus puños o domina la guerra civil, desaparece la justicia. Triunfa el llamado 'derecho del más fuerte', que es lo contrario de un orden justo. Por otra parte, los dos componentes pueden parcialmente entrar en contradicción. Ocurre así, en especial, cuando el derecho positivo

---

41. Gustav Radbruch, *Filosofia do Direito*, 5ª ed., trad. do professor L. Cabral de Moncada, Coimbra, Arménio Amado Editor, 1974, p. 162.
42. Hugo de Brito Machado, *Os Princípios Jurídicos da Tributação na Constituição de 1988*, 5ª ed., São Paulo, Dialética, 2004, p. 123.

considera tan insegura la probabilidad de alcanzar un juicio 'justo', que en aras a la seguridad jurídica permite la posibilidad de un juicio que no sea justo, como ocurre con la prescripción y con la cosa juzgada".[43]

Não há como se possa negar que a segurança é essencial à própria ideia de Direito. Aliás, há quem afirme ser a *segurança* o valor fundamental do jurídico, superando o próprio valor *justiça*. Oscar Tenório, por exemplo, invoca a doutrina de Recaséns Siches para afirmar que: "O Direito não surgiu na vida humana com a finalidade de prestar-se culto à ideia de justiça. Surgiu para fornecer *segurança e certeza* à vida social. Esta função do Direito existe no regime tradicionalista e no regime revolucionário. Sendo a segurança o valor fundamental do jurídico, sem ela não pode haver Direito".[44]

Celso Antônio Bandeira de Mello tem a segurança jurídica como a "essência do próprio Direito, notadamente de um Estado Democrático de Direito, de tal sorte que faz parte do sistema constitucional como um todo".[45]

5.2 O exclusivo e o gradual

Quando questionamos se o conflito entre uma lei complementar e uma lei ordinária deve ser resolvido pelo critério hierárquico ou pelo critério da reserva constitucional de matérias à primeira das referidas espécies normativas, estamos em situação semelhante à que se coloca quando temos de escolher entre o critério hierárquico e o de coerência. E, então, como ensina Humberto Ávila, temos de admitir que: "O emprego do critério hierárquico normalmente conduz a uma alternativa exclusiva: a norma inferior é 'compatível ou incompatível' com a norma superior. O emprego do critério da coerência complementa a noção de hierarquia para demonstrar que o rela-

---

43. Karl Larenz, *Derecho Justo – Fundamentos de Ética Jurídica*, trad. de Luís Diez Picazo, Madri, Civitas, 1993, pp. 51-52.
44. Oscar Tenório, *Lei de Introdução ao Código Civil Brasileiro*, 2ª ed., Rio de Janeiro, Borsói, 1955, p. 193.
45. Celso Antônio Bandeira de Mello, *Curso de Direito Administrativo*, 27ª ed., São Paulo, Malheiros Editores, 2010, p. 123.

cionamento entre as normas, no tocante ao aspecto substancial, pode ser gradual, isto é, 'mais ou menos'".[46]

Não obstante não se trate exatamente da mesma questão, a comparação da tese que sustentamos com a formulação de Humberto Ávila presta-se, indiscutivelmente, a demonstrar que a distinção entre lei complementar e lei ordinária estabelecida pelo critério hierárquico, tendo-se em vista elementos formais, oferece mais segurança ao ordenamento jurídico que a distinção entre essas duas espécies normativas estabelecida pela matéria versada em cada uma delas, que nos levará sempre a uma situação de "mais ou menos", que para uns será *mais* e para outros será *menos* – o que incrementa a insegurança diante das situações de conflito entre lei ordinária e lei complementar.

5.3 Arguta observação de Alexandre de Moraes

Ao refutar os argumentos dos que sustentam a inexistência de hierarquia entre lei complementar e lei ordinária, Alexandre de Moraes observa, com inteira propriedade:

"Ocorre que o Direito como ciência não é estanque, e determinada matéria reservada à lei complementar poderá possuir tantas subdivisões, que em uma delas poderá acabar confundindo-se com outra matéria residual a ser disciplinada por lei ordinária.

"Exemplifiquemos: o art. 79, parágrafo único, da Constituição Federal determina que lei complementar poderá disciplinar funções do Vice-Presidente da República. Digamos que, editada a referida lei complementar, uma das funções, com base no art. 90, I, da Carta, seja 'coordenar reuniões do Conselho da República'. Posteriormente, poderia o Congresso Nacional, com fundamento no § 2º do referido art. 90, regulamentar a organização e o funcionamento do Conselho da República e determinar que a função de 'coordenação das reuniões" ficasse a cargo do Ministro da Justiça. Teríamos, então, uma mesma submatéria – *coordenação das reuniões do Conselho da Re-*

---

46. Humberto Ávila, *Sistema Constitucional Tributário*, 2ª ed., São Paulo, Saraiva, 2006, p. 32.

pública – fazendo parte de regulamentação da lei complementar e da lei ordinária.

"Nestes casos, não há como admitir-se que uma lei ordinária, aprovada por maioria simples, possa revogar a disciplina da lei complementar, aprovada por maioria absoluta dos membros da Câmara dos Deputados e do Senado Federal."[47]

É evidente a imprecisão, que é inevitável, das fronteiras das matérias que a Constituição reserva à lei complementar. Imprecisão que gera enorme insegurança, da qual é exemplo sobejamente expressivo o caso da isenção da COFINS para as sociedades de profissionais liberais, no qual o Supremo Tribunal Federal, ao adotar a malsinada tese, colocou na ilicitude quem vinha adotando o comportamento expressamente previsto por jurisprudência sumulada do Superior Tribunal de Justiça.

5.4 A segurança como diretriz para o intérprete

Sendo, como indiscutivelmente é, a *segurança* um valor essencial que ao Direito cabe preservar, devemos considerá-la como uma diretriz para o intérprete das normas jurídicas. Em outras palavras, como as normas jurídicas em geral comportam mais de uma interpretação, é razoável admitirmos que, entre duas interpretações possíveis e igualmente adequadas de uma norma, devemos preferir aquela interpretação que melhor realize a segurança jurídica.

Na lição autorizada de Humberto Ávila, temos que: "Entre a construção de um conceito que utiliza argumentos que se reconduzem aos interesses do Erário e valorizam a insegurança nas relações entre o Estado e o contribuinte e a construção de um conceito que utiliza argumentos que se reconduzem ao princípio da segurança jurídica e valorizam a estabilidade e previsibilidade nas relações entre o Estado e o contribuinte, deve-se atribuir prioridade a esta alternativa, pois ela é mais suportada pelos princípios fundamentais aplicáveis ao direito tributário".[48]

---

47. Alexandre de Moraes, *Direito Constitucional*, 24ª ed., São Paulo, Atlas, 2009, pp. 668-669.
48. Humberto Ávila, *Sistema Constitucional Tributário*, cit., 2ª ed., p. 211.

Entendemos que as regras da Constituição Federal segundo as quais a lei complementar deve cuidar de certas matérias não dizem que a lei complementar só pode cuidar de tais matérias. Entretanto, ainda que se admita como razoável a interpretação dessas regras em sentido oposto – vale dizer, ainda que se admita que as regras da Constituição Federal que estabelecem a reserva de matérias à lei complementar excluem a possibilidade de essa espécie normativa tratar de outras matérias –, a segurança jurídica nos impele a adotar a primeira dessas duas interpretações. Há, é certo, quem afirme que a segunda, e não a primeira, dessas duas interpretações é que melhor realiza a segurança jurídica.[49] Esta, porém, é uma outra questão, que examinaremos oportunamente, onde vamos demonstrar por que a interpretação que adotamos realiza melhor a segurança jurídica.

Aliás, a segurança jurídica é prejudicada pela tese que exige o elemento material na qualificação da lei complementar, desde as divergências entre os doutrinadores que a defendem sobre se as matérias próprias da lei complementar são somente aquelas expressamente reservadas pela Constituição a essa espécie normativa, ou se existem reservas implícitas no texto constitucional. E, a prevalecer a aceitação de reservas implícitas, aí, então, fica praticamente fora de controle a identificação dessas reservas – o que mais uma vez justifica nossa preferência pela tese que deixa a critério do Congresso Nacional a opção pelo uso da lei complementar, quando entender que a matéria merece disciplina capaz de lhe assegurar maior estabilidade.

6. Natureza jurídica do Código Tributário Nacional

6.1 Uma razão do questionamento sobre a posição hierárquica da lei complementar

Uma das razões do questionamento em torno da posição hierárquica da lei complementar consiste no fato de o Código Tributário Nacional ter sido editado quando nosso ordenamento jurídico

---

49. José Souto Maior Borges, "Hierarquia e sintaxe constitucional da lei complementar tributária", *Revista Dialética de Direito Tributário* 150/71, São Paulo, Dialética, março/2008.

não albergava, ainda, a lei complementar como conceito de direito positivo.

Realmente, a Lei 5.172, de 25.10.1966, publicada no *DOU* de 27.10.1966, retificada em 31.10.1966, por força do art. 7º do Ato Complementar 36, de 13.3.1967, passou – incluídas as alterações já sofridas – a denominar-se Código Tributário Nacional.[50]

Trata-se, indiscutivelmente, de uma lei ordinária.

Ocorre que a matéria de que se ocupa é, hoje, em face da Constituição Federal de 1988, matéria reservada à lei complementar. Não se diga que ele foi transformado em lei complementar. Isto não é verdade. Ele continua sendo uma lei ordinária. Continua sendo uma lei válida, porque a validade de qualquer norma jurídica é sempre aquilatada em face da norma superior em cuja vigência foi a norma inferior editada. E quando foi editada a Lei 5.172/1966 a Constituição então vigente não exigia lei complementar para esse fim, e nem ao menos fazia qualquer referência a lei complementar, que não existia como conceito de direito positivo.

Em face da Constituição Federal de 1988, certamente, o Código Tributário Nacional só pode ser alterado por lei complementar. Não por questão de hierarquia normativa, mas porque a matéria nele tratada está por essa Constituição reservada à lei complementar.

6.2 Razão da exigência de lei complementar para alterar uma lei ordinária

Pode parecer incoerente dizer que o Código Tributário Nacional é uma lei ordinária e, mesmo assim, sustentar-se que ele só pode ser alterado por lei complementar. Entretanto, essas afirmações são ambas verdadeiras, e não há incoerência entre elas, como se passa a explicar.

Realmente, o Código Tributário Nacional é uma lei ordinária porque como tal foi aprovado pelo Congresso Nacional, e a natureza jurídico-formal de uma norma não se modifica em virtude de haver

---

50. *Código Tributário Nacional*, 33ª ed., São Paulo, Saraiva, p. 45.

sido esta recepcionada pela nova ordem jurídica que se estabelece com o advento de nova Constituição. Ocorre que, nos termos da Constituição Federal de 1988, a matéria disciplinada pelo Código Tributário Nacional está reservada à lei complementar – vale dizer, essa matéria só por lei complementar pode ser disciplinada. Assim, se o Congresso Nacional quer tratar de qualquer assunto que está tratado no Código Tributário Nacional, deve fazê-lo através de lei complementar. E assim, aliás, tem sido feito.

Admitindo-se, apenas para efeito de argumentação, que o Código Tributário Nacional contenha algum dispositivo disciplinando matéria que hoje não esteja reservada à lei complementar, esse dispositivo poderia, com certeza, ser revogado ou alterado por lei ordinária. Exatamente porque ele não é uma lei complementar.

A falta de compreensão adequada dessa questão tem contribuído para a confusão que se estabeleceu na doutrina em torno da lei complementar. E por isto é que se afirma que uma lei complementar pode ser alterada por lei ordinária naquilo em que não trata de matéria reservada à lei complementar. O equívoco certamente decorre da consideração de que o Código Tributário Nacional é uma lei complementar – o que não é verdade.

Em síntese, não devemos confundir os aspectos formais com os aspectos substanciais das espécies normativas. Dessa confusão, *data venia*, decorrem os equívocos cometidos pela doutrina ao tratar das leis complementares. Hoje não seria possível a edição do Código Tributário Nacional como lei ordinária. Ocorre que a validade de uma lei, do ponto de vista formal, é aferida de acordo com a norma superior – vale dizer, a Constituição – vigente na data de sua edição.

7. *A Lei Complementar 123/2006*

7.1 Em defesa da segurança jurídica

Temos sustentado ser contrária à segurança jurídica a doutrina segundo a qual o elemento formal é insuficiente para a identidade específica da lei complementar, que somente se completaria com o elemento material.[51]

Realmente, a tese que atribui ao legislador a tarefa de definir o âmbito das matérias constitucionalmente reservadas à lei complementar prestigia muito mais a segurança jurídica que a tese que sustenta ser essa tarefa própria de todos os aplicadores das leis, como intérpretes da Constituição. Mesmo admitindo-se que o legislador passe a editar leis complementares para o trato de matérias que estejam fora dessa reserva constitucional.

Por outro lado, a identidade específica de todas as normas jurídicas, no mundo inteiro, estabelece-se a partir de elementos formais, especialmente a partir da competência para editar normas e do procedimento adotada na elaboração de cada uma delas. Se essa é a regra, e sua observância propicia mais segurança, não nos parece razoável adotarmos em relação à identidade específica da lei complementar critério excepcional, diverso, que leva em conta a matéria versada e que incrementa consideravelmente a insegurança.

7.2 Delimitação das matérias reservadas à lei complementar

A Constituição Federal em diversos dos seus dispositivos formula reserva de matérias à lei complementar. Para facilitar nossa exposição, vamos nos referir apenas a alguns deles, que tratam de matéria tributária. Aqueles cuja análise, mesmo superficial, nos parece suficiente para demonstrarmos a enorme insegurança criada pela atribuição, a todos os intérpretes da Constituição, da tarefa de delimitar as matérias reservadas a essa importante espécie normativa.

Vejamos: "Art. 146. Cabe à lei complementar: I – dispor sobre conflitos de competência, em matéria tributária, entre a União, os Estados, o Distrito Federal e os Municípios; II – regular as limitações constitucionais ao poder de tributar; III – estabelecer normas gerais em matéria de legislação tributária, especialmente sobre: a) definição

---

51. Hugo de Brito Machado, "Posição hierárquica da lei complementar", *Revista Dialética de Direito Tributário* 14/19, São Paulo, Dialética, novembro/1996.

de tributos e de suas espécies, bem como, em relação aos impostos discriminados nesta Constituição, a dos respectivos fatos geradores, bases de cálculo e contribuintes; b) obrigação, lançamento, crédito, prescrição e decadência tributários; c) adequado tratamento tributário ao ato cooperativo praticado pelas sociedades cooperativas; d) definição de tratamento diferenciado e favorecido para as microempresas e para as empresas de pequeno porte, inclusive regimes especiais ou simplificados no caso do imposto previsto no art. 155, II, das contribuições previstas no art. 195, I, e §§ 12 e 13, e da contribuição a que se refere o art. 239".

O exame dessas normas do art. 146 já nos demonstra que, se o intérprete da Constituição atribuir a algumas das palavras e expressões nelas contidas um significado amplo, inteiramente possível em face da Teoria do Direito Tributário, de todos conhecida, chegaremos à conclusão de que praticamente todo o direito tributário deve ser composto por leis complementares.

O que devemos entender por "normas gerais sobre legislação tributária"? Essa questão já pode ser suficiente para que se estabeleça um interminável debate em torno da delimitação do campo das leis complementares em matéria tributária.

Teríamos de admitir que os fatos geradores e as bases de cálculo de todos os impostos devem ser descritos em lei complementar? Ou basta que a lei complementar delimite o alcance do âmbito de incidência do tributo, constitucionalmente fixado, deixando ao legislador ordinário a definição do que, a rigor, devemos entender por hipótese de incidência do tributo?

Admitiremos que os prazos de prescrição em matéria tributária devem ser fixados pela lei complementar? Ou, como sustenta Carrazza, diremos que a fixação de prazos não é matéria concernente a normas gerais?

Como se não bastasse, estabelece, ainda, a Constituição Federal: "Art. 146-A. A lei complementar poderá estabelecer critérios especiais de tributação, com o objetivo de prevenir desequilíbrios da concorrência, sem prejuízo da competência de a União, por lei, estabelecer normas de igual objetivo".

Onde estará, neste caso, a fronteira entre a matéria reservada à lei complementar e aquela que pode ser tratada por lei ordinária?

Ao que nos parece, neste caso não existe fronteira. Mesmo de difícil determinação. Tudo nos leva a crer que a lei complementar será utilizada simplesmente para obrigar Estados e Municípios, mas tratará exatamente da mesma matéria que pode ser tratada, no que concerne aos tributos federais, por lei ordinária da União. E, sendo assim, coloca-se a questão crucial: a lei complementar não será hierarquicamente superior à lei ordinária da União?

A dificuldade, que é evidente, de definir os limites das matérias das quais só a lei complementar se pode ocupar conduz, automaticamente, à dificuldade na definição da identidade específica dessa espécie normativa.

Quando se afirma que a lei complementar é apenas aquela que trata das matérias reservadas pela Constituição a essa espécie normativa, retira-se do legislador a atribuição de interpretar com exclusividade as normas da Constituição que definem aquelas matérias, deixando-se essa atribuição com todos os intérpretes da Constituição. Em outras palavras, retira-se do legislador a atribuição de estabelecer a identidade específica das leis complementares, transferindo-se essa atribuição para a doutrina e para a jurisprudência – o que, por razões de todos conhecidas, instaura enorme insegurança, na medida em que deixa a critério de cada doutrinador e de cada juiz a atribuição de dizer se determinada lei aprovada como lei complementar é realmente dessa espécie normativa ou se é uma lei ordinária.

Bem melhor, portanto, para realizar o valor segurança, é admitirmos que o legislador decida o que deve ser tratado por lei complementar, em atenção aos dispositivos da Constituição que estabelecem a reserva de certas matérias a essa espécie normativa.

Mesmo que o legislador, por qualquer razão, utilize a lei complementar para regular matérias que não se encontram no campo a essa espécie normativa reservado pelo Constituição, isto só contribuirá para prestigiar o valor segurança, evitando-se que as normas sobre tais matérias venham a ser alteradas por eventuais maiorias parlamentares que podem aprovar uma lei ordinária embora não alcancem o quórum necessário para aprovação de lei complementar.

Como se vê, não há dúvida de que da identificação da lei complementar por critério formal resulta maior segurança jurídica. Além disto, voltando-se à análise do assunto no plano do direito positivo, também não se vê razão alguma para admitir que a identidade específica da lei complementar deva depender da matéria de que se ocupa, pois não existe na Constituição limite algum à utilização da lei complementar.

7.3 O reconhecimento da dificuldade pelo próprio legislador

A Lei Complementar 123, de 14.12.2006, que estabelece normas relativas ao tratamento diferenciado e favorecido a ser dispensado às microempresas e empresas de pequeno porte nos âmbitos da União, do Distrito Federal, dos Estados e dos Municípios, tem sido anunciada pelas autoridades como algo muito bom, que vai contribuir significativamente para aumentar a atividade econômica ou, ao menos, a formalização desta, com a regularização de micro e pequenas empresas. Parece, porém, que mais uma vez a realidade é diferente do discurso do Governo. A análise que acabo de fazer me leva a pensar que a referida lei tem muitos pontos negativos, a começar pelo casuísmo e pela má redação de seus 89 artigos, quase todos desdobrados em vários parágrafos, alíneas e incisos.

Há, todavia, um ponto no qual a Lei Complementar 123/2006 merece especial consideração. É o dispositivo no qual estabelece que: "As matérias tratadas nesta Lei Complementar que não sejam reservadas constitucionalmente à lei complementar poderão ser objeto de alteração por lei ordinária" (art. 86).

Com esse dispositivo o legislador reconhece que sem a delegação no mesmo formulada não poderia a lei ordinária alterar qualquer dispositivo da lei complementar em questão. E reconhece também a dificuldade insuperável de se estabelecer com segurança a delimitação das matérias constitucionalmente reservadas à lei complementar. Dificuldade em face da qual preferiu deixar a questão dessa delimitação para ser enfrentada se e quando uma lei ordinária vier a tratar de alguma das matérias que regulou nessa lei complementar.

7.4 Validade e limite da delegação

A delegação de que se cuida é, indiscutivelmente, válida. A norma superior sempre pode delegar para a norma inferior o trato de certas matérias. Entretanto, a delegação é, no caso, um incremento da segurança jurídica, porque é praticamente impossível a delimitação da matéria objeto da delegação. Em outras palavras, ninguém é capaz de dizer quais dispositivos da referida lei complementar poderão ser alterados por lei ordinária.

Seja como for, com a referida delegação – repita-se – o legislador reconhece, decididamente, que a identidade específica da lei complementar não depende da matéria da qual ela se ocupa, mas dos aspectos formais dos quais se reveste sua produção. Como a lei não deve conter dispositivos inúteis ou desnecessários, o sentido do art. 86 da Lei Complementar 123/2006 só pode ser o do reconhecimento de que a lei ordinária não pode alterar uma lei complementa, – salvo, é claro, quando esta o autorize expressamente.

A norma de hierarquia superior – no caso, a lei complementar – em princípio pode atribuir à norma de hierarquia inferior – no caso, a lei ordinária – competência para alterar seus dispositivos. Assim, quando o art. 86 da Lei Complementar 123/2006 diz que as matérias nela tratadas "que não sejam reservadas constitucionalmente à lei complementar poderão ser objeto de alteração por lei ordinária", está concedendo ao legislador ordinário um poder que este não teria sem aquele dispositivo.

Em síntese, temos agora o reconhecimento expresso e inequívoco do Congresso Nacional, chancelado pelo Chefe do Poder Executivo, que sancionou a mencionada lei complementar, de que uma lei complementar, mesmo tratando de matérias que a Constituição Federal não reserva a essa espécie normativa, não pode ser alterada por lei ordinária. Resta-nos aguardar apenas que o Supremo Tribunal Federal, titular da competência para dizer a última palavra na jurisprudência brasileira, confirme essa tese e preste, assim, sua notável contribuição para a preservação da segurança jurídica em nosso País.

8. Exame crítico da tese que qualifica a lei complementar pela matéria

8.1 Considerações iniciais

José Souto Maior Borges talvez seja o defensor mais ardoroso da tese segundo a qual somente é lei complementar aquela que trata das matérias constitucionalmente reservadas a essa espécie normativa e tenha atendido, em sua feitura, à exigência de aprovação por maioria absoluta. Tese defendida com muita paixão e pouca lógica em seu artigo "Hierarquia e sintaxe constitucional da lei complementar tributária",[52] no qual colhemos alguns dos argumentos a seguir examinados.

O exame das manifestações doutrinárias que negam a existência da lei complementar como espécie de norma que se qualifica como tal apenas por elementos formais coloca-nos diante de argumentos geralmente formulados com linguagem pouco clara e talvez com o propósito de desqualificar os que defendem a tese oposta. A rigor, essas manifestações doutrinárias apoiam-se em argumentos de quem se apresenta como dono da verdade, ou de outros que apenas acolhem aquela verdade invocando o denominado argumento de autoridade.

Já estivemos entre os que simplesmente acolhem o argumento de autoridade, e talvez por isto mesmo nos sentimos muito à vontade para discordar da tese questionada. Não nos move a pretensão de havermos superado o equívoco e estarmos, agora, com a verdade. Pretendemos simplesmente analisar a tese para oferecermos o entendimento que nos parece razoável, cabendo a cada leitor a conclusão que lhe parecer melhor.

Assim é que vamos examinar os argumentos da tese que qualifica a lei complementar pela matéria. Ou, em outras palavras, os argumentos colocados contra a tese que qualifica a lei complementar por seus elementos formais – a saber, a competência do órgão que a produz e o procedimento adotado nessa produção.

---

52. José Souto Maior Borges, "Hierarquia e sintaxe constitucional da lei complementar tributária", cit., *Revista Dialética de Direito Tributário* 150/67-78.

8.2 Limites materiais para edição de leis complementares

Não seria lei complementar aquela que cuidasse de matéria não reservada pela Constituição a essa espécie normativa, porque existiriam limites materiais para a edição de leis complementares. Assim, naquilo em que uma lei complementar cuidasse de matéria fora desses limites, não seria superior à lei ordinária.

Neste sentido, Souto Maior Borges argumenta: "Causa surpresa que doutrina mais recente tente restaurar o criticado maniqueísmo com o declarar, sem nenhuma demonstração, ser praticamente pacífico (?) o entendimento de que lei complementar é superior, sempre, à lei ordinária, mera opinião indemonstrada. Em que consiste essa superioridade é algo não esclarecido. Ela é, contudo, nesse equivocado entendimento, completamente adiáfora, porque a lei complementar promana, com validade plena, de um só requisito havido como necessário e suficiente, ou seja, bastante em si: a maioria absoluta do Congresso Nacional para a sua aprovação, desconsideradas as matérias que a Constituição Federal colocou, na discriminação da função legislativa, sob reserva de lei ordinária. Noutros termos: só o que vale, para essa doutrina, é o procedimento especial previsto para a elaboração da lei: mesmo que a pretensa 'lei complementar' transborde os limites constitucionais da respectiva competência legislativa, invadindo o campo da lei ordinária federal. Como no entanto a função legislativa complementar pode exercer-se legitimamente fora dos limites constitucionais de competência material da União para editar leis complementares é algo que permanece nas fronteiras do inexplicado".[53]

Reclama-se demonstração para as afirmações de que: (a) é praticamente pacífico o entendimento de que a lei complementar é superior, sempre, à lei ordinária; e, ainda, (b) a função legislativa complementar pode exercer-se legitimamente fora dos limites constitucionais de competência material da União para editar leis complementares.

---

53. José Souto Maior Borges, "Hierarquia e sintaxe constitucional da lei complementar tributária", cit., *Revista Dialética de Direito Tributário* 150/69, item 1.5.

O encadeamento dessas duas questões dificulta a explicação. A palavra "sempre", referida à superioridade da lei complementar, indica que a formulação está sendo feita por quem não entendeu a verdadeira questão ou, então – hipótese que não queremos admitir –, está pretendendo confundir para dificultar a demonstração que considera necessária. É que, ao se dizer que a lei complementar é, sempre, superior à lei ordinária, se está colocando desde logo a questão da identidade específica da lei complementar, que, a rigor, é o objeto da segunda das duas questões.

O entendimento de que a lei complementar é superior à lei ordinária, retirada a palavra "sempre", é inteiramente fora de questionamentos. Não conhecemos uma única manifestação doutrinária em sentido contrário. E quando colocamos na frase a palavra "sempre" o que, na verdade, estamos questionando já não diz respeito à hierarquia, mas aos requisitos para a qualificação da lei complementar como espécie normativa. Enquanto sustentamos que bastam os requisitos de ordem formal, os opositores da tese que adotamos sustentam ser indispensável também o requisito material. Dizem que só é lei complementar aquela que trata das matérias reservadas à lei complementar.

Ocorre que a Constituição Federal não delimita a competência da União para editar leis complementares. Diz que o processo legislativo compreende a elaboração das espécies normativas que indica, e entre estas coloca a lei complementar. Diz, é certo, que certas matérias devem ser tratadas por lei complementar. Não diz, todavia, que a competência para editar lei complementar seja limitada às matérias indicadas.

A propósito da reserva de certas matérias constitucionalmente feita para o legislador complementar, o Supremo Tribunal Federal fez duas afirmações completamente distintas, que têm sido invocadas como se fossem a mesma coisa. Em um caso afirmou que "só cabe lei complementar, no sistema de direito positivo brasileiro, quando formalmente reclamada a sua edição por norma constitucional explícita".[54] Já, em outro afirmou que "só é exigível lei complementar

---

54. STF, Pleno, ADI 789-DF, rel. Min. Celso de Mello, DJU-I 19.12.1994, p. 35.180, citação feita por Alexandre de Moraes, *Constituição do Brasil Interpretada*, São Paulo, Atlas, 2002, p. 1.172.

quando a Constituição expressamente a ela faz alusão com referência a determinada matéria, o que implica dizer que, quanto a Carta Magna alude genericamente à lei para estabelecer princípio de reserva legal, essa expressão compreende tanto a legislação ordinária, nas suas diferentes modalidades, como a legislação complementar".[55]

Como facilmente se vê, trata-se de duas afirmações inteiramente distintas. E a afirmação de que "só é exigível lei complementar quando a Constituição expressamente a ela faz alusão com referência a determinada matéria" não pode prestar-se como fundamento para aquela outra – aliás, equivocada – segundo a qual "só cabe lei complementar, no sistema de direito positivo brasileiro, quando formalmente reclamada a sua edição por norma constitucional explícita".

Aliás, a afirmação de que "só cabe lei complementar, no sistema de direito positivo brasileiro, quando formalmente reclamada a sua edição por norma constitucional explícita" tem sido negada pelos próprios defensores da tese que limita a lei complementar às matérias a ela reservadas, posto que, diversamente do que afirmou o Supremo Tribunal Federal, admitem reserva implícita – sem o quê, aliás, chegariam a situações verdadeiramente teratológicas. É uma afirmação – esta, sim – carente de explicação.

Diversa, porém – insista-se –, é á afirmação de que "só é exigível lei complementar quando a Constituição expressamente a ela faz alusão com referência a determinada matéria, o que implica dizer que quanto a Carta Magna alude genericamente à lei para estabelecer princípio de reserva legal essa expressão compreende tanto a legislação ordinária, nas suas diferentes modalidades, como a legislação complementar". Na verdade, só é exigível lei complementar – como conceito jurídico-positivo – nos casos indicados pela Constituição. Mas não se pode negar a natureza de lei complementar – como conceito de lógica jurídica – nos casos em que a lei completa dispositivos da Constituição, que sem a lei restariam inoperantes.

Paulo de Barros Carvalho, por exemplo, não obstante acolha a tese segundo a qual a lei complementar qualifica-se como tal pela

---

55. STF, Pleno, ADI 2.028-DF/Medida Liminar, rel. Min. Moreira Alves, *DJU*-I 16.6.2000, p. 30, citação feita por Alexandre de Moraes, *Constituição do Brasil Interpretada*, cit., p. 1.172.

matéria de que trata, ensina: "Os assuntos que o constituinte reservou para o campo da lei complementar estão quase sempre expressos, inobstante possamos encontrar, em alguns passos, a simples alusão à lei, desacompanhada do qualificativo 'complementar'. Em circunstâncias como essa, a bem compreendida análise do comando supremo apontará que a grandeza do tema somente pode ser objeto de lei complementar, visto que estão em pauta regulações diretas de preceitos da Lei Maior, que por outros estatutos não poderiam ser versados".[56]

Aliás, diversos doutrinadores admitem que a qualificação da lei complementar depende da matéria tratada mas admitem que essa matéria pode ser reservada pela Constituição implicitamente. O que ninguém até agora explicou, *data venia*, é a existência de limitação da competência da União para editar leis complementares. Especialmente quando essa competência pode ser atribuída implicitamente, o que torna praticamente impossível sua delimitação, sendo razoável admitir-se que ao Congresso Nacional cabe a tarefa de ver onde existe essa atribuição implícita. Admitir-se limitação ao poder do Congresso de editar leis complementares seria o mesmo que admitir uma suposta limitação do seu poder de editar emendas constitucionais, com a absurda consequência de que, fora dessa limitação, a emenda constitucional seria mera lei ordinária. Assim – e como a Constituição efetivamente não alberga norma alguma a dizer que a lei complementar só pode cuidar das matérias a ela reservadas –, o que está no campo do não demonstrado é precisamente a tese dos que afirmam essa malsinada limitação.

8.3 A lei complementar não pode invadir o campo da lei ordinária

Celso Ribeiro Bastos, opondo-se à tese que sustentamos, afirma que "o legislador não tem competência para transformar matéria de lei ordinária em matéria de lei complementar. Isto repercute na própria rigidez constitucional, isto é, acaba-se por conferir uma maior dificuldade para reformar-se certas leis por mera força de

---

56. Paulo de Barros Carvalho, *Curso de Direito Tributário*, cit., 18ª ed., pp. 219-220.

uma votação parlamentar, o que evidentemente fere o princípio fundamental de que a matéria da lei complementar é só aquela a ela conferida".[57]

Ocorre que a reserva de matéria a uma espécie normativa não pode impor limite ao poder de editar norma de hierarquia superior. Assim, tudo que depender de lei e não estiver nem deva ser tratado por lei complementar poderá ser tratado por lei ordinária. E até as matérias que não estejam no âmbito da denominada reserva legal, e por isto mesmo possam ser tratadas em espécies normativas inferiores, podem ser tratadas por lei ordinária. Como espécie normativa superior, a lei ordinária pode, sim, tratar de todas as matérias que eventualmente estejam tratadas em espécies normativas inferiores, como regulamentos, portarias, ordens de serviço, entre outras.

É absolutamente inconsistente o argumento segundo o qual o legislador não pode transformar matéria de lei ordinária em matéria de lei complementar, pois isto acaba por conferir uma maior dificuldade para reformar certas leis por mera força de uma votação parlamentar. Na verdade, quando o Congresso Nacional opta por aprovar uma lei complementar, pretende, mesmo, dar maior rigidez à disciplina da matéria tratada. E nada o impede de fazê-lo, tanto que em alguns casos opta por aprovar uma emenda constitucional, dando rigidez ainda maior à disciplina da matéria, com o quê apenas prestigia o princípio da segurança jurídica, evitando constantes alterações normativas.

8.4 Redução do campo reservado à lei ordinária

Argumento em tudo semelhante ao examinado no item precedente é o de que, adotada a tese segundo a qual a lei complementar qualifica-se como tal em face de seus elementos formais, "haveria uma progressiva redução do campo reservado à lei ordinária, que poderia culminar na total e definitiva extirpação da lei ordinária do

---

57. Celso Ribeiro Bastos, "Do estudo da inconstitucionalidade no campo específico da lei complementar", *Revista de Direito Constitucional Internacional* 9(37)/57-58 e 60, São Paulo, Ed. RT, outubro-dezembro/2001 (cit. e transcrito por Frederico Araújo Seabra de Moura, *Lei Complementar Tributária*, cit., p. 109).

nosso sistema jurídico-positivo e, por consequência, gerar uma grave crise no Poder Legislativo, destituído da prerrogativa jurídico-constitucional de aprovar leis por maioria simples".[58]

Trata-se de argumento desprovido de qualquer sentido lógico, porque, na verdade, o Congresso Nacional é o juiz da conveniência de atribuir à disciplina de certas matérias maior rigidez. Sustentar que não pode ser o juiz da conveniência de tratar de certas matérias por lei complementar é o mesmo que negar ao Congresso Nacional as condições para exercer as funções inerentes ao poder de legislar, no qual se inclui até o denominado poder constituinte derivado. Se o Congresso Nacional pode tratar de certas matérias até por emenda à Constituição, atribuindo a estas rigidez ainda maior, chega a ser ingênuo argumentar que não pode tratar de certas matérias por lei complementar.

A rigor, e em definitivo, o Congresso Nacional é o juiz da questão de saber qual o instrumento normativo adequado para o trato das matérias a ele submetidas. Assim, pode, inclusive, alterar os dispositivos da Constituição que formulam reserva de certas matérias à lei complementar. E pode, portanto, utilizar-se da lei complementar para disciplinar as matérias que entender conveniente, sendo certo que a Constituição não o proíbe de fazê-lo pelo fato de dizer que determinadas matérias devem ser tratadas por essa espécie normativa.

A confusão que se estabeleceu na doutrina deve-se ao equívoco de considerar que (a) só é exigível lei complementar para o trato das matérias constitucionalmente a ela reservadas e (b) só é cabível lei complementar para o trato de matérias constitucionalmente a ela reservadas. Não obstante parecidas, tais afirmações dizem coisas inteiramente diferentes.

8.5 A tese é inconciliável com a teoria da recepção

Outro argumento contrário à tese que qualifica a lei complementar por elementos formais consiste em que essa tese seria "inconciliá-

---

58. Andrei Pitten Velloso, *Constituição Tributária Interpretada*, São Paulo, Atlas, 2007, p. 57.

vel com a teoria da recepção que vem sendo adotada, de forma remansosa, no Brasil, segundo a qual para tal fim é relevante, tão somente, o aspecto material, e não o formal. Se uma lei complementar anterior à Constituição regulava matéria que, de acordo com esta, é de lei ordinária, terá força de lei *ordinária* e por ato normativo desta espécie poderá ser derrogada ou ab-rogada".[59]

Na verdade, não existe a apontada incompatibilidade. Pela teoria da recepção, em face de uma Constituição nova, são válidas todas as normas que já existiam no sistema jurídico no momento em que surgiu, desde que não sejam com ela materialmente incompatíveis, sem qualquer perquirição quanto aos requisitos formais, vale dizer, sem qualquer perquirição quanto ao órgão que as produziu nem ao procedimento adotado na produção das mesmas. Por isto mesmo, aliás, temos ainda hoje em vigor em nosso ordenamento jurídico decretos-leis, embora em face da vigente Constituição não mais exista essa espécie normativa.

Uma Constituição recepciona as normas do ordenamento jurídico existentes no momento de sua promulgação, colocando-as na posição hierárquica compatível com o conteúdo das mesmas. Como exemplo disto podemos citar o Decreto 70.235, de 6.3.1972, editado em momento de anomalia jurídica. Esse decreto trata de matéria que hoje é reservada à lei. Assim, só por lei pode ser alterado. Embora seja um decreto, pois como tal foi editado na vigência de norma superior que o admitia, como trata de matéria que hoje só por lei pode ser tratada, ele foi colocado no patamar hierárquico próprio das leis.

No exame de questões como a de que aqui se cuida não podemos desconsiderar noções elementares de Teoria Geral do Direito, segundo as quais a validade formal de uma norma jurídica é aferida tendo-se em vista a norma superior vigente na data de sua edição, enquanto a validade material da norma jurídica é aferida tendo-se em vista a norma superior na data de sua aplicação. E tem mesmo de ser assim, porque a edição da norma é um ato jurídico que se rege pela lei vigente na data em que é praticado. Uma norma jurídica que é validamente editada – validade formal – jamais perderá essa validade em decorrência da mudança na norma superior. Entretanto, se a

---

59. Andrei Pitten Velloso, *Constituição Tributária Interpretada*, cit., p. 57.

norma superior for com ela materialmente incompatível, prevalecerá a norma superior, em face do critério hierárquico de solução das antinomias do sistema.

8.6 O requisito material e a segurança jurídica

Os defensores da tese segundo a qual a lei complementar somente se qualifica como tal quando trata das matérias constitucionalmente reservadas a essa espécie normativa argumentam que essa tese prestigia a segurança jurídica. E dizem que a segurança jurídica é afetada – isto, sim – pela tese que admite qualificar-se a lei complementar apenas pelos requisitos formais. Souto Maior Borges, por exemplo, sustenta que: "Não passa de uma petição de princípio, consistente em dar como demonstrado o que era necessário demonstrar e não o foi, que a dupla exigência para validade da lei complementar (formal/material) afeta a segurança jurídica, reduzindo-a (?). Sucede precisamente o contrário. Instaurar-se-á o regime de *insegurança*, constitucionalmente interdito, quando se admita que aleatoriamente o Congresso pode dispor sobre qualquer matéria atribuída à competência legislativa da União, convertendo-a em lei complementar por um passe de prestidigitação, a maioria absoluta da aprovação, resultando um híbrido teratológico de lei complementar e lei ordinária, a saber: complementar pelo quórum, ordinária pela matéria versada. Com essa ponderação evidencia-se que o quórum é requisito necessário mas – ao contrário do que se pretende, em equívoco – não bastante em si (insuficiente) para a existência (validade) da lei complementar. A opinião ora criticada não tem respaldo algum na Constituição Federal: ela é a rigor um juízo *a priori*. Não é extraída *a posteriori*, isto é, da análise da sistemática constitucional. Se submetida ao teste de corroboração pela sua base empírica, a Constituição Federal, esta simplesmente a infirma. Decide-se *a priori* não apenas sobre o que deveria a teoria observar no ordenamento tributário (o que seria legítimo), mas também sobre os limites dessa análise, ao converter o quórum especial do art. 69 num requisito exclusivo de validade da lei complementar (o que é ilegítimo). O apriorismo dessa solução resulta evidenciado pelo recurso à Lei Complementar 123, de 14.12.2006. Dito noutros termos: pretende-se demonstrar conclusivamente uma questão constitucional com base em normas infraconstitucionais, grave desvio metodológico. Como se o legislador estivesse investido de competência para solucionar problemas doutrinários (exegéticos). E fosse possível resolver problemas constitucionais com base em leis infraconstitucionais. O legislador proíbe, autoriza, obriga determinadas condutas (os três modais deônticos). Não lhe incumbe entretanto editar normas 'interpretativas' ou preceitos 'didáticos' (princípio lógico-deôntico do quarto incluso)".[60]

Trata-se de argumento evidentemente inconsistente, porque os elementos formais no Direito prestam-se – sabemos todos – exatamente para a preservação da segurança jurídica, e tratando-se da qualificação da lei complementar não pode ser diferente. Entretanto, expresso em linguagem rebuscada, tem certamente o objetivo de dificultar sua compreensão, para desqualificar os opositores, que supostamente desconhecem os *modais deônticos* e a *prestidigitação*. Mesmo assim, e com todo o respeito, vamos examiná-lo, em seus diversos aspectos, sem a pretensão de sermos os donos da verdade e com a certeza de que é com o debate que podemos da mesma nos aproximar.

8.6.1 *Exigência do elemento material e a segurança jurídica*

Quando se afirma que a exigência do elemento material para a qualificação da lei complementar como tal afeta a segurança jurídica, o que se tem em vista é a delimitação da matéria constitucionalmente reservada a essa espécie normativa. E ninguém dirá, seriamente, que é possível delimitar com segurança as matérias que, em diversos de seus dispositivos, a Constituição Federal reserva à lei complementar.

O exame de qualquer dos dispositivos da Constituição Federal que estabelecem reserva de matéria à lei complementar demonstra que a delimitação dessa matéria é geralmente problemática. É inegável, portanto, que essa dificuldade na delimitação da matéria reservada à lei complementar afeta a segurança jurídica, reduzindo-a.

---

60. José Souto Maior Borges, "Hierarquia e sintaxe constitucional da lei complementar tributária", cit., *Revista Dialética de Direito Tributário* 150/71, item 1.9.

8.6.2 A *álea e a segurança jurídica*

O argumento em exame afirma que se instaura "o regime de *insegurança*, constitucionalmente interdito, quando se admita que aleatoriamente o Congresso pode dispor sobre qualquer matéria atribuída à competência legislativa da União, convertendo-a em lei complementar por um passe de prestidigitação, a maioria absoluta da aprovação, resultando um híbrido teratológico de lei complementar e lei ordinária". Na verdade, porém, quando o Congresso decide elaborar uma lei complementar e nela incluir dispositivos que podem versar sobre matéria não reservada a essa espécie normativa, não está agindo aleatoriamente, mas adotando, por conveniência de política jurídica, o instrumento que lhe parece mais seguro e que indiscutivelmente impede seja a matéria alterada por maioria simples – esta, sim, possível de ocorrer aleatoriamente.

Por outro lado, é indiscutivelmente mais seguro orientar-se o julgamento de uma questão por critério estabelecido antes do fato nesta envolvido do que permitir que esse julgamento ocorra por critério definido depois daquele fato. Assim, se cabe ao Congresso decidir se disciplina certa matéria por lei complementar, essa decisão favorece a segurança jurídica, porque acontece antes do fato regulado pela lei complementar. Entretanto, se o Congresso Nacional decide disciplinar certa matéria por lei complementar mas se admite que uma lei ordinária posterior altere dispositivos da lei complementar, a pretexto de que os mesmos cuidam de matéria a ela não reservada, deixa-se a decisão de saber se os fatos em questão devem ser, ou não, disciplinados por lei complementar para um momento posterior à ocorrência fatos questionados. Em outras palavras, chega-se à situação preconizada pelo denominado Direito alternativo, no qual cabe ao juiz, e não ao legislador, estabelecer a disciplina jurídica dos fatos. E isto, sem sombra de dúvida, instaura intolerável insegurança jurídica.

Não temos dúvida de que entender como lei complementar aquela como tal aprovada pelo Congresso Nacional, sem considerar necessária a essa caracterização a matéria da qual se ocupe, é importante para a segurança jurídica. E este entendimento encontra apoio na doutrina do eminente Min. Victor Nunes Leal, que nos ensina: "Embora não possa o Poder Legislativo resolver definitivamente uma controvérsia constitucional, não resta dúvida de que em muitos casos de interpretação duvidosa a ação legislativa é útil e às vezes imprescindível. A razão disso é que os princípios que orientam a aplicação do *judicial control* assentam na presunção de legitimidade da interpretação preferida pelo legislador. Somente nos casos em que a inconstitucionalidade seja ostensiva ou evidente é que o Judiciário a deve declarar. Daí a grande autoridade de que se reveste um pronunciamento legislativo nos pontos em que a inteligência do texto constitucional seja passível de dúvidas".[61]

8.6.3 *O quórum especial como requisito de validade*

A questão relativa ao quórum especial previsto no art. 69 exige um pouco de atenção, para que os sofismas sejam afastados. Ninguém afirma que esse quórum qualificado é suficiente para a caracterização de uma lei complementar. Ele pode ser alcançado na votação de uma lei ordinária, e nem por isto essa lei será uma lei complementar. Da mesma forma, ainda que aprovada por mais de dois quintos, e até pela unanimidade dos membros do Congresso Nacional, uma lei ordinária não poderá ser considerada emenda à Constituição.

O que é necessário, e é bastante, para a qualificação de uma lei complementar é o procedimento adotado em sua elaboração. Procedimento que vai desde a apresentação do projeto até sua publicação. Assim, se o Congresso Nacional aprova uma lei adotando para tanto o procedimento regimentalmente estabelecido, no qual se inclui, evidentemente, a exigência de quórum qualificado, essa lei será, indiscutivelmente, uma lei complementar, ainda que trate de matérias não reservadas a essa espécie normativa.

Aliás, é indiscutível que o elemento formal – vale dizer, o procedimento adotado na elaboração da espécie normativa – é que a qualifica. Não apenas a lei complementar, mas também a emenda constitucional. E ninguém dirá, seriamente, que a emenda constitucional depende da matéria nela versada para qualificar-se como tal.

---

61. Victor Nunes Leal, "Leis complementares da Constituição", cit., *RDA* VII/383.

8.6.4 A *Lei Complementar* 123/2006 e a Constituição de 1824

Mencionamos o art. 86 da Lei Complementar 123, de 14.12.2006, apenas para demonstrar a dificuldade que existe na delimitação das matérias reservadas à lei complementar. Não afirmamos que essa lei complementar resolve qualquer problema constitucional, nem que o legislador esteja investido de competência para solucionar problemas doutrinários. É inegável, porém, que na mencionada lei complementar deu-se uma delegação de competência que afasta, sim, sua superioridade hierárquica, permitindo ao legislador ordinário a revogação ou alteração de seus dispositivos.

Salvo vedação constitucional, qualquer norma superior pode delegar à norma inferior a atribuição de alterá-la, como fez a Lei Complementar 123/2006 ao estabelecer que: "As matérias tratadas nesta Lei Complementar que não sejam reservadas constitucionalmente à lei complementar poderão ser objeto de alteração por lei ordinária" (art. 86).

No plano da própria Constituição temos exemplo de regra que delega o tratamento de algumas matérias a regra de categoria inferior. Assim, a Constituição de 1824 fez essa delegação quando estabeleceu: "Art. 178. É só constitucional o que diz respeito aos limites, e atribuições respectivas dos Poderes Políticos, e individuais dos cidadãos. Tudo, o que não é constitucional, pode ser alterado sem as formalidades referidas, pelas Legislaturas ordinárias".

8.7 Fundamento de validade

Muitos são os que sustentam que a lei complementar não é hierarquicamente superior à lei ordinária, porque ambas têm o mesmo fundamento de validade, que é a Constituição Federal. Só existiria superioridade hierárquica para a norma que seja o fundamento de validade da norma inferior.

Eduardo Marcial Ferreira Jardim sustenta que ambas, a lei complementar e a lei ordinária, têm o mesmo fundamento de validade, que é a Constituição.⁶² Esse argumento é falacioso, porque, na verdade, todas as normas que integram um ordenamento jurídico têm fundamento de validade na Constituição, ou, mais exatamente, na norma fundamental desse ordenamento.

Frederico Araújo Seabra de Moura também se refere ao fundamento de validade como indicador da superioridade hierárquica. Para ele, "não há de se falar que a lei complementar é sempre superior hierarquicamente à lei ordinária. Esse é um equívoco rotundo, segundo Victor Nunes Leal. Pode vir a ser, mas unicamente quando servir de fundamento de validade – formal ou material – para uma lei ordinária, o que não ocorre sempre".⁶³

Nessa mesma linha manifesta-se Regina Helena Costa, afirmando:

"Cremos mais adequado o entendimento segundo o qual não existe uma hierarquia necessária entre a lei complementar e a lei ordinária, porquanto ambas, em regra, retiram seu fundamento de validade diretamente da Lei Maior.

"Falamos em hierarquia necessária porque eventualmente ela pode se verificar. É o que ocorre na hipótese de a lei ordinária encontrar seu fundamento de validade também na lei complementar. Nesse caso, então, a lei ordinária extrairá seu fundamento de validade mediatamente da Constituição e imediatamente da lei complementar.

"Certo é, portanto, existirem leis complementares que outorgam fundamento de validade à lei ordinária e outras que, diversamente, não cumprem essa função."⁶⁴

É importante, ainda, considerarmos que a afirmação da superioridade hierárquica de uma norma jurídica em razão de ser esta o fundamento de validade da norma inferior foi feita por Kelsen e deve ser entendida no contexto de sua doutrina, segundo a qual o Direito

---

62. Eduardo Marcial Ferreira Jardim, *Dicionário Jurídico Tributário*, cit., 3ª ed., p. 135.
63. Frederico Araújo Seabra de Moura, *Lei Complementar Tributária*, cit., p.102.
64. Regina Helena Costa, *Curso de Direito Tributário*, cit., p. 19.

tem a particularidade de regular sua própria criação.[65] Nas palavras de Kelsen: "Como, dado o carácter dinâmico do Direito, uma norma somente é válida porque e na medida em que foi produzida por uma determinada maneira, isto é, pela maneira determinada por uma outra norma, esta outra norma representa o fundamento imediato de validade daquela. A relação entre a norma que regula a produção de uma outra e a norma assim regularmente produzida pode ser figurada pela imagem espacial da supra-infraordenação. A norma que regula a produção é a norma superior, a norma produzida segundo as determinações daquela é a norma inferior. A ordem jurídica não é um sistema de normas jurídicas ordenadas no mesmo plano, situadas uma ao lado das outras, mas é uma construção escalonada de diferentes camadas ou níveis de normas jurídicas".[66]

Ocorre que a tese segundo a qual uma norma é hierarquicamente superior quando nela a norma inferior tem seu fundamento de validade deve ser entendida nos seus devidos termos. No contexto dessa tese, a referência à *norma* deve ser entendida como referência ao conjunto de normas da mesma *espécie normativa*, e não a uma determinada norma ou regra jurídica individualmente considerada, dessa ou daquela espécie. Assim é que, quando se afirma que a lei ordinária tem fundamento de validade na Constituição, entende-se que é na Constituição como um conjunto de normas que se encontram aquelas normas que disciplinam a competência e o procedimento para a produção dessas leis. Na verdade, a Constituição é um conjunto de normas as mais diversas. Muitas delas, individualmente consideradas, não se prestam como fundamento de validade para determinada lei ordinária. Entretanto, todas as normas que estão na Constituição, independentemente de serem, ou não, fundamento de validade das leis ordinárias, são a estas hierarquicamente superiores.

Da mesma forma, quando se diz que um regulamento tem seu fundamento de validade na lei, a palavra "lei", aqui, deve ser entendida como indicativa de uma espécie normativa. Não como uma determinada norma expressa em determinada lei.

65. Hans Kelsen, *Teoria Pura do Direito*, 3ª ed., trad. de João Baptista Machado, Coimbra, Arménio Amado Editor, 1974, p. 309.
66. Idem, pp. 309-310.

Afastemos, portanto, definitivamente, a tese segundo a qual a lei complementar não é superior à lei ordinária porque não lhe serve como fundamento de validade. A lei complementar, como espécie normativa, é, sim, em nosso ordenamento jurídico, fundamento de validade das leis ordinárias. Para adotar essa tese, sem rejeitar a tese predominante na doutrina, segundo a qual o elemento material é necessário para a configuração da lei complementar, a eminente professora e magistrada federal Regina Helena Costa construiu e afirmou a original distinção entre hierarquia formal e hierarquia material, e concluiu:

"Quanto à hierarquia formal, a Constituição de 1988 trouxe relevante inovação para o estudo da lei complementar, ao prescrever que 'lei complementar disporá sobre a elaboração, redação, alteração e consolidação das leis' (art. 59, parágrafo único). Tal preceito veio a consagrar, assim, a superioridade hierárquica formal dessa espécie normativa.

"Cumpre concluir, pois, que, sob o prisma estritamente formal, a lei complementar é hierarquicamente superior à lei ordinária, nos precisos termos do art. 59, parágrafo único, da Lei Maior. Quanto ao aspecto material, contudo, a lei complementar poderá ser, ou não, superior à lei ordinária, dependendo da existência, ou não, de vinculação do conteúdo da norma inferior."[67]

Realmente, o art. 59, parágrafo único, da vigente Constituição Federal estabelece que a lei complementar disporá sobre a elaboração, redação, alteração e consolidação das leis. E, com isto, deixou claro que as leis ordinárias têm seu fundamento de validade na lei complementar, que regula o processo pelo qual são produzidas. Não nos parece, todavia, consistente a distinção entre hierarquia *formal* e hierarquia *material*. O que pode ser qualificado como formal ou material é o conflito que eventualmente exista entre uma norma de hierarquia inferior e uma de hierarquia superior. Entre uma lei e a Constituição. Haverá conflito material, ou inconstitucionalidade *material*, quando a divergência entre a lei e a Constituição disser respeito ao conteúdo da norma de uma e da outra. E haverá conflito

---

67. Regina Helena Costa, *Curso de Direito Tributário*, cit., pp. 19-20.

formal quando na elaboração da lei tiver havido desrespeito às normas da Constituição que regulam o procedimento legislativo. A hierarquia entre as normas, todavia, é sempre decorrente de elementos formais.

Registre-se, mais uma vez, que o argumento segundo o qual uma norma é hierarquicamente superior a outra quando se preste como fundamento de validade daquela deve ser visto no contexto da ordem jurídica enquanto uma estrutura escalonada de normas, na qual cada uma das categorias de normas tem seu plano estabelecido no ordenamento. E nesse contexto não há dúvida de que a lei complementar, como conceito de direito positivo elaborado em face da Constituição de 1988, está em patamar hierárquico próprio, superior ao patamar hierárquico das leis ordinárias. Para negar essa realidade, Souto Maior Borges viu-se obrigado a cindir as leis complementares em dois grupos, a saber: o 1º grupo composto pelas leis complementares que fundamentam a validade de atos normativos (leis ordinárias, decretos legislativos e convênios) e o 2º grupo composto por leis complementares que não fundamentam a validade de outros atos normativos.[68] Curioso, porém, é observar que o eminente professor pernambucano, para justificar a divisão das leis complementares em dois grupos, assevera simplesmente que *"ratione materie* a lei complementar não constitui uma categoria legislativa unitária, embora disciplinada pela Constituição em caráter uniforme".[69]

E com isto deixa fora de dúvida a absoluta inconsistência de sua tese. Primeiro porque, *ratione materie*, nenhuma espécie normativa constitui "categoria legislativa unitária". As espécies normativas em geral, inclusive a Constituição Federal, tratam de matérias diversas, e nem por isto seus dispositivos devem ser colocados em planos hierárquicos diferentes. Segundo porque, ao tratarmos da questão da hierarquia normativa, evidentemente, estamos cuidando de elementos formais do sistema jurídico – vale dizer, estamos tratando do modo pelo qual as diversas normas são produzidas, e não das matérias das quais se ocupam.

68. José Souto Maior Borges, *Lei Complementar Tributária*, São Paulo, Ed. RT/EDUC, 1975, pp. 84-90.
69. Idem, p. 84.

8.8 Outros aspectos do debate

8.8.1 Isenção da COFINS

A questão da isenção da COFINS para sociedades de profissionais liberais prestadores de serviço é um excelente exemplo de como a tese que exige elemento material para a configuração da lei complementar gera enorme insegurança jurídica. Especialmente porque na mesma se coloca também a indeterminação da matéria constitucionalmente reservada à lei complementar, na medida em que se questiona se a *isenção*, enquanto importante figura do direito tributário, está, ou não, incluída nessa reserva.

Assim é que, mesmo adotando o entendimento segundo o qual lei ordinária pode revogar dispositivos de lei complementar que tratam de matérias não reservadas a essa espécie normativa, restava aos que se consideravam titulares da isenção da COFINS a esperança de que sua revogação não fosse considerada válida, por ser a *isenção* matéria privativa de lei complementar, nos termos do art. 146, III, "a" e "b", da Constituição Federal. Segundo esses dispositivos constitucionais, cabe à lei complementar estabelecer normas gerais em matéria de legislação tributária, especialmente sobre a definição de tributos e dos respectivos fatos geradores (alínea "a") e, ainda, sobre obrigação tributária (alínea "b").

Realmente, segundo afirma Souto Maior Borges – com toda razão –, "inexiste obrigação tributária principal nos casos de isenção". Isto porque: "A norma de isenção, obstando ao nascimento da obrigação tributária para o seu beneficiário, produz o que já se denominou fato gerador isento, essencialmente distinto do fato gerador do tributo".[70]

É evidente que, se a norma de isenção obsta ao nascimento da obrigação tributária – tanto que inexiste obrigação tributária principal nos casos de isenção –, essa norma trata de obrigação tributária.

Seja como for, o questionamento sobre o assunto bem demonstra que é praticamente impossível delimitar a matéria constitucionalmen-

---

70. José Souto Maior Borges, *Teoria Geral da Isenção Tributária*, 3ª ed., 2ª tir., Malheiros, São Paulo, 2007, p. 191.

te reservada à lei complementar. Impossibilidade que é bastante para justificar o abandono da tese segundo a qual o tratar de matéria reservada à lei complementar é elemento necessário para a configuração desta como espécie normativa. Em outras palavras, como é praticamente impossível a delimitação exata da matéria constitucionalmente reservada à lei complementar, a exigência do elemento material para a caracterização dessa espécie normativa torna praticamente impossível saber quando estamos diante de uma lei complementar, e, assim, será sempre discutível a intromissão da lei ordinária, aprovada por maioria simples, que eventualmente poderá decidir pela revogação de dispositivos de lei complementar, instaurando evidente insegurança jurídica.

8.8.2 Inexistência de regra expressa na Constituição Federal

Os que se opõem à tese segundo a qual os elementos formais são bastantes para a qualificação da lei complementar como espécie normativa argumentam:

"Se a Constituição objetivasse 'converter' em lei complementar pelo quórum qualquer matéria afeta às leis editadas pela União, teria sito tecnicamente fácil ao Poder Constituinte pôr em norma de habilitação da competência uma formulação diversa da que está empregada no contexto constitucional, por exemplo: 'A aprovação pela maioria absoluta dos votos nas duas Casas do Congresso Nacional converterá em lei complementar toda lei que dispuser sobre qualquer matéria de competência legislativa da União, vedada sua revogação por lei ordinária'.

"Essa hipotética norma de transformação não encontra porém respaldo algum em texto e contexto da Constituição Federal de 1988."[71]

Tal argumento é, na verdade, um sofisma, porque não se afirma que o simples fato de haver sido a lei aprovada com um quórum de

---

71. José Souto Maior Borges, "Hierarquia e sintaxe constitucional da lei complementar tributária", cit., *Revista Dialética de Direito Tributário* 150/77.

maioria absoluta a transforma em lei complementar. O que se afirma é que o procedimento adotado pelo Congresso Nacional qualifica a espécie como lei complementar. Depois, porque também não existe regra expressa, nem implícita, na Constituição dizendo que a lei complementar só pode tratar das matérias a ela reservadas, e se o constituinte tivesse pretendido impor essa limitação ao legislador complementar teria sido facílimo fazê-lo: bastaria ter acrescentado ao que está no art. 69 essa limitação, estabelecendo: "Art. 69. As leis complementares serão aprovadas por maioria absoluta, *e só poderão tratar das matérias a elas reservadas por esta Constituição*".

Não o fez, nem seria razoável fazê-lo. Seria, aliás, um atentado à lógica dizer que o Congresso Nacional, atuando pela maioria dos seus membros, não pode fazer o que está autorizado a fazer por maioria simples. A pretensão de limitar o alcance da deliberação por quórum de maioria absoluta a área inferior à alcançada por deliberação tomada com maioria simples dos membros do Congresso Nacional é de tal forma absurda que dispensa maiores considerações.

8.8.3 *Utilidade da reserva de matérias à lei complementar*

Os que se opõem à tese segundo a qual os elementos formais bastam para a qualificação da lei complementar como espécie normativa argumentam também com a utilidade da discriminação constitucional das matérias reservadas à lei complementar. É o que se vê em Souto Maior Borges, que escreve: "Por que discriminar matérias sob reserva da lei complementar, como o faz a Constituição Federal, por exemplo, no art. 148, III, se toda e qualquer matéria afeta à lei ordinária federal pudesse ser convertida em lei complementar – formal e material – pela aprovação da maioria absoluta do Congresso Nacional? A discriminação de competências entre a lei complementar e a lei ordinária seria uma simples inutilidade".[72]

Tal argumento, *data maxima venia*, é de pobreza franciscana. É evidente que a discriminação constitucional das matérias reservadas

---

72. José Souto Maior Borges, "Hierarquia e sintaxe constitucional da lei complementar tributária", cit., *Revista Dialética de Direito Tributário* 150/77.

à lei complementar tem grande utilidade, apesar de poder o Congresso Nacional utilizar a lei complementar para o trato de outras matérias. Utilidade que consiste em *impor* ao Congresso Nacional o uso da lei complementar para disciplinar as matérias reservadas a essa espécie normativa. Enquanto para a disciplina de matérias não abrangidas pela reserva constitucional o uso da lei complementar é uma faculdade, esse uso é obrigatório tratando-se de matérias constitucionalmente reservadas à lei complementar.

Assim, e porque a delimitação das matérias reservadas à lei complementar é sempre muito difícil, é razoável admitir que o Congresso Nacional, ao disciplinar essas matérias, pode eventualmente extrapolar seus limites, que são imprecisos, e até disciplinar matérias correlacionadas com aquelas abrangidas pela reserva constitucional e que por isto são merecedoras da mesma segurança, consubstanciada na impossibilidade de alterações por eventuais deliberações adotadas por maioria simples.

8.8.4 *Os decretos legislativos e as resoluções*

Tem sido afirmado, ainda, que a matéria versada é elemento indicativo de outras espécies normativas, como os decretos legislativos e as resoluções (incisos VI e VII do art. 59 da Constituição Federal de 1988), e, assim sendo, não haveria razão para se pretender que as leis complementares se caracterizem apenas pelo aspecto formal.

Ocorre que tanto os *decretos legislativos* como as *resoluções*, diversamente do que se tem afirmado, caracterizam-se pelo aspecto formal.

Realmente, o decreto legislativo é o ato normativo pelo qual o Congresso Nacional exerce suas competências exclusivas, definidas no art. 49 da Constituição Federal. O único caso de competência exclusiva do Congresso Nacional exercida através de resolução parece ser o previsto no art. 68, § 2º, da Constituição Federal, que trata da delegação legislativa. Seja como for, resta indiscutível que o decreto legislativo se caracteriza como espécie pela competência para sua edição – elemento formal, portanto.

Por outro lado, as resoluções também se caracterizam pela competência do órgão que as edita. O Congresso, no caso do art. 68, § 2º, o Senado Federal e a Câmara dos Deputados. No dizer de Paulo Napoleão Nogueira da Silva: "As resoluções são instrumentos utilizados pela Câmara dos Deputados e pelo Senado Federal para o exercício de suas competências privativas (arts. 51 e 52); além, também se observou que o Congresso Nacional em seu conjunto expede uma única espécie de resolução, para conceder delegação legislativa ao Poder Executivo".[73]

8.8.5 Rigidez e hierarquia

Outro argumento dos que se opõem à superioridade hierárquica da lei complementar, ou sustentam não serem os elementos formais suficientes para a caracterização desta como espécie normativa, consiste em afirmar que o quórum diferenciado apenas confere maior rigidez, mas não hierarquia superior. Neste sentido, afirmam: "Trata-se de simples escolha do legislador constituinte, que quis ver determinados interesses sendo tratados de forma mais rígida; e a maior rigidez desse processo legislativo não é elemento suficiente para se crer que a lei complementar é hierarquicamente superior à lei ordinária".[74]

É evidente, porém, que a hierarquia superior resulta exatamente da maior rigidez assumida pela espécie normativa. Não pelo simples fato de haver sido eventualmente aprovada por determinado quórum. Uma lei ordinária evidentemente não se transforma em lei complementar pelo simples fato de haver sido aprovada por maioria absoluta. Nem se transforma em emenda constitucional por haver sido aprovada por mais de três quintos dos parlamentares. Aliás, quanto às emendas a Constituição exige sejam votadas em dois turnos, o que afasta desde logo o infeliz argumento. Em qualquer caso, o que caracteriza a espécie normativa é o procedimento adotado em sua apreciação e aprovação pelo Congresso Nacional. E não há dúvida de que

---

73. Paulo Napoleão Nogueira da Silva, "Arts. 59 ao 69", cit., in Paulo Bonavides, Jorge Miranda e Walber de Moura Agra (coords.), *Comentários à Constituição Federal de 1988*, p. 989.
74. Frederico Araújo Seabra de Moura, *Lei Complementar Tributária*, cit., p. 103.

nesse procedimento é que se colocam a maior ou menor rigidez para a espécie normativa. Assim, inconsistente é a afirmação segundo a qual o quórum diferenciado apenas confere maior rigidez, mas não hierarquia superior. Na verdade, a hierarquia superior resulta precisamente da maior rigidez no procedimento ao qual se submete a espécie normativa.

Realmente, é inegável que uma deliberação do Congresso Nacional, para a qual se exige o quórum de maioria absoluta, expressa de forma muito mais densa a vontade do povo que uma outra adotada por maioria simples, em cuja verificação se admite inclusive o denominado voto de liderança.

8.8.6 *Impossibilidade de ampliação da reserva de matérias*

Os defensores da tese de que somente se qualifica como lei complementar aquela que trata das meterias constitucionalmente reservadas a essa espécie normativa argumentam, ainda, com a impossibilidade de ampliação da reserva constitucional. Dizem que a lei complementar não pode ampliar as matérias a ela reservadas.

Assim é que, refutando a tese que adotamos, Celso Ribeiro Bastos escreveu: "Não podemos seguir aquele renomado Mestre, pelas razões seguintes: o legislador não tem competência para transformar matéria de lei ordinária em matéria de lei complementar. Isto repercute na própria rigidez constitucional, isto é, acaba-se por conferir uma maior dificuldade para reformarem-se certas leis por mera força de uma votação parlamentar, o que evidentemente fere o princípio fundamental de que a matéria de lei complementar é só aquela a ela conferida. É de certa forma ela uma lei especial, em face da lei geral que seria a ordinária".[75]

Ocorre que a lei complementar, ao tratar de matérias não reservadas a essa espécie normativa, em nada altera a Constituição Federal. As matérias reservadas à lei complementar continuam sendo as

---

75. Celso Ribeiro Bastos, "Do estudo da inconstitucionalidade no campo específico da lei complementar", *Revista de Direito Constitucional e Internacional* 9(37)/62, São Paulo, Ed. RT, outubro-dezembro/2001.

mesmas, sem qualquer ampliação. Ocorre é que a Constituição não contém reserva de lei ordinária, que tem para seu trato um campo residual. Assim, nada impede que a lei complementar trate de matéria que não esteja a ela reservada, entrando, assim, no campo residual da lei ordinária. E, quando isto acontece, a matéria que estava no campo residual e foi tratada por lei complementar ganha realmente a rigidez própria dessa espécie normativa não porque a Constituição tenha sido alterada, mas porque a lei complementar é uma espécie hierarquicamente superior à lei ordinária.

Note-se que certas matérias são reservadas às leis – princípio da legalidade –, mas nada impede que a lei trate de matérias que poderiam ser tratadas por regulamento. E, se o faz, não perde a condição de superioridade em relação ao regulamento. Voltaremos ao tema mais adiante, citando exemplo de tal ocorrência em caso que, inclusive, foi apreciado pelo Supremo Tribunal Federal e diz respeito a matéria tributária.

IV
A LEI COMPLEMENTAR TRIBUTÁRIA

1. A lei complementar como espécie normativa: 1.1 A identidade da lei complementar – 1.2 Funções da lei complementar em matéria tributária – 1.3 Para quê serve a reserva de lei complementar – 1.4 Preservação da livre concorrência – 1.5 Porque pode dispor sobre matéria a ela não reservada. 2. A hierarquia e a validade das normas tributárias: 2.1 Hierarquia inerente ao sistema normativo – 2.2 Validade formal e validade material – 2.3 O Código Tributário Nacional – 2.4 Os decretos-leis e os decretos. 3. Matérias reservadas à lei complementar: 3.1 Reserva expressa ou implícita – 3.2 Razão de ser da tese que amplia o campo da lei complementar – 3.3 Examinando as matérias reservadas à lei complementar: 3.3.1 Conflitos de competência em matéria tributária: 3.3.1.1 Conflito entre União e Municípios: IPI ou ISS – 3.3.1.2 Conflito entre União e Municípios: ITR ou IPTU – 3.3.2 Limitações constitucionais ao poder de tributar – 3.3.3 Normas gerais em matéria tributária – 3.3.4 Critérios especiais de tributação – 3.3.5 Instituição de empréstimos compulsórios: 3.3.5.1 A regra da Constituição e seu objetivo – 3.3.5.2 Natureza jurídica do empréstimo compulsório – 3.3.5.3 Regime jurídico do empréstimo compulsório – 3.3.6 Condições para o gozo de imunidade pelas instituições sem fins lucrativos: 3.3.6.1 Imunidade como limitação ao poder de tributar – 3.3.6.2 Imunidade das instituições de educação – 3.3.6.3 Nossa proposta sobre a imunidade das instituições de educação – 3.3.6.4 Imunidade das instituições de assistência social – 3.3.7 Informações sobre ônus tributários nos preços – 3.3.8 Instituição do imposto sobre grandes fortunas – 3.3.9 Isenção do imposto de renda para aposentados – 3.3.10 Competência residual – 3.3.11 Competência para a instituição do ITCMD – 3.3.12 Definição de aspectos do ICMS – 3.3.13 Definição dos serviços tributáveis pelos Municípios – 3.3.14 Fixação de alíquotas máximas e mínimas do ISS – 3.3.15 Isenções do ISS para exportação de serviços – 3.3.16 Forma e condições da concessão de isenções do ISS – 3.3.17 Outras fontes de custeio da seguridade social – 3.3.18 Imunidade das entidades beneficentes – 3.3.19 Limitação às remissões e anistias – 3.3.20 Instituição do IPMF que virou CPMF. 4. Hierarquia normativa e reserva de matérias: 4.1 Sistema hierarquizado de normas – 4.2

Norma superior tratando de matéria própria de norma inferior. 5. Inconstitucionalidade formal da Lei 11.457/2007: 5.1 Matéria reservada à lei complementar – 5.2 Dispositivos da Lei 11.457/2007. 6. Sociedades prestadoras de serviços profissionais: 6.1 Instituição da COFINS por lei complementar – 6.2 Isenção – 6.3 Revogação da isenção – 6.4 A tese que aumenta a insegurança jurídica – 6.5 A segurança jurídica e a jurisprudência.

1. A lei complementar como espécie normativa

1.1 A identidade da lei complementar

Ao estudarmos a lei complementar no Direito Brasileiro, no capítulo precedente, já procuramos demonstrar que a identidade específica da lei complementar como a de qualquer espécie normativa resulta dos seus elementos formais, e não das matérias de que se ocupam.

Conhecemos e respeitamos a doutrina segundo a qual só é lei complementar aquela que, além de aprovada pelo Congresso Nacional com obediência ao procedimento especial para esse fim estabelecido, trata de matérias que a Constituição reserva a essa espécie normativa. Não obstante, temos sustentado que a identidade específica da lei complementar resulta simplesmente de haver sido a mesma aprovada como tal pelo Congresso Nacional.

Um exame das diversas espécies de normas que integram nosso ordenamento jurídico revela que a identidade específica de cada uma delas é conferida pela competência para a edição da norma e pelo procedimento para esse fim adotado. Não existe razão para que em relação à lei complementar seja diferente.

O entendimento segundo o qual a identidade da lei complementar seria resultante também do seu conteúdo decorre simplesmente da falta de atenção para a distinção entre lei complementar como conceito de lógica jurídica e lei complementar como conceito de direito positivo. Essa falta de atenção, aliás, revela-se na invocação de doutrina do Min. Victor Nunes Leal publicada em 1947 – quando, evidentemente, a lei complementar era apenas um conceito de lógica jurídica.

Ocorre que o conceito de lei complementar evoluiu. Nossa ordem jurídica passou a exigir quórum qualificado para a aprovação de certas leis – vale dizer, de leis que tratassem de certas matérias. Entretanto, ainda não se podia falar em lei complementar como uma espécie distinta, porque tais leis continuavam a integrar a única categoria então existente, de leis ordinárias, distinguindo-se das demais apenas pela exigência de quórum especial e pela matéria da qual tratavam.

Finalmente, porém, nosso ordenamento jurídico adotou a lei complementar como uma espécie distinta, com a exigência de um procedimento específico para sua apreciação pelo Congresso Nacional, no qual se destaca a exigência de quórum qualificado.

A introdução em nosso ordenamento jurídico de exigências formais para a qualificação da lei complementar teve a finalidade de dar maior estabilidade à disciplina jurídica das matérias nela tratadas, para o quê se fez indispensável colocar essa espécie normativa em patamar hierárquico superior.

1.2 Funções da lei complementar em matéria tributária

Entendida a lei complementar como um conceito de lógica jurídica, podemos dizer que são duas as suas funções em matéria tributária, a saber: (a) completar as regras da Constituição e (b) estabelecer normas gerais de direito tributário. Neste sentido doutrina Luciano Amaro, com inteira propriedade:

"As leis complementares prestam-se a dois tipos de atuação em matéria tributária. Na quase totalidade das hipóteses a Constituição lhes confere tarefas dentro de sua função precípua (de 'complementar' as disposições constitucionais). É o que ocorre quando se lhes dá a atribuição de dispor sobre *conflitos de competência*, em matéria tributária, entre a União, os Estados, o Distrito Federal e os Municípios (CF, art. 146, I), explicitando, por exemplo, a demarcação da linha divisória da incidência do ISS (tributo municipal) e do ICMS (tributo estadual), ou a de regular as *limitações constitucionais ao poder de tributar* (CF, art. 146, II), desdobrando as exigências do princípio da legalidade, regulando as imunidades tributárias etc.

"É, ainda, função típica da lei complementar estabelecer *normas gerais de direito tributário* (art. 146, III). Em rigor, a disciplina 'geral' do sistema tributário já está na Constituição; o que faz a lei complementar é, obedecido o quadro constitucional, aumentar o grau de detalhamento dos modelos de tributação criados pela Constituição Federal. Dir-se-á que a Constituição desenha o perfil dos tributos (no que respeita à identificação de cada tipo tributário, aos limites do poder de tributar etc.) e a lei complementar adensa os traços gerais dos tributos, preparando o esboço que, finalmente, será utilizado pela lei ordinária, a qual institui o tributo, na definição exaustiva de todos os traços que permitam identificá-lo na sua exata dimensão, ainda abstrata, obviamente, pois a dimensão concreta dependerá da ocorrência do fato gerador, que, refletindo a imagem minudentemente desenhada na lei, dará nascimento à obrigação tributária.

"A par desse adensamento do desenho constitucional de cada tributo, as normas gerais padronizam o regramento básico da obrigação tributária (nascimento, vicissitudes, extinção), conferindo-se, dessa forma, uniformidade ao Sistema Tributário Nacional."[1]

Como se vê, Luciano Amaro nos ensina – e muito bem – quais são as funções da lei complementar em nosso direito tributário. Em outras palavras, ele nos diz para quê serve essa espécie normativa. Resta-nos esclarecer para quê serve a reserva constitucional de certas matérias a essa espécie normativa. Em outras palavras, resta-nos esclarecer para quê a Constituição estabelece que certas matérias só por lei complementar podem ser tratadas.

1.3 Para quê serve a reserva de lei complementar

Ao cogitarmos de reserva constitucional de matérias à lei complementar já não estamos empregando a expressão "lei complementar" no seu sentido lógico-jurídico. Na verdade, a lei complementar, em sentido lógico-jurídico, identifica-se de tal modo com as matérias que disciplina que não há necessidade alguma de reserva constitucional. Essa reserva, se podemos dizer assim, resulta da própria lógica do regramento. A ideia de reserva constitucional de matérias à lei complementar só tem sentido quando a expressão "lei complementar"

---

1. Luciano Amaro, *Direito Tributário Brasileiro*, 12ª ed., São Paulo, Saraiva, 2006, p. 169.

é empregada para designar um conceito jurídico-positivo. Ou, em outras palavras, quando existe no ordenamento jurídico uma espécie normativa com esse nome e que se qualifica por elementos formais distintos daqueles das leis ordinárias.

Como vimos no capítulo precedente, há quem sustente que, se admitirmos que o Congresso Nacional pode tratar por lei complementar de qualquer matéria, a reserva constitucional de matérias para serem tratadas por lei complementar terá sido completamente inútil.

Na verdade, porém, a reserva constitucional de matérias à lei complementar não tem a finalidade de limitar a utilização dessa espécie de lei. Tem, sim, a finalidade de impor ao Congresso Nacional a utilização desse instrumento para o trato das matérias que o constituinte considerou merecedoras de mais estabilidade, e por isto colocou fora do alcance de eventuais deliberações adotadas por maioria simples.

A lei complementar, portanto, serve para dar maior rigidez à disciplina de certas matérias, e nada impede que o Congresso Nacional a utilize para estender essa rigidez a matérias a ela não reservadas.

1.4 Preservação da livre concorrência

A questão da preservação da livre concorrência é assunto que nos permite demonstrar, de forma incontestável, que não é possível delimitar com exatidão as matérias reservadas à lei complementar, e por isto mesmo se deve admitir sua posição hierárquica superior à das leis ordinárias. Aliás, se não admitirmos a superioridade hierárquica das leis complementares, aí, sim, terá sido inútil a instituição dessa espécie normativa como conceito jurídico-positivo em nosso ordenamento.

Realmente, a Emenda 42, de 19.12.2003, introduziu na Constituição Federal de 1988 o art. 146-A, estabelecendo: "Art. 146-A. A lei complementar poderá estabelecer critérios especiais de tributação, com o objetivo de prevenir desequilíbrios da concorrência, sem prejuízo da competência de a União, por lei, estabelecer normas de igual objetivo".

Como facilmente se vê, a delimitação das matérias reservadas à lei complementar, que era difícil, tornou-se impossível. Já não é possível, portanto, cogitar da qualificação da lei complementar pela matéria da qual se ocupa. Na verdade, não haverá como se possa saber se uma lei deve ser considerada complementar, porque trata de preservar a livre concorrência, se essa mesma matéria pode ser tratada também por lei ordinária.

É claro que a União Federal, enquanto entidade tributante, submete-se, tanto quanto Estados e Municípios, à lei complementar federal. Neste caso, se determinada lei complementar institui um regime especial de tributação, fundada no art. 146-A da Constituição Federal, não haverá como se possa identificar o limite dessa matéria para, a partir dele, considerar válida uma lei ordinária federal. Teremos, portanto, de admitir a hierarquia entre as duas espécies normativas. Em outras palavras, um possível conflito entre lei complementar e lei ordinária federal só pode ser solucionado pelo critério hierárquico, jamais pelo critério da especialidade.

*1.5 Porque pode dispor
sobre matéria a ela não reservada*

O Congresso Nacional pode por lei complementar tratar de matérias não abrangidas pela reserva constitucionalmente estabelecida, pois a Constituição não alberga norma alguma a dizer que a lei complementar não pode dispor sobre matéria que não esteja a ela reservada.

Da mesma forma que a emenda constitucional não tem limitação de matéria, embora algumas matérias – as que já estão na Constituição – só por emenda possam ser tratadas, também a lei complementar não sofre essa limitação.

Cabe ao Congresso Nacional o dever de realizar, na medida do possível, a segurança jurídica, e para tal fim poderá disciplinar por lei complementar matérias não reservadas constitucionalmente a essa espécie normativa. Por outro lado, a própria imprecisão das fronteiras que separam as matérias reservadas à lei complementar daquelas outras matérias que podem ser disciplinadas por leis ordinárias recomenda que a opção exercida pelo Congresso Nacional na utilização da lei complementar deve ser respeitada pelos doutrinadores e pelos juízes, em homenagem à segurança jurídica.

2. A hierarquia e a validade das normas tributárias

2.1 Hierarquia inerente ao sistema normativo

Tal como acontece com as normas jurídicas em geral, as normas tributárias integram o ordenamento jurídico ocupando posições hierárquicas nele existentes. Isto é uma exigência da própria ideia de ordenamento, que envolve as ideias de coerência, de unidade e de completude, afinal inerentes à ideia de sistema jurídico.

As alterações introduzidas no plano normativo da Constituição geralmente implicam alterações em vários pontos do sistema jurídico, nem sempre bem compreendidas pela doutrina, que às vezes utiliza conceitos inadequados a uma nova realidade normativa, embora esses conceitos fossem adequados à realidade normativa anterior. No que concerne à caracterização da lei complementar – repita-se –, a falta de atenção para a introdução, em nosso ordenamento jurídico, de um conceito jurídico-positivo de lei complementar parece ter causado confusão ainda não superada no que diz respeito à posição hierárquica por esta ocupada e até à sua própria identidade como espécie normativa.

É importante entendermos, em primeiro lugar, que as normas em geral não ganham suas identidades específicas no sistema jurídico em razão da matéria da qual se ocupam. Assim, as leis tributárias, sejam complementares ou ordinárias, não ganham especificidade em razão da matéria. São leis complementares ou ordinárias como outras quaisquer. Mas a adequada compreensão dos efeitos decorrentes de alterações constitucionais na aferição da validade e na identidade de cada espécie normativa é fundamental para evitar a confusão que alguns terminaram por introduzir em nossa doutrina jurídica.

Comecemos examinando a aferição da validade de uma norma introduzida no sistema jurídico. Isto nos permitirá explicar com clareza a natureza jurídica do Código Tributário Nacional, que ainda hoje parece não haver sido compreendida adequadamente por alguns tributaristas.

2.2 Validade formal e validade material

A validade de qualquer norma introduzida em um sistema jurídico depende de sua conformidade com as normas superiores existentes nesse sistema. E essa conformidade pode ser aferida sob dois aspectos, a saber: o formal e o material.

Tendo em vista que o sistema jurídico é dinâmico, as normas superiores como padrões para tal aferição nem sempre são as mesmas. Temos de considerar que essas normas podem ser alteradas, e daí decorre a questão de saber qual deve ser o padrão a ser considerado. Questão que não tem sido adequadamente compreendida, talvez pelo fato de serem diversos os critérios de sua determinação, conforme se trate da validade formal ou da validade material.

Realmente, para saber se uma norma introduzida no sistema jurídico é dotada de validade *formal*, a norma superior que serve como padrão é aquela que estava em vigor na data da edição da norma em exame. Por isto mesmo, um decreto-lei, espécie normativa não prevista na vigente Constituição Federal, subsiste válido em nosso ordenamento jurídico. E há de ser assim porque a edição daquele decreto-lei foi um ato jurídico praticado quando a Constituição tinha como válido esse ato. Entretanto, para saber se uma norma introduzida no sistema jurídico é dotada de validade *material*, a norma superior que serve como padrão é aquela que está em vigor na data em que ocorre a aferição.

2.3 O Código Tributário Nacional

O Código Tributário Nacional com certeza passa no teste de validade em nosso atual ordenamento jurídico. É válido *formalmente*, embora hoje uma lei ordinária não possa tratar da matéria nele disciplinada, pois a validade formal é aferida tendo-se em vista a norma superior vigente na data de sua edição, e esta ocorreu quando não existia em nosso ordenamento a lei complementar como conceito de direito positivo, nem muito menos havia, nem poderia haver, matéria constitucionalmente reservada a tal espécie normativa. É válido *materialmente*, porque seus dispositivos não estão em conflito com a vigente Constituição, norma superior que serve de parâmetro para a aferição dessa validade material.

Já estudamos no capítulo precedente a natureza jurídica do Código Tributário Nacional. Mesmo assim, parece-nos relevante registrar, a propósito do tema, a manifestação de eminente tributarista que talvez explique a razão da grande confusão que tem sido feita em torno da questão das leis complementares.

A propósito da natureza jurídica do Código Tributário Nacional escreve Regina Helena Costa: "Cabe registrar que, à época, não existia lei complementar como espécie legislativa e, assim, o Código Tributário Nacional foi editado como lei ordinária. A Emenda Constitucional 1, de 1969, à Constituição de 1967 prescreveu caber à lei complementar estabelecer normas gerais em matéria de legislação tributária (art. 18, § 1º). O Código Tributário Nacional tem sido, desde então, recepcionado pelos sucessivos textos constitucionais na qualidade de lei complementar."[2]

Nessa manifestação, Regina Helena Costa afirma, com inteira razão, que ao ser editado o Código Tributário Nacional não existia *lei complementar* como espécie normativa. Aliás, foi exatamente por isto, em face da inexistência dessa espécie normativa, que ele foi editado como lei ordinária. Mas a ilustre tributarista não esclarece em que sentido utiliza a expressão "lei complementar" quando afirma que o Código tem sido recepcionado na qualidade de lei complementar. E sua afirmação, na verdade, só pode ser entendida no sentido de que, embora sendo uma lei ordinária, o Código Tributário Nacional tem sido admitido como lei válida no trato de matérias hoje reservadas à lei complementar.

É importante, pois, insistirmos em que o Código Tributário Nacional não é, em nosso atual ordenamento jurídico, uma lei comple-

---

2. Regina Helena Costa, "Comentários aos arts. 1º a 15 do CTN", in Vladimir Passos de Freitas (coord.), *Código Tributário Nacional Comentado*, 4ª ed., São Paulo, Ed. RT, 2007, p. 23.

mentar. Em outras palavras, ele, na verdade, não tem a *qualidade de lei complementar*. A Lei 5.172, de 25.10.1966, segue sendo uma lei ordinária, porque a recepção de uma norma por uma nova ordem constitucional não confere a essa norma qualidade formal que não tinha. Apenas coloca a norma no patamar hierárquico próprio das normas que, segundo a nova ordem constitucional, devem cuidar da matéria por ela disciplinada.

É certo que somente por lei complementar pode ser alterado, mas isto não quer dizer que tenha adquirido a natureza jurídica de lei complementar. Não quer dizer que seja uma lei complementar em sentido jurídico-positivo. Significa – isto, sim – que ele está colocado no patamar hierárquico no qual hoje devem estar as leis complementares.

Sobre a recepção do Código Tributário Nacional doutrina Luciano Amaro, com inteira propriedade:

"Esse tipo de problema, na verdade, é resolvido pelo *princípio da recepção*: as normas infraconstitucionais anteriores à Constituição são recepcionadas pela nova ordem constitucional, salvo no que contrariarem preceitos *substantivos* do novo ordenamento. Quanto à *forma* de elaboração da norma, obviamente não se aplica a Constituição nova; ter-se-á aplicado a velha, e a lei ou terá nascido formalmente perfeita sob a antiga Constituição ou desde então já não se legitimaria e padeceria de inconstitucionalidade formal. Se a lei nasceu formalmente válida, atendendo ao processo legislativo na época de sua criação, é irrelevante que, posteriormente, a nova Constituição reclame, para a matéria de que aquela lei tratava, um diferente ritual de aprovação.

"Ocorre, porém, que, exigindo a nova Constituição um modelo legislativo diferenciado para cuidar das matérias reguladas na lei anterior, a alteração da disciplina legal dessas matérias passa a só poder ser tratada nos moldes da nova forma constitucionalmente definida, o que põe a lei anterior no mesmo nível de eficácia da norma que a nova Constituição exige para cuidar daquelas matérias.

"Assim, se o Código Tributário Nacional (lei ordinária) regulava, por exemplo, a matéria de normas gerais de direito tributário, e se a Constituição de 1967 (como continua fazendo a atual) passou a exigir lei complementar para regular essa matéria, resulta que *o Código Tributário Nacional só pode ser alterado por lei complementar*. Não porque ele seja uma lei complementar, mas porque a Constituição, agora (desde 15.1.1967), exige lei complementar para cuidar do assunto."[3]

No mesmo sentido é a doutrina de Carrazza, que assim se manifesta:

"A propósito, indagamos: qual a natureza jurídica da Lei 5.172, de 25.10.1966, que é veículo legislativo do Código Tributário Nacional?

"Apesar do seu nunca negado caráter nacional, ela foi votada como lei ordinária, uma vez que, à época, inexistia no processo legislativo pátrio a lei formalmente complementar à Constituição.

"Pois bem, quer a doutrina mais tradicional que, implantados, primeiro em 1967 e, depois, em 1988, novos regimes constitucionais, a lei em exame, mesmo não tendo sido aprovada com o quórum especial e qualificado do art. 69 da Carta Suprema, assumiu, *ipso facto*, a natureza de lei complementar, por versar sobre matérias que estão hoje reservadas a esta modalidade de ato normativo. *Data maxima venia*, assim não nos parece.

"A nosso ver, a Lei 5.172/1966 continua, sim, sendo formalmente uma simples lei ordinária; materialmente, entretanto, é lei de cunho nacional. Nem poderia ser de outra forma, como escorreitamente sustenta Paulo de Barros Carvalho, ao inferir que o raciocínio ortodoxo '(...) representaria o mesmo dislate de conceber-se como emenda constitucional um decreto-lei que versasse matéria agora privativa do legislador constituinte, por virtude de ordem jurídica adventícia' ('Considerações críticas sobre o art. 1º do CTN', *Revista de Estudos Tributários* 1/37, São Paulo, 1977).

"Evidentemente, a matéria de que a lei em questão cuida (normas gerais em matéria de legislação tributária) passou a ser privativa de lei complementar, por determinação, primeiro, do art. 18, § 1º, da Carta de 1967/1969 e, agora, do art. 146 da atual Constituição Fede-

---

3. Luciano Amaro, *Direito Tributário Brasileiro*, cit., 12ª ed., p. 171.

ral. Desta forma, a Lei nacional 5.172/1966 só poderá ser revogada ou modificada por lei formalmente complementar."[4]

Realmente, o Código Tributário Nacional trata de matérias que a atual Constituição reserva à lei complementar. Entretanto, ele é uma lei ordinária. Válida, porque na época em que foi elaborada não existia a lei complementar em sentido formal, vale dizer, não existia lei complementar como espécie legislativa e por isto mesmo não se podia cogitar de matérias reservadas à lei complementar. Admitindo-se, para argumentar, que nele exista algum dispositivo tratando de matéria hoje não reservada à lei complementar, com certeza esse dispositivo pode, sim, ser alterado por lei ordinária. A possibilidade de alteração do Código Tributário Nacional envolve questões de direito intertemporal, especialmente versadas pela denominada teoria da recepção, nem sempre bem compreendidas por alguns doutrinadores.

Talvez por isto é que muitos afirmam que uma lei ordinária pode alterar ou revogar dispositivos de lei complementar que não versem matéria reservada a essa espécie normativa. Afirmação que é incorreta, porque as espécies normativas colocam-se em patamares hierárquicos diversos na ordem jurídica exatamente em razão de seus aspectos formais. Assim, uma lei complementar é hierarquicamente superior à lei ordinária exatamente porque foi como tal aprovada pelo Congresso Nacional.

É correto dizer-se que o Código Tributário Nacional é uma lei complementar se por "lei complementar" entendermos aquela que trata de determinadas matérias constitucionalmente reservadas a essa espécie normativa. Entretanto, quando se diz que o Código Tributário Nacional só por lei complementar pode ser alterado não se está afirmando que ele seja uma lei complementar. A impossibilidade de sua alteração por lei ordinária decorre apenas do fato de que as matérias por ele tratadas estão hoje constitucionalmente reservadas à lei complementar.

4. Roque Antônio Carrazza, *Curso de Direito Constitucional Tributário*, 26ª ed., São Paulo, Malheiros Editores, 2010, pp. 1.005-1.006, nota de rodapé 49.

2.4 Os decretos-leis e os decretos

A Constituição Federal de 1988 não contempla o decreto-lei. Não temos, portanto, em nosso ordenamento jurídico o decreto-lei como espécie normativa. Não obstante, temos em nosso ordenamento jurídico, em pleno vigor, diversos decretos-leis. Eles, evidentemente, não ganharam a qualificação de leis como espécie normativa, mas ocupam o mesmo patamar hierárquico ocupado pelas leis ordinárias. E eventualmente pelas leis complementares – como é o caso, por exemplo, do Decreto-lei 195, de 24.2.1967, que trata da cobrança da contribuição de melhoria, e do Decreto-lei 406, de 31.12.1967, que estabelece normas gerais de direito tributário aplicáveis ao Imposto Sobre Circulação de Mercadorias e ao Imposto Sobre Serviços de Qualquer Natureza.

Não é adequado dizer-se que esses decretos-leis foram recepcionados na qualidade de leis ordinárias, ou de leis complementares, no sentido de que eles ganharam a qualificação jurídico-formal de leis ordinárias ou de leis complementares. Eles, na verdade, continuam sendo decretos-leis. Ocupam, todavia, o patamar hierárquico próprio das leis ordinárias, ou das leis complementares, conforme a matéria da qual se ocupem.

O mesmo ocorre com os decretos editados em momentos de anomalia jurídica, nos quais preponderava o Poder Executivo como produtor de regras jurídicas, e que eventualmente tratavam de matérias que hoje só por lei podem ser tratadas. É o caso, por exemplo, do Decreto 70.235, de 6.5.1972, que dispõe sobre o processo administrativo fiscal. Em face da Constituição Federal de 1988, que coloca essa matéria sob a denominada reserva legal, ele não passou a ser uma lei ordinária. Continua sendo um decreto. Entretanto, só pode ser alterado por lei. Não porque seja uma lei, mas porque trata de matéria que atualmente somente por lei pode ser tratada.

3. Matérias reservadas à lei complementar

3.1 Reserva expressa ou implícita

Alguns doutrinadores afirmam que a lei complementar só pode tratar das matérias a ela expressamente reservadas pela Constituição.

Outros admitem a existência de matérias reservadas à lei complementar implicitamente, e com isto se aproximam da tese que acolhemos, segundo a qual a lei complementar pode tratar das matérias que, a juízo do Congresso Nacional, mereçam disciplina mais rígida, capaz de evitar que sejam alcançadas por maiorias ocasionais. Por isto, vamos cuidar das matérias reservadas à lei complementar optando pela doutrina que admite a reserva implícita.

Aliás, mesmo entre os que admitem a reserva implícita não existe, a rigor, uniformidade de pensamento. Alguns afirmam que essa reserva implícita é identificada pela necessidade de lei, sem a qual não se pode aplicar a regra da Constituição. Outros ampliam o campo da denominada reserva implícita, que compreenderia também aquelas matérias relativas a instituições constitucionais, mesmo que a lei complementar não seja condição para a aplicabilidade da norma da Constituição.

*3.2 Razão de ser da tese
que amplia o campo da lei complementar*

Optamos pela doutrina que amplia o campo das matérias constitucionalmente reservadas à lei complementar, admitindo que existem reservas indicadas pela referência à lei, sem qualificativo, e ainda aquelas indicadas pela matéria, ainda que a existência da lei complementar não seja condição necessária à aplicação da regra da Constituição.

Admitir a reserva implícita mais ampla implica atribuir ao Congresso Nacional o poder para resolver as imprecisões das normas da Constituição, que ensejariam dúvidas sobre se determinada matéria está, ou não, reservada à lei complementar. E aproxima consideravelmente a doutrina segundo a qual a lei complementar só pode cuidar das matérias a ela constitucionalmente reservadas da tese que adotamos, segundo a qual a lei complementar pode tratar de qualquer matéria que, a juízo do Congresso Nacional, mereça essa disciplina mais rígida.

Tratando-se de tributação, a vigente Constituição Federal reserva, expressa ou implicitamente, à lei complementar as matérias que vamos a seguir examinar.

3.3 Examinando as matérias reservadas à lei complementar

3.3.1 Conflitos de competência em matéria tributária

A *competência tributária* deve ser entendida como o *poder de tributar*, ou *poder tributário*, depois de juridicamente delimitado. Sobre o assunto já escrevemos: "Organizado juridicamente o Estado, com a elaboração de sua *Constituição*, o Poder Tributário, como o Poder Político em geral, fica delimitado e, em se tratando de confederações ou federações, dividido entre os diversos níveis de governo. No Brasil, o poder tributário é partilhado entre a União, os Estados-membros, o Distrito Federal e os Municípios. Ao poder tributário juridicamente delimitado e, sendo o caso, dividido dá-se o nome de *competência tributária*".[5]

Em nosso Sistema Tributário a atribuição de competência tributária é feita em caráter privativo – quer dizer, o tributo atribuído a uma unidade federativa não pode ser instituído por outra. Em outras palavras, a parcela do poder de tributar entregue a uma entidade política pertence a ela com exclusividade, não podendo ser utilizada por outra.

Ocorre que a definição dessas parcelas do poder de tributar – vale dizer, a definição da competência tributária de cada uma das entidades políticas –, feita pela Constituição, suscita alguns problemas. Daí a necessidade de lei complementar para disciplinar, digamos assim, a fronteira existente entre a competência tributária de uma e a competência tributária de outra dessas entidades políticas. Por isto mesmo, Luís Eduardo Schoueri, nas conclusões formuladas em excelente estudo no qual aborda as questões da discriminação das competências tributárias e da competência residual, afirma: "Tendo em vista, outrossim, que nosso sistema federal elegeu uma rígida discriminação de competências, concluímos que é na lei complementar que se encontram os conceitos de cada imposto discriminado constitucionalmente".[6]

---

5. Hugo de Brito Machado, *Curso de Direito Tributário*, 31ª ed., São Paulo, Malheiros Editores, 2010, p. 34.
6. Luís Eduardo Schoueri, "Discriminação de competências e competência residual", in *Direito Tributário – Estudos em Homenagem a Brandão Machado*, São Paulo, Dialética, 1998, p. 115.

A nosso ver, porém, essa afirmação de Schoueri deve ser entendida em termos. A lei complementar não pode alterar regra da Constituição. Assim, não pode alterar conceitos nela albergados. Não pode, portanto, alterar o conceito de "imóvel", nem o de "serviços", por exemplo. E, seja como for, o surgimento de conflitos de competência não poderá ser inteiramente evitado.

Sobre o assunto, doutrina, com inteira propriedade, Roque Antônio Carrazza:

"Se a Constituição da República outorgou à União, por exemplo, a competência exclusiva para tributar a propriedade territorial rural, não podem fazê-lo nem os Estados nem os Municípios, nem o Distrito Federal. Do mesmo modo, se a Constituição conferiu aos Estados (e, em seu território, ao Distrito Federal) a competência, também exclusiva, para tributar as operações mercantis, não podem fazê-lo nem a União, nem os Municípios. Ainda se, sempre a Constituição, concedeu aos Municípios (e, em seu território, ao Distrito Federal) a competência exclusiva para tributar as prestações de serviços, não podem fazê-lo nem a União, nem os Estados. Em face disto, resulta claro que, no plano lógico-jurídico, não há qualquer possibilidade de surgirem conflitos de competência tributária entre a União, os Estados, os Municípios e o Distrito Federal.

"Na prática, porém, como já vimos, podem surgir certas situações que, afinal, irão traduzir-se em 'conflitos' de competência tributária. Uma delas dilucidará melhor o que estamos procurando significar.

"Tomemos a situação criada pela recauchutagem de pneumáticos. Algumas pessoas podem entrever, neste fato, um processo de industrialização; outras, uma prestação de serviços, com aplicação de matérias-primas e emprego de maquinarias.

"A questão está longe de ser meramente bizantina. Tanto não é que, se a recauchutagem de pneumáticos for considerada *uma industrialização*, competente para tributá-la será a União, por meio de IPI; se, pelo contrário, *uma prestação de serviços*, competente para tributá-la será o Município, por meio de ISS.

"Muito bem, com o fito de afastar este previsível 'conflito' entre União e Município, aqui tem cabimento e utilidade a lei complementar que, baixando uma 'norma geral em matéria de legislação tributária,' estabelecerá (como, aliás, estabeleceu) que a recauchutagem de pneumáticos é um serviço e que, destarte, só pode ser tributada pelo Município, por via de ISS (item 71 do art. 8º do Decreto-lei 406/1968, com a redação determinada pela Lei Complementar 56/1987)."[7]

3.3.1.1 Conflito entre União e Municípios: IPI ou ISS

Este exemplo de conflito de competência tributária citado por Carrazza é muito importante no estudo dos conflitos de competência tributária, porque até hoje persiste. Realmente, na lista dos serviços tributáveis pelos Municípios, que acompanha a Lei Complementar 116, de 31.7.2003, constam, entre outras atividades cuja definição pode gerar dúvidas, a *recauchutagem ou regeneração de pneus* (item 14.04) e a restauração, recondicionamento, acondicionamento, beneficiamento, lavagem, secagem, tingimento, galvanoplastia, anodização, corte, recorte, polimento, plastificação e congêneres de objetos quaisquer (item 14.05). Assim, tais atividades estão na lei complementar definidas como fatos abrangidos pela competência tributária dos Municípios. E, como as competências são privativas, só os Municípios podem tributar esses fatos.

Entretanto, como advertiram Condorcet Resende e Gustavo Brigagão:

"A não referência pela Lei Complementar 116/2003 ao fato de o serviço se destinar a consumidor final poderá ensejar que os Municípios pretendam fazer incidir o ISS sobre operação que se encontra no ciclo de industrialização do produto, o que nos parece violar o princípio de competência privativa que informa nosso sistema tributário, que reserva à competência federal e estadual os impostos sobre a produção e a circulação de mercadorias, respectivamente (Código Tributário Nacional, Livro I, Capítulo IV).

---

7. Roque Antônio Carrazza, *Curso de Direito Constitucional Tributário*, cit., 26ª ed., pp. 1.003-1.004.

"De fato, se uma indústria remete produtos semimanufaturados para serem beneficiados em estabelecimento industrial de terceiro, devendo os produtos beneficiados retornar ao estabelecimento encomendante para fins de comércio ou industrialização, a operação de 'beneficiamento' nada mais é que uma etapa do processo de industrialização, que, por se inserir na fase industrial, deve ficar sujeita à incidência do IPI e do ICMS, e não do ISS."[8]

E, logo adiante, esclareceram os mencionados tributaristas: "A circunstância de alguns poucos itens da lista de serviços fazerem referência ao fato de os mesmos serem prestados a 'consumidor final' não significa que os demais – que não contêm tal indicação – possam ficar indiscriminadamente sujeitos à incidência do ISS, quando os produtos sobre os quais se exerçam as atividades neles referidas se encontrem no ciclo de produção industrial. Sustentar-se o contrário será a invasão da competência federal pelos Municípios".[9]

Como se vê, o conflito de competência não está solucionado. E – o que é pior – já existe manifestação oficial afirmando a incidência dos dois impostos, pois na Solução de Consulta 350 a 10ª Região Fiscal de Tributação, órgão da Administração Tributária da União Federal, assevera que: "As operações de restauração, conserto e beneficiamento de produtos, realizadas mediante galvanoplastia, classificam-se como industrialização, consoante o art. 4º do Regulamento do IPI/2002, somente escapando ao campo de incidência do IPI nos casos em que restar configurada alguma das hipóteses plasmadas no art. 5º do mesmo regulamento. O fato de uma operação constar da lista anexa à Lei Complementar n. 116, de 2003, caracterizando, dessarte, prestação de serviço para efeito de incidência do ISS, não impede que essa mesma operação seja enquadrada como industrialização, estando incluída, também, no campo de incidência do IPI".[10]

---

8. Condorcet Resende e Gustavo Brigagão, "Definição dos limites de competência tributária em matéria de industrialização por encomenda, à luz da Lei Complementar 116/2003", in Marcelo Magalhães Teixeira e Ives Gandra da Silva Martins (coords.), *ISS – Lei Complementar 116/2003*, Curitiba, Apet/Juruá, 2004, p. 120.
9. Idem, p. 121.
10. *DOU*, Seção I, 23.11.2004, p. 15.

Com isto, a Administração Tributária Federal está afirmando a incidência simultânea do IPI e do ISS sobre o mesmo fato, o que nos parece inadmissível.[11] A simultânea incidência de dois impostos de competências diversas sobre o mesmo fato – salvo, é claro, nos casos em que a Constituição descreve como âmbito de incidência desses dois impostos situações de fato que se sobrepõem parcialmente – é inadmissível em nosso sistema tributário, porque: (a) temos na Constituição Federal de 1988 um sistema tributário rígido, no qual cada uma das pessoas jurídicas de direito público que integram a Federação é dotada de competências privativas; (b) ao atribuir competência para a instituição de impostos a Constituição Federal estabelece desde logo o âmbito de incidência de cada um deles e, assim, salvo nos casos excepcionais em que a superposição decorre dos próprios conceitos utilizados na definição dos âmbitos de incidência, é inadmissível que um fato reste incluído em mais de um desses âmbitos constitucionais e, assim, possa ocorrer a cobrança de dois ou mais impostos sobre o mesmo fato.

É da maior importância, nesse contexto, o estabelecimento, em lei complementar, dos conceitos de "produto" e de "serviço".

A Constituição Federal atribui competência à União para instituir imposto sobre *produtos industrializados* (art. 153, IV) e atribui competência aos Municípios para instituírem imposto sobre *serviços de qualquer natureza*, não compreendidos no conceito de serviços de transporte interestadual e intermunicipal e de comunicação, definidos em lei complementar. Relevantes, portanto, são os conceitos de "produtos industrializados" e de "serviços de qualquer natureza" para o delineamento dos âmbitos de incidência desses dois impostos.

Essa importância é maior na medida em que se afasta inteiramente a ideia de superposição. Em outras palavras, a importância dos conceitos de "produtos industrializados" e de "serviços de qualquer natureza" é maior nesse contexto, porque não se pode admitir a interpenetração entre esses dois conceitos. Um não se sobrepõe ao outro. Diversamente do que acontece com os âmbitos de incidência

---

11. Cf. Hugo de Brito Machado, "Restauração, conserto e beneficiamento de produtos: impossibilidade de incidência do IPI e do ISS sobre o mesmo fato", *Revista Dialética de Direito Tributário* 128/26-38, São Paulo, Dialética, maio/2006.

do IPI e do ICMS, que se sobrepõem porque os produtos industrializados são também mercadorias, embora nem toda mercadoria seja produto industrializado.

Realmente, a Constituição Federal de 1988, ao atribuir competência à União para instituir imposto sobre produtos industrializado e aos Estados para instituírem imposto sobre operações relativas à circulação de mercadorias, deixou clara a superposição parcial desses dois âmbitos de incidência impositiva, posto que sabidamente o conceito de "mercadoria" abrange o de "produto industrializado". Diversa, porém, é a situação em que se cogita de atividade cuja definição como serviço ou como industrialização está sendo questionada. Em tal situação, a lei complementar deve apontar o critério essencial de distinção – que pode, aliás, ser notado na própria legislação do IPI, a saber: a destinação do produto no qual a atividade se encarta.

A própria manifestação da autoridade fazendária acima referida ressalva os casos nos quais, segundo o art. 5º do Regulamento do IPI, não se considera haver industrialização – vale dizer, a atividade não caracteriza hipótese de incidência do IPI. E, entre esses casos, o que melhor expressa a ideia que estamos aqui desenvolvendo é o previsto no art. 5º, XI, do Regulamento do IPI, que, ao ser inserido em lei complementar, pode ter sua redação melhorada, passando a dizer, simplesmente, que não caracterizam industrialização as atividades tais como o conserto, a restauração e o recondicionamento de produtos, por quaisquer processos, nos casos de bens destinados ao uso do próprio executor da atividade ou quando a atividade seja realizada para quem não comercializa aqueles bens.

3.3.1.2 Conflito entre União e Municípios:
ITR ou IPTU

Outro exemplo de conflito de competência que está a reclamar solução por lei complementar é o que diz respeito à definição do imóvel como rural ou como urbano para efeito de incidência do ITR ou do IPTU.

Esse conflito ensejou questionamentos perante o Judiciário, com interessantes desdobramentos no campo do direito intertemporal, envolvendo a questão relativa ao papel da lei complementar.[12]

O art. 15 do Decreto-lei 57, de 18.11.1966, estabeleceu que: "O disposto no art. 32 da Lei n. 5.172, de 25 de outubro de 1966, não abrange o imóvel que, comprovadamente, seja utilizado em exploração extrativa vegetal, agrícola, pecuária ou agroindustrial, incidindo assim, sobre o mesmo, o ITR e demais tributos com o mesmo cobrados".

Esse dispositivo foi revogado pela Lei 5.868, de 12.12.1972, mas foi restabelecido com a declaração de inconstitucionalidade da referida lei, cuja vigência já foi suspensa pelo Senado Federal.[13]

Entenderam os tribunais, inclusive o Supremo Tribunal Federal,[14] que o art. 15 do Decreto-lei 57/1966 é válido, por ser anterior à exigência constitucional de lei complementar, e que o art. 12 da Lei 5.868/1972 é inconstitucional, porque trata de matéria à época já incluída na reserva de lei complementar. E hoje prevalece no Superior Tribunal de Justiça o entendimento no sentido de que, ao ser promulgado, o Código Tributário Nacional valeu-se do critério topográfico para delimitar o fato gerador do imposto sobre a propriedade predial e territorial urbana/IPTU e do imposto sobre a propriedade territorial rural/ITR; se na zona rural, incidiria o ITR.[15] Reconheceu a jurisprudência a validade do Decreto-lei 57/1966, o qual ganhou a natureza de lei complementar, tal como ocorreu com o próprio Código Tributário Nacional em face da Constituição de 1967. Dessa forma, o critério topográfico previsto no art. 32 do CTN deve ser entendido em face da norma do art. 15 do Decreto-lei 57/1966, de modo que

---

12. Hugo de Brito Machado, "Critério geográfico e da destinação do imóvel para definir a incidência do IPTU ou do ITR", *Revista Dialética de Direito Tributário* 139/56-60, São Paulo, Dialética, abril/2007.
13. Senado Federal, Resolução 9/2005.
14. STF, Plenário, RE 140.773-SP, rel. Min. Sidney Sanches, j. 8.10.1998, v.u., *DJU* 4.6.1999, p. 17, e *Ementário* 1.953/127.
15. STJ, 1ª Turma, REsp 492.869-PR, rel. Min. Teori Albino Zavascki, j. 15.2.2005, *DJU* 7.3.2005, p. 141, e *Revista Dialética de Direito Tributário* 117/161.

não incide o IPTU quando o imóvel situado na zona urbana receber quaisquer das destinações nele previstas.[16]

A Lei 5.868, de 12.12.1972, determinou que, para o fim da incidência do ITR, "considera-se imóvel rural aquele que se destinar à exploração agrícola, pecuária, extrativa vegetal ou agroindustrial e que, independentemente de sua localização, tiver área superior a 1 (um) hectare" (art. 6º). E os imóveis que não se compreendem nesse conceito ficaram, segundo a referida lei, sujeitos ao IPTU, independentemente de sua localização.

Esse dispositivo legal, todavia, teve sua inconstitucionalidade decretada e sua vigência suspensa pelo Senado Federal.[17]

Como se vê, a destinação do imóvel presta-se apenas como um critério complementar na determinação de qual dos dois impostos incide sobre sua propriedade. Tratando-se de imóvel situado fora da zona urbana, prevalece simplesmente o critério geográfico. Incide o ITR, não o IPTU. Tratando-se, porém, de imóvel situado na zona urbana do Município, prevalece a destinação.

Se o imóvel, situado na zona urbana, não tem a destinação prevista no art. 15 do Decreto-lei 57/1966, incide o IPTU. Se tem a destinação indicada naquele dispositivo legal, incide o ITR. Fora da zona urbana o IPTU não incide em nenhuma hipótese.

Ressalte-se, finalmente, que fora da zona urbana a existência de edificações no imóvel é irrelevante para fins tributários. Não podem as edificações implicar aumento da base de cálculo do ITR porque o fato gerador desse imposto não diz respeito aos imóveis por acessão física. Abrange apenas os imóveis por natureza. O art. 29 do CTN é claro a esse respeito. Os conceitos da lei civil vigentes à época da edição do Código Tributário Nacional prevalecem, posto que o Código Civil de 2002 não podia alterar, como efetivamente não alterou, o Código Tributário.[18]

---

16. STJ, 1ª Turma, REsp 492.869-PR, rel. Min. Teori Albino Zavascki, j. 15.2.2005, *DJU* 7.3.2005, p. 141, e *Revista Dialética de Direito Tributário* 117/161.
17. Senado Federal, Resolução 313, de 30.4.1983, *DOU* 4.7.1983.
18. Cf. Hugo de Brito Machado, *Comentários ao Código Tributário Nacional*, vol. I, São Paulo, Atlas, 2003, pp. 346-348.

3.3.2 Limitações constitucionais ao poder de tributar

Nos termos do art. 146, II, da Constituição Federal, cabe à lei complementar regular as limitações constitucionais do poder de tributar. Essas limitações são impostas pela Constituição. O papel da lei complementar consiste em explicitar o que se pode entender das regras da Constituição que impõem essas limitações.

Sobre o assunto já escrevemos: "Em sentido amplo, é possível entender-se como limitação ao poder de tributar toda e qualquer restrição imposta pelo sistema jurídico às entidades dotadas desse poder. Aliás, toda atribuição de competência implica necessariamente limitação. A descrição da competência atribuída, seu desenho, estabelece os seus limites. Em sentido restrito, entendem-se como *limitações ao poder de tributar* o conjunto de regras estabelecidas pela Constituição Federal, em seus arts. 150 a 157, nas quais residem princípios fundamentais do direito constitucional tributário, a saber: (a) legalidade (art. 150, I); (b) isonomia (art. 150, II); (c) irretroatividade (art. 150, III, "a"); (d) anterioridade (art. 150, III, "b"); (e) proibição de confisco (art. 150, IV); (f) liberdade de tráfego (art. 150, V); (g) imunidades (art. 150, VI); (h) outras limitações (arts 151 e 152)".[19]

A rigor, porém, toda regra da Constituição Federal que trate de matéria tributária é, de algum modo, limitação ao poder de tributar. Assim, quando, em seu art. 146, II, diz que cabe à lei complementar regular as limitações constitucionais do poder de tributar, está concedendo ao Congresso Nacional competência para explicitar o que entender que está implícito em qualquer de suas regras pertinentes à relação tributária. Entretanto, se atribuirmos à expressão "limitações ao poder de tributar" um significado menos abrangente, diremos que elas consistem naquelas regras da Constituição que instituem as imunidades tributárias – vale dizer, regras que expressamente colocam limites ao poder de tributar, excluindo a possibilidade de tributação de pessoas (imunidade subjetiva) ou de fatos ou coisas (imunidade objetiva) que mencionam.

---

19. Hugo de Brito Machado, *Curso de Direito Tributário*, cit., 31ª ed., pp. 290-291.

3.3.3 Normas gerais em matéria tributária

Segundo o art. 146, III, da Constituição Federal, "cabe à lei complementar: (...) III – estabelecer normas gerais em matéria de legislação tributária, especialmente sobre: a) definição de tributos e de suas espécies, bem como, em relação aos impostos discriminados nesta Constituição, a dos respectivos fatos geradores, bases de cálculo e contribuintes; b) obrigação, lançamento, crédito, prescrição e decadência tributários; c) adequado tratamento tributário ao ato cooperativo praticado pelas sociedades cooperativas; d) tratamento diferenciado e favorecido para as microempresas e para as empresas de pequeno porte, inclusive regimes especiais ou simplificados no caso do imposto previsto no art. 155, II, das contribuições previstas no art. 195, I e §§ 12 e 13, e da contribuição a que se refere o art. 239".

E o parágrafo único do referido art. 146 estabelece que a lei complementar que definir o tratamento diferenciado para as microempresas poderá instituir um regime único de arrecadação dos impostos e contribuições da União, dos Estados, do Distrito Federal e dos Municípios, observadas as regras que expressamente indica.

Talvez seja esse campo das *normas gerais* o mais extenso das matérias cuja regulação está atribuída à lei complementar. E talvez o campo cuja definição pode suscitar maior quantidade de problemas, especialmente a partir da questão de saber o que vem a ser uma "norma geral".

Roque Antônio Carrazza, jurista dos mais acatados no País, concorda que as contribuições previdenciárias são tributo e, assim, estão submetidas às normas gerais em matéria de legislação tributária, que devem disciplinar a decadência e a prescrição. Entretanto, sustentava:

"'O que, porém, pomos em dúvida é o alcance destas 'normas gerais em matéria de legislação tributária', que, para nós, nem tudo podem fazer, inclusive nestas matérias.

"'(...).

"'O que estamos tentando dizer é que a lei complementar, ao regular a prescrição e a decadência tributárias, deverá limitar-se a apontar diretrizes e regras gerais. Não poderá, por um lado, abolir os institutos em tela (que foram expressamente mencionados na Carta Suprema) nem, por outro, descer a detalhes, atropelando a autonomia das pessoas políticas tributantes. O legislador complementar não recebeu um 'cheque em branco' para disciplinar a decadência e a prescrição tributárias.

"'Melhor esclarecendo, a lei complementar poderá determinar – como de fato determinou (art. 156, V, do CTN) – que a decadência e a prescrição são causas extintivas de obrigações tributárias. Poderá, ainda, estabelecer – como de fato estabeleceu (arts. 173 e 174 do CTN) – o *dies a quo* destes fenômenos jurídicos, não de modo a contrariar o sistema jurídico, mas a prestigiá-lo. Poderá, igualmente, elencar – como de fato elencou (arts. 151 e 174, parágrafo único, do CTN) – as causas impeditivas, suspensivas e interruptivas da prescrição tributária. Neste particular, poderá, aliás, até criar causas novas (não contempladas no Código Civil brasileiro), considerando as peculiaridades do direito material violado. Todos estes exemplos enquadram-se, perfeitamente, no campo das *normas gerais em matéria de legislação tributária*.

"'Não é dado, porém, a esta mesma lei complementar entrar na chamada 'economia interna', vale dizer, nos assuntos de peculiar interesse das pessoas políticas.

"'(...).

"'Eis por que, segundo pensamos, a fixação dos prazos prescricionais e decadenciais depende de lei da própria entidade tributante. Não de lei complementar.

"'Nesse sentido, os arts. 173 e 174 do CTN, enquanto fixam prazos decadenciais e prescricionais, tratam de matéria reservada à lei ordinária de cada pessoa política.

"'Portanto, nada impede que uma lei ordinária federal fixe novos prazos prescricionais e decadenciais para um tipo de tributo federal. No caso, para as 'contribuições previdenciárias'.

"'Falando de modo mais exato, entendemos que os prazos de decadência e de prescrição das 'contribuições previdenciárias' são, agora, de 10 anos, a teor, respectivamente, dos arts. 45 e 46 da Lei

8.212/1991, que, segundo procuramos demonstrar, passam pelo teste da constitucionalidade."[20]

Essa tese, todavia, embora acolhida pelo Judiciário em algumas decisões, não foi acolhida pelo Supremo Tribunal Federal, que, pelo contrário, afirmou claramente que a prescrição e a decadência constituem matéria própria de lei complementar. Disse, aliás, expressamente, que "os prazos de decadência e de prescrição inscritos na lei complementar de normas gerais (Código Tributário Nacional) são aplicáveis, agora, por expressa previsão constitucional, às contribuições parafiscais".[21]

Também o Superior Tribunal de Justiça orientou sua jurisprudência no sentido da inconstitucionalidade de dispositivo de lei federal ordinária que fixa prazo de decadência relativamente a contribuição de seguridade social. De sorte que podemos afirmar que o Poder Judiciário está inclinado no sentido de aceitar a tese segundo a qual prevalecem os prazos de decadência e de prescrição fixados pelo Código Tributário Nacional. Neste sentido destaca-se acórdão que porta a seguinte ementa:

"Constitucional – Processual civil e tributário – Incidente de inconstitucionalidade do art. 45 da Lei n. 8.212, de 1991 – Ofensa ao art. 146, III, 'b', da Constituição.

"1. As contribuições sociais, inclusive as destinadas a financiar a seguridade social (CF, art. 195), têm, no regime da Constituição de 1988, natureza tributária. Por isso mesmo, aplica-se também a elas o disposto no art. 146, III, 'b', da Constituição, segundo o qual cabe à lei complementar dispor sobre normas gerais em matéria de prescrição e decadência tributárias, compreendida nessa cláusula inclusive a fixação dos respectivos prazos. Consequentemente, padece de inconstitucionalidade formal o art. 45 da Lei n. 8.212, de 1991, que fixou em 10 anos o prazo de decadência para o lançamento das contribuições sociais devidas à Previdência Social.

20. Roque Antônio Carrazza, *Curso de Direito Constitucional Tributário*, cit., 16ª ed. (2001), p. 767.
21. STF, Pleno, RE 148.754-2-RJ, trecho do voto do Min. Carlos Velloso, cit. por Leandro Paulsen, *Direito Tributário*, 9ª ed., Porto Alegre, Lael/Esmafe, 2007, p. 90.

"2. Arguição de inconstitucionalidade julgada procedente."[22]

A nosso ver, a tese adotada pelo Judiciário, segundo a qual os prazos de prescrição e de decadência estabelecidos pelo Código Tributário Nacional não podem ser alterados por lei ordinária, é a mais adequada. Não obstante inteligente, a doutrina de Carrazza não é aceitável, porque fundada em interpretação muito restritiva da norma da Constituição que atribui à lei complementar o estabelecimento de normas gerais em matéria de legislação tributária concernente a decadência e a prescrição.

O estabelecimento de prazos de decadência e de prescrição em matéria tributária está no campo das *normas gerais*, no sentido de que a norma que fixa o prazo é aplicável em todas as relações tributárias – vale dizer, é aplicável nas relações do contribuinte com todas as Fazendas Públicas. É geral porque se aplica às pessoas jurídicas de direito público *em geral*. Aliás, não é razoável admitir que, além da União, cada um dos Estados e cada um dos Municípios possam fixar na legislação respectiva prazos diferentes de decadência e de prescrição.

Sobre o tema manifestou-se Hugo de Brito Machado Segundo, nestes termos: "Quanto à necessidade de serem observadas as disposições do CTN, é interessante referir que a Lei 8.212/91 estabelece prazos de decadência diferentes para as contribuições destinadas ao custeio da seguridade social (dez anos, em vez dos cinco anos estabelecidos no CTN), mas tal disposição pode ser considerada inválida, por ser a matéria privativa de lei complementar. Embora haja alguns poucos posicionamentos divergentes na doutrina, pensamos que os prazos mais elásticos da legislação previdenciária são realmente inconstitucionais, por ofensa ao art. 146, III, 'b', da Constituição Federal de 1988".[23]

E apontou a orientação jurisprudencial que se desenhava acolhendo a tese em referência. Jurisprudência que afinal consolidou-se

---

22. STJ, Corte Especial, AI no REsp 616.348-MG, rel. Min. Teori Albino Zavascki, j. 15.8.2007, *DJU* 15.10.2007, p. 210, e na íntegra na *Revista Dialética de Direito Tributário* 149/129-140, São Paulo, Dialética, fevereiro/2008.
23. Hugo de Brito Machado Segundo, *Direito Tributário e Financeiro*, 5ª ed., São Paulo, Atlas, 2010, p. 222.

no âmbito do Supremo Tribunal Federal, que acolheu a tese segundo a qual o estabelecimento dos prazos de prescrição e de decadência em matéria tributária é matéria reservada à lei complementar, como se viu do acórdão há pouco transcrito.

Registre-se que em edições mais recentes Carrazza registra o entendimento firmado na jurisprudência, inclusive com a Súmula Vinculante n. 8, do Supremo Tribunal Federal, mas mantém o seu entendimento pessoal. Em suas palavras:

"Tendo sido publicada na Imprensa Oficial, a Súmula Vinculante em questão não pode ser descumprida pelos demais órgãos do Poder Judiciário, nem pela Administração Pública direta e indireta, nas esferas federal, estadual e municipal (cf. art. 103-A da CF). Eventual ato administrativo ou decisão judicial que a contrariar ou a aplicar indevidamente ensejará 'reclamação ao Supremo Tribunal Federal que, julgando-a procedente, anulará o ato administrativo ou cassará a decisão judicial reclamada, e determinará que outra seja proferida com ou sem a aplicação da Súmula, conforme o caso' (cf. art. 103-A, § 1º, da CF).

"Sendo assim, está consagrada pelo Pretório Excelso a tese de que a decadência e a prescrição tributárias, inclusive no que concerne às contribuições previdenciárias, opera-se em cinco anos, a teor do disposto, respectivamente, nos arts. 173 e 174 do CTN. *Esta posição a ser adotada seja nas lides forenses, seja em concursos públicos, embora*, data máxima vênia, *ela não nos pareça a mais científica.*"[24]

A divergência entre a doutrina e o entendimento a final firmado pelo Supremo Tribunal Federal com a Súmula Vinculante n. 8, e em especial a persistência do Professor Roque Carrazza, demonstram de forma eloquente a dificuldade em se definir o âmbito das matérias constitucionalmente reservadas à lei complementar, e a enorme insegurança jurídica que por isto mesmo decorre da tese segundo a qual somente se qualifica como *lei complementar* aquela que trata das matérias constitucionalmente reservadas a essa espécie normativa.

---

24 Roque Antonio Carrazza, *Curso de Direito Constitucional Tributário*, 26ª edição, Malheiros Editores, São Paulo, 2010, p. 986.

3.3.4 Critérios especiais de tributação

Repita-se que a Emenda Constitucional 42, de 19.12.2003, introduziu na Constituição Federal de 1988 o art. 146-A, a dizer que "lei complementar poderá estabelecer critérios especiais de tributação, com o objetivo de prevenir desequilíbrios da concorrência, sem prejuízo da competência de a União, por lei, estabelecer normas de igual objetivo".

Esse dispositivo consagra a denominada tributação extrafiscal, na medida em que autoriza o estabelecimento de critérios especiais de tributação com o objetivo de prevenir desequilíbrios da concorrência. Trata-se de matéria da maior importância, mas extremamente difícil, porque as relações econômicas, na verdade, são bem mais complexas do que às vezes nos parecem.

Seja como for, importante é registrarmos que a regra do art. 146-A da Constituição Federal destrói completamente a tese segundo a qual a lei somente se caracteriza como complementar se, além de haver sido como tal aprovada pelo Congresso Nacional, tratar de matérias reservadas a essa espécie normativa. Onde estará a fronteira entre a matéria reservada à lei complementar e aquela que pode ser tratada por lei ordinária? Se antes era extremamente problemática a fronteira das matérias reservadas à lei complementar, em face do art. 146-A, acima transcrito, tornou-se inteiramente impossível essa definição.

Na verdade, neste caso não existe fronteira. Tudo nos leva a crer que a lei complementar será utilizada simplesmente para obrigar Estados e Municípios, mas tratará exatamente da mesma matéria que pode ser tratada, no que concerne aos tributos federais, por lei ordinária da União. E, sendo assim, coloca-se a questão crucial: a lei complementar que estabelecer critérios especiais de tributação, com o objetivo de prevenir desequilíbrios da concorrência, não será superior à lei ordinária da União que também o fizer? Com certeza, ambas estarão tratando da mesmíssima matéria. Onde estará a diferença entre uma e a outra dessas espécies normativas? É evidente que a distinção entre lei complementar e lei ordinária é dada pelo elemento formal, vale dizer, pelo procedimento adotado em sua elaboração pelo Congresso Nacional. E, tratando-se de norma que estabelece *critérios especiais de tributação, com o objetivo de prevenir desequilíbrios da concorrência*, temos de admitir a superioridade hierárquica da lei complementar, como decorrência apenas do elemento formal que a caracteriza.

3.3.5 Instituição de empréstimos compulsórios

3.3.5.1 A regra da Constituição e seu objetivo

A Constituição Federal formula também reserva de matéria à lei complementar, ao estabelecer: "Art. 148. A União, mediante lei complementar, poderá instituir empréstimos compulsórios: I – para atender a despesas extraordinárias, decorrentes de calamidade pública, de guerra externa ou sua iminência; II – no caso de investimento público de caráter urgente e de relevante interesse nacional, observado o disposto no art. 150, III, 'b'".

A reserva de matérias à lei complementar tem – conforme já afirmamos – a finalidade de impor ao Congresso Nacional a utilização desse instrumento para o trato das matérias que o constituinte considerou merecedoras de mais estabilidade, e por isto colocou fora do alcance de eventuais deliberações adotadas por maioria simples. No que diz respeito à instituição de empréstimos compulsórios, a reserva dessa matéria à lei complementar certamente tem, além daquele objetivo genérico, o objetivo específico de proteger o contribuinte contra os abusos que os governos vinham cometendo. Abusos que levaram a doutrina a sustentar, com o intuito de combatê-los, que o empréstimo compulsório é tributo.

3.3.5.2 Natureza jurídica do empréstimo compulsório

Não obstante a manifestação do Supremo Tribunal Federal em sentido contrário, a influência das lições dos mais eminentes tributaristas brasileiros aliada à necessidade de se construir obstáculo ao abuso do Governo na instituição e cobrança de empréstimos compulsórios têm feito prevalecer em nossa doutrina a tese segundo a qual o empréstimo compulsório é tributo. Assim é que na 1ª edição do nosso *Curso de Direito Tributário* escrevemos:

"*Empréstimos compulsórios.* Que constituem tributo, isto é hoje indiscutível. Aliás, mesmo antes de sua inclusão no sistema tributário, pela Constituição Federal, já sustentávamos sua natureza tributária.

"O Supremo Tribunal Federal, todavia, entendeu não se tratar de tributo, mas de um contrato coativo, e essa orientação foi consagrada na súmula de sua jurisprudência predominante (Súmula 418).

"A natureza tributária do empréstimo compulsório é indiscutível, a ele se aplicando, até por força de disposição constitucional, as regras jurídicas da tributação (CF, art. 21, § 2º, II).

"Como espécie de tributo, só o fato de ser restituível o distingue das demais espécies. Em tese, nada há que o caracterize como espécie autônoma. Mas como no Brasil não há outro tributo que seja restituível, achamos conveniente estudá-lo como espécie distinta das demais."[25]

Na fundamentação dessa tese, muitos se limitam a dizer que o empréstimo compulsório alberga todos os elementos do conceito legal de tributo, estabelecido pelo art. 3º do nosso CTN. Nada dizem a respeito do significado da palavra "prestação", contida nesse dispositivo legal. E resta implícito que a ela atribuem um sentido amplo, que inclui a prestação meramente financeira, a simples transferência da posse do dinheiro, sem que seja necessária a transferência de sua propriedade. E nesse ponto reside, com certeza, a razão essencial da divergência. Se à palavra "prestação", no art. 3º do CTN, atribuirmos o sentido de transferência patrimonial ou econômica, com certeza não poderemos afirmar que o empréstimo compulsório alberga todos os elementos da definição legal de tributo, porque, com certeza, ele não opera essa transferência. Entretanto, se a essa palavra atribuirmos o sentido de transferência simplesmente financeira do dinheiro que o obrigado leva aos cofres públicos, então, poderemos – aí, sim – afirmar que o empréstimo compulsório realmente alberga todos os elementos da referida definição legal.

Os defensores da tese segundo a qual o empréstimo compulsório é um tributo argumentam, ainda, com o art. 4º do CTN, sustentando

---

25. Hugo de Brito Machado, *Curso de Direito Tributário*, São Paulo, Resenha Tributária, 1979, pp. 21-22.

que a restituição do valor do empréstimo, portanto, é inteiramente irrelevante.

Conscientes, talvez, do equívoco em que se incorre ao confundir a destinação dos recursos arrecadados e a restituição do empréstimo compulsório, e com a inserção do dever do Estado de restituir, na relação obrigacional tributária, alguns defensores da tese que afirma a natureza tributária do empréstimo compulsório preocuparam-se em elaborar argumento utilizando conceitos próprios da Teoria Geral do Direito. Amílcar Falcão, por exemplo, sustentou que o empréstimo compulsório nada mais é que um imposto com aplicação determinada que vai até o final consubstanciado na restituição. Gilberto de Ulhôa Canto, por seu turno, sustentou que no empréstimo compulsório instauram-se duas relações jurídicas inseparáveis. E o mestre Rubens Gomes de Sousa, comentando esses argumentos, asseverou:

"(...). A discordância de Gilberto de Ulhôa Canto é apenas quanto à identificação total do empréstimo compulsório ao imposto com destinação determinada, e o pensamento dele (como estou reproduzindo conversas e discussões que tive verbalmente com Gilberto e que ele próprio não reduziu a escrito, não existindo portanto uma fonte autêntica, onde se possa informar a respeito), parece-me que o fundamento da sua objeção, é o de que pela construção de Amílcar Falcão existe apenas uma relação jurídica, a tributária, ao passo que no pensamento de Gilberto de Ulhôa Canto existem, no caso do empréstimo compulsório, duas relações jurídicas inseparáveis, uma, a tributária, para justificar a exigência compulsória da subscrição do empréstimo, que seria uma relação jurídica inversa, pela qual o Poder Público assume o compromisso de restituir.

"Gilberto de Ulhôa Canto justifica essa sua posição, de que a tese de Amílcar Falcão, verdadeira em si mesma, comportaria esta complementação, pela observação de que a ideia de uma obrigação do Estado para com o contribuinte, ou seja, a obrigação de restituir, é inconciliável com a própria noção de relação jurídica tributária. Esta tem por essência a ideia de uma fonte de receitas definitivas para o Poder Público."[26]

26. Rubens Gomes de Sousa, Geraldo Ataliba e Paulo de Barros Carvalho, *Comentários ao Código Tributário Nacional*, São Paulo, Ed. RT, 1975, pp. 156-157.

Como se vê, Gilberto de Ulhôa Canto afirmava, com inteira razão, ser inadmissível uma relação jurídica tributária estabelecendo o dever do Estado de devolver o tributo recebido. Daí partirem aqueles eminentes juristas para a construção – falaciosa, *data maxima venia* – da tese de que no empréstimo compulsório existiriam duas relações jurídicas distintas. Esta, aliás, a explicação de Alfredo Augusto Becker, que afirma existirem no empréstimo compulsório duas relações jurídicas distintas, e esclarece:

"A primeira relação jurídica é de natureza *tributária*: o sujeito passivo é um determinado indivíduo e o sujeito passivo é o Estado. A segunda relação jurídica é de natureza administrativa: o sujeito ativo é aquele indivíduo e o sujeito passivo é o Estado.

"Note-se que a relação jurídica administrativa é um *posterius* e a relação jurídica tributária um *primus*, isto é, a satisfação da prestação na relação jurídica de natureza tributária irá constituir o núcleo da hipótese de incidência da outra regra jurídica (a que disciplina a obrigação de o Estado restituir) que, incidindo sobre sua hipótese (o pagamento do tributo), determinará a irradiação de outra (a segunda) relação jurídica, esta de natureza administrativa."

O argumento é, evidentemente, falacioso. Na verdade, o empréstimo compulsório não é uma *prestação* tributária. Não é uma prestação ou receita pública que se integra definitivamente no patrimônio da entidade pública. A ocorrência do fato previsto em lei como necessário e suficiente para fazer nascer, para o indivíduo, o dever de entregar dinheiro aos cofres públicos não faz nascer o dever de *prestar*, mas apenas o dever de *emprestar* dinheiro aos cofres públicos. A relação jurídica que se estabelece com sua ocorrência é uma só, albergando o dever do indivíduo de *emprestar* e o dever da entidade pública de *restituir* o valor a ela emprestado. É certo que, não ocorrendo o empréstimo, não existirá o dever de restituir. Mas isto não quer dizer que existam duas relações jurídicas distintas. A relação jurídica é uma só, e nasce da mesma norma e do mesmo fato.

Destinação e restituição não se confundem. Os autores que afirmam ser o empréstimo compulsório um tributo utilizam geralmente o art. 4º do CTN, argumentando ser irrelevante para a determinação da natureza específica do tributo a destinação ou aplicação do produto de sua arrecadação.

Esse argumento é equivocado, pelo menos por duas razões, a saber:

Primeira, a de que a norma do art. 4º do CTN não se refere à determinação da natureza tributária de uma receita, mas à determinação da natureza jurídica específica do tributo – o que é coisa bem diferente. Essa norma que afirma ser irrelevante a destinação do produto da arrecadação aplica-se ao caso em que se esteja buscando definir um tributo como imposto, como taxa ou como contribuição de melhoria, que são as três espécies de tributos indicadas no art. 5º do Código. Não aos casos nos quais se esteja buscando definir a natureza jurídica de um ingresso de dinheiro nos cofres públicos, posto que alguns desses ingressos podem ter destinação especificamente estabelecida, e essa destinação integra seu regime jurídico.

Segunda, a de que não se pode confundir a destinação de recursos que entram no patrimônio público com o dever de restituir o que foi recebido a título de empréstimo. Uma coisa é dizer que os valores recebidos a título de empréstimo compulsório devem ser restituídos. Outra, bem diversa, é dizer que os valores recebidos a título de empréstimo compulsório devem ser destinados às despesas, ou aos investimentos, que justificaram sua instituição – como faz o parágrafo único do art. 148 da Constituição Federal. O dever de restituir os valores tomados por empréstimo não se confunde com a aplicação que o Estado vai fazer desses valores.

Antes da Constituição Federal de 1988 os recursos arrecadados com um empréstimo compulsório podiam ter aplicações diversas, mas nenhuma delas se confundia com sua restituição. Consciente da impropriedade do argumento, Amílcar Falcão preocupou-se com a sua reformulação, ampliando o conceito de "aplicação". Por isto mesmo, afirmou – como testemunha Rubens Gomes de Sousa – que "o empréstimo compulsório é na verdade um imposto com aplicação determinada, sendo que esta aplicação se estende por toda uma circulação do dinheiro representado pelo produto do empréstimo, até um ponto final desta circulação, que seria a reversão deste dinheiro a quem originariamente contribuiu".[27]

Esse argumento procura esconder que o empréstimo compulsório, exatamente porque não enseja o recebimento de recursos *em caráter definitivo*, não é uma receita pública. O regime jurídico do empréstimo contém norma que o faz essencialmente diferente do regime jurídico da receita púbica. Kiyoshi Harada aponta, com propriedade, essa distinção, ensinando: "O empréstimo público não se confunde com a receita pública, que pressupõe o ingresso de dinheiro aos cofres públicos, sem qualquer contrapartida, ou seja, corresponde a uma entrada de dinheiro que acresce o patrimônio do Estado. O empréstimo público não aumenta o patrimônio estatal, por representar mera entrada de caixa com a correspondência no passivo. A cada soma de dinheiro que o Estado recebe, a título de empréstimo, corresponde uma contrapartida no passivo, traduzida pela obrigação de restituir dentro de determinado prazo".[28]

O empréstimo compulsório, a rigor, não é tributo, e nem chega a ser uma receita pública, tal como no âmbito das empresas privadas um empréstimo eventualmente obtido de uma instituição financeira não é uma receita. A receita – convém repetirmos, com Aliomar Baleeiro – "é a entrada que, integrando-se no patrimônio público sem quaisquer reservas, condições ou correspondência no passivo, vem acrescer o seu vulto, como elemento novo e positivo".[29]

Todos os recursos financeiros recebidos pelos cofres públicos qualificam-se como entradas, ou ingressos. Entre eles estão as receitas, que implicam aumento do patrimônio público, e os denominados movimentos de fundos, que em nada acrescem esse patrimônio, pois nele ingressam gerando sempre um passivo, uma dívida, correspondente ao montante recebido.

27. Rubens Gomes de Sousa, Geraldo Ataliba e Paulo de Barros Carvalho, *Comentários ao Código Tributário Nacional*, cit., p. 156.
28. Kiyoshi Harada, *Compêndio de Direito Financeiro*, São Paulo, Resenha Tributária, 1994, p. 82.
29. Aliomar Baleeiro, *Uma Introdução à Ciência das Finanças*, 13ª ed., Rio de Janeiro, Forense, 1981, p. 116.

A doutrina estrangeira é exuberante no apontar a distinção essencial entre o tributo e o empréstimo compulsório. O professor Nuno de Sá Gomes ensina, com inteira propriedade:

"A prestação satisfeita a título de *imposto* é *definitiva* e sem contrapartida, no sentido de que não dá direito ao devedor que a pagou a *restituição, reembolso, retribuição* ou *indemnização*, a cargo do credor tributário.

"Esta característica, como vamos ver, leva-nos a distinguir o imposto dos *empréstimos públicos*, mesmo *forçados*, da *requisição administrativa*, da *nacionalização*, da *expropriação por utilidade pública*, que sempre darão origem a *prestações* desse tipo, conforme os casos, a que o ente público ficará adstrito."[30]

José Casalta Nabais também qualifica o imposto como uma prestação definitiva, que não dá lugar a qualquer reembolso, restituição ou indenização.[31]

Dino Jarach, estudando os empréstimos forçados, admite o caráter tributário destes, que surge precisamente da coerção, posto que a lei estabelece um pressuposto de fato que, uma vez concretizado, faz nascer a obrigação de conceder o empréstimo. Mesmo assim, esclarece que a diferença entre o empréstimo e o imposto consiste em que no primeiro, e não no segundo, o governo assume as obrigações referentes aos juros, amortização e extinção da dívida em seu vencimento. Em suas palavras:

"El carácter tributario surge precisamente de la coerción de la suscripción, a través de la ley que lo establece. Como en el impuesto, hay un presupuesto de hecho definido en el texto legal que, al verificarse en la realidad de los hechos del caso concreto, da nacimiento a la obligación de suscribir el empréstito en la cantidad, precio y demás condiciones que la ley fije o autorice al Poder Público a fijar.

---

30. Nuno de Sá Gomes, *Manual de Direito Fiscal*, Lisboa, Rei dos Livros, março/1998, p. 63.
31. José Casalta Nabais, *O Dever Fundamental de Pagar Impostos*, Coimbra, Livraria Almedina, 1998, p. 224.

"La diferencia entre el empréstito forzoso y el impuesto consiste en que en el primero, e no en el segundo, el gobierno asume las obligaciones referentes a intereses, amortización y extinción de la deuda a su vencimiento."[32]

Essa mesma distinção é apontada por Soares Martínez reportando-se ao imposto, que, em suas palavras, "tem por fim a realização de uma receita pública e não depende de outros vínculos jurídicos, nem determina para o sujeito ativo respectivo qualquer dever de prestar específico".[33]

3.3.5.3 Regime jurídico do empréstimo compulsório

No âmbito da Teoria Geral do Direito parece-nos que a palavra "tributo" tem sido, em geral, utilizada para designar a prestação pecuniária exigida pelo Estado para o custeio das suas atividades. Tributo é prestação que transfere riqueza do patrimônio do contribuinte para o patrimônio do Estado.

Certamente, não se pode dizer que na Teoria Geral do Direito à palavra "tributo" jamais se tenha atribuído significado diverso. Mais amplo. Abrangente, também, das transferências simplesmente financeiras. Dos empréstimos compulsórios. Não se pode, todavia, afirmar que tal uso seja adequado, e que os empréstimos compulsórios não reclamem um regime jurídico próprio.

O empréstimo compulsório, na verdade, deve ter regime jurídico próprio, específico, que não se confunde com o regime jurídico dos tributos.

Maria de Fátima Ribeiro, que fez profunda investigação da doutrina sobre o empréstimo compulsório, conclui que "o único elemento comum aos esquemas do empréstimo compulsório, do imposto, da taxa, da contribuição de melhoria e das contribuições parafiscais é o

---

32. Dino Jarach, *Finanzas Públicas y Derecho Tributario*, 2ª ed., Buenos Aires, Abeledo-Perrot, 1996, p. 249.
33. Soares Martínez, *Direito Fiscal*, 7ª ed., Coimbra, Livraria Almedina, 1995, p. 27.

parâmetro da obrigatoriedade".[34] E não nos parece razoável admitir que a *obrigatoriedade* supere diferenças essenciais, como o dever de restituir.

Por outro lado, não nos parece razoável confundir o dever de restituir, que caracteriza e distingue o empréstimo compulsório, com a destinação do tributo. Preferimos, portanto, concluir afirmando que, no âmbito da Teoria Geral do Direito, os empréstimos compulsórios constituem categoria própria, que não se confunde com os tributos.

Há quem indique como nota essencial de qualquer empréstimo a *voluntariedade*. Empréstimo compulsório, para os que assim entendem, seria uma contradição em termos. Ou alguém empresta, e o faz voluntariamente, ou alguém sofre uma imposição – e de empréstimo, portanto, não se cuida.

Não nos parece, porém, que seja assim. *Empréstimo* – registra De Plácido e Silva – tem sentido bem mais abrangente: "Derivado do Latim *promutuari* ('emprestar'), é indicativo para exprimir toda espécie de cedência de uma coisa ou bem, para que outrem a use ou dela se utilize, com a obrigação de restituí-la, na forma indicada, quando a pedir o seu dono ou quanto terminado o prazo da concessão".[35]

O empréstimo é a cedência temporária de uma coisa, bem ou direito. Como geralmente se opera mediante um contrato, pode parecer que a voluntariedade seja elemento essencial seu. Ocorre que a palavra "empréstimo" pode designar o contrato mas pode designar também a própria cedência, que é o objeto do contrato. Neste caso, o empréstimo, significando a própria cedência, não tem a voluntariedade como elemento essencial. Embora seja, em regra, voluntária – vale dizer, contratual –, a voluntariedade não é de sua essência. O que é essencial para que se configure é, na verdade, o não ser uma transferência definitiva da coisa, bem ou direito, mas uma transferência temporária, na qual se faz presente, sempre, o dever de restituição. O entregar para, mais adiante, receber de volta é que, na

---

34. Maria de Fátima Ribeiro, *A Natureza Jurídica do Empréstimo Compulsório no Sistema Tributário Nacional*, Rio de Janeiro, Forense, 1985, p. 172.

35. De Plácido e Silva, *Vocabulário Jurídico*, vol. II, Rio de Janeiro, Forense, 1987, p. 158.

verdade, caracteriza o empréstimo, que pode ser voluntário, como geralmente é, ou forçado, como eventualmente pode ser.

A obrigação do contribuinte nos empréstimos compulsórios é, na verdade, uma obrigação *ex lege*. Tal como a obrigação tributária decorre do fato previsto em lei como necessário e suficiente a seu nascimento. Não se confunde, porém, com a obrigação tributária, porque contém necessariamente o dever do ente público de restituir os valores emprestados. Esse dever de restituir é elemento integrante da própria relação jurídica que se estabelece em razão da ocorrência da hipótese legalmente prevista.

A obrigação tributária é o vínculo jurídico em virtude do qual o particular é obrigado a entregar dinheiro ao ente público. Essa entrega de dinheiro – vale dizer, o pagamento do tributo – extingue o vínculo, extingue a obrigação tributária.

A obrigação de emprestar dinheiro ao ente público, de que se cuida nos empréstimos compulsórios, é o vínculo jurídico em virtude do qual o particular é obrigado a entregar dinheiro ao ente público e este é obrigado a devolvê-lo no prazo, nas condições e com os encargos estabelecidos na lei. A entrega do dinheiro, pelo particular, não extingue a relação obrigacional, que subsiste até que o ente público o devolva.

Todos os fatos da atividade do Estado concernentes aos recursos financeiros que recebe e aplica compõem o que se costuma denominar *fenômeno financeiro*. Esse fenômeno financeiro é o objeto de estudos da ciência das finanças públicas, que dele se ocupa tendo em vista um conhecimento não especificamente jurídico. Um conhecimento no qual o significado dos fatos, no que importa ao financista, não é atribuído pela norma jurídica, formando-se a partir da realidade fática, vale dizer, a partir daquilo que *é*, e não a partir daquilo que *deve ser* segundo determinado sistema de normas.

O financista, embora sem poder ignorar as normas jurídicas, ocupa-se do fenômeno financeiro dando ênfase ao fato e às leis *naturais*, ou leis de causalidade, que o regem, tal como a lei segundo a qual quanto maior seja a alíquota do tributo maior será a resistência oferecida pelo contribuinte. Em outras palavras, o financista observa o fato em seu significado objetivo, e não em seu significado especificamente jurídico. Por isto mesmo, a ciência das finanças públicas tende a ser universal, no sentido de que são sempre as mesmas as leis de causalidade que regem o fenômeno financeiro em qualquer País.

É certo que o regime jurídico do empréstimo compulsório o faz bem diferente do mútuo, que é um contrato de direito privado. Aliás, os que afirmam ser o empréstimo compulsório um tributo parece que o fazem porque consideram empréstimo sinônimo de mútuo[36] – o que não nos parece exato, porque o mútuo é uma categoria jurídica com regime jurídico próprio, que não se confunde com o *empréstimo*, embora às vezes essas palavras sejam utilizadas uma pela outra. Mesmo no campo do direito privado o empréstimo pode não ser mútuo, mas comodato, que tem regime jurídico diverso, sem deixar de ser empréstimo.

Não há dúvida, portanto, de que o empréstimo compulsório tem regime jurídico específico, que não se confunde com o regime jurídico do *mútuo*, onde a voluntariedade é essencial, mas também não se confunde com o regime jurídico do *tributo*.

E no direito positivo brasileiro não é diferente.

Em face do ordenamento jurídico brasileiro manifestam-se alguns no sentido de que os empréstimos compulsórios são uma espécie de *tributo*, porque estão previstos em nossa Constituição no capítulo "Do Sistema Tributário Nacional". E acrescentam que o § 1º do art. 150 da Constituição Federal afastou qualquer dúvida que ainda se pudesse ter, pois se refere duas vezes aos *tributos* previstos no art. 148, I, que trata de *empréstimo compulsório*.

Realmente, nossa Constituição Federal trata da instituição do empréstimo compulsório no capítulo "Do Sistema Tributário Nacional". E realmente se refere ao empréstimo compulsório previsto nesse art. 148, I, colocando-o entre os *tributos* excluídos do princípio da anterioridade anual (CF, art. 150, § 1º, primeira parte) e da nonagesimal (CF, art. 150, § 1º, segunda parte). Assim, se levarmos em conta apenas o elemento literal, ou linguístico, seremos levados a admitir que em nosso ordenamento jurídico os empréstimos compul-

---

36. Kiyoshi Harada, *Compêndio de Direito Financeiro*, cit., p. 93.

sórios são tributos. Ainda assim, todavia, em face dos dispositivos constitucionais concernentes aos empréstimos compulsórios, somos obrigados a admitir que eles estão submetidos a regime jurídico próprio, que não corresponde ao regime jurídico de nenhum tributo.

No Direito Brasileiro os regimes jurídicos dos *empréstimos compulsórios* e dos tributos têm algumas semelhanças, mas são inegavelmente distintos. São semelhantes quanto ao princípio da legalidade, pois tanto uns quanto outros só por lei podem ser estabelecidos. São semelhantes, também, quanto ao caráter coativo e quanto à natureza pecuniária da prestação exigida. Mas são distintos em vários pontos, a saber:

(a) O tributo destina-se, em princípio, ao custeio das despesas ordinárias do Estado, enquanto o empréstimo compulsório destina-se ao custeio de despesas extraordinárias, decorrentes de calamidade pública, guerra externa ou sua iminência[37] ou, ainda, a fazer face a investimento público de caráter urgente e de relevante interesse nacional. Em outras palavras, o tributo existe ordinariamente, enquanto o empréstimo compulsório é de existência excepcional.

(b) A aplicação dos recursos provenientes de empréstimo compulsório é vinculada à despesa que fundamentou sua instituição, enquanto nada obriga a vinculação da receita de tributos a determinadas despesas, sendo tal vinculação, inclusive, vedada no que diz respeito a impostos, salvo as exceções constitucionalmente admitidas.

(c) As normas e princípios do direito tributário aplicam-se aos tributos, salvo exceções previstas expressamente, enquanto para a aplicação dessas normas e princípios aos empréstimos compulsórios se faz necessário norma que o determine expressamente, como fez o parágrafo único do art. 15 do CTN.

(d) Finalmente, o tributo ingressa no patrimônio público definitivamente, sem qualquer correspondência no passivo, enquanto o empréstimo compulsório deve ser restituído ao contribuinte no prazo

---

37. É certo que a Constituição admite a instituição do imposto extraordinário de guerra. (art. 154, II). Trata-se, porém, de uma exceção que não invalida a afirmação de que os tributos em geral se destinam ao custeio das despesas ordinárias dos entes públicos.

e nas condições que devem constar obrigatoriamente da lei que o houver instituído.

O professor Valdir de Oliveira Rocha, em excelente artigo sobre o tema, ensina: "Fossem tributos os empréstimos compulsórios, como previstos na Constituição de 1988, e seria preciso entendê-los, entretanto, como excepcionados da generalidade dos princípios e normas de imposição aplicáveis aos tributos. Este me parece ser o ponto decisivo para identificação da natureza jurídica dos empréstimos compulsórios, conferida pela Constituição".[38]

E, adiante, Valdir de Oliveira Rocha propõe e enfrenta, assim, a questão de saber qual é a identidade do empréstimo compulsório:

"Se não é tributo o empréstimo compulsório, o que seria, então?

"A resposta terá que ter presente a Constituição de 1988, que o rege. Respondo: o empréstimo compulsório é prestação pecuniária (compulsória), estabelecida em lei complementar, que não constitui sanção de ato ilícito e cobrada mediante atividade administrativa plenamente vinculada que em muito se assemelha aos tributos, mas que tributo não é, porque a Constituição o quis, nisso, distinto. Parece, mas não é. A Constituição, que tudo pode, poderia ter dito expressamente: 'Os empréstimos compulsórios, que em muito se assemelham aos tributos, tributos não são, porque, assim não se quer'; não o fez expressamente, mas poderá tê-lo feito – como entendo – implicitamente, como se vê de seu conceito, obtido de interpretação sistemática."[39]

A disciplina constitucional do empréstimo compulsório tem, na verdade, o especial objetivo de proteger os cidadãos contra práticas abusivas do Poder Público. A doutrina dos tributaristas brasileiros, ao construir a tese segundo a qual os empréstimos compulsórios são tributos, pretendeu simplesmente proteger os cidadãos contra práticas abusivas do Poder Público, que, a rigor, não é um cumpridor de suas obrigações, especialmente quanto ao pagamento de seus débitos.

---

38. Valdir de Oliveira Rocha, "Os empréstimos compulsórios e a Constituição de 1988", *Revista de Informação Legislativa* 113/206, Brasília, Senado Federal, janeiro-março/1992.

39. Idem, p. 207.

A não restituição de empréstimos compulsórios tornou-se prática comum no País, e isto realmente estava a exigir um corretivo.

A doutrina que pretendeu qualificar os empréstimos compulsórios como tributos teve, indiscutivelmente, o grande mérito de influenciar o legislador constituinte, levando-o a construir um regime jurídico próprio para os empréstimos compulsórios – regime que é mais protetor, aliás, que o tributário.

3.3.6 Condições para o gozo de imunidade pelas instituições sem fins lucrativos

3.3.6.1 Imunidade como limitação ao poder de tributar

A imunidade é, sem dúvida, uma limitação constitucional ao poder de tributar. Daí por que, embora o art. 150, VI, "c", não se refira a "lei complementar", mas simplesmente a "lei", entende-se que se trata de uma situação na qual está implícita a exigência de lei complementar. Neste sentido é a lição de Carrazza, para quem, "sendo a imunidade uma *limitação constitucional ao poder de tributar*, deve, nos termos do art. 146, II, da Constituição Federal, ser regulada por lei complementar".[40]

As normas do Código Tributário Nacional que tratam do assunto estão recepcionadas pela ordem jurídica e, porque tratam de matéria hoje constitucionalmente reservada à lei complementar, só por lei dessa espécie podem ser alteradas ou revogadas.

3.3.6.2 Imunidade das instituições de educação

São imunes as instituições de educação.

Nos termos do art. 150, VI, "c", a imunidade das instituições de educação está condicionada apenas a um requisito essencial, que é o de não terem fins lucrativos. A parte final desse dispositivo da Cons-

---

40. Roque Antônio Carrazza, *Curso de Direito Constitucional Tributário*, cit., 26ª ed., p. 1.009.

tituição, a dizer "atendidos os requisitos da lei", refere-se aos requisitos formais para a demonstração da ausência de fins lucrativos.

Assim, para demonstrarem a ausência de fins lucrativos, as instituições de educação devem atender aos requisitos estabelecidos em lei. Lei complementar, certamente, porque se trata de regular uma limitação constitucional da competência tributária, matéria expressamente reservada a essa espécie normativa, nos termos do art. 146, II, da Constituição Federal.

A lei complementar não pode acrescentar requisitos a serem atendidos. Basta que não tenham fins lucrativos. Deve apenas estabelecer o modo de demonstrar o atendimento dessa exigência constitucional, como faz o art. 14 do CTN. Aliás, o art. 9º, IV, "c", do CTN diz, expressamente, que a imunidade ali prevista estará presente "quando observados os requisitos fixados na Seção II deste Capítulo" – onde está localizado o art. 14, que estabelece os requisitos a serem observados pela instituição para que seja considerada sem fins lucrativos.

Para ratificar esse entendimento, é importante observarmos a redação anterior do art. 9º, bem como a proposta de alteração do Código Tributário Nacional, oriunda do Poder Executivo, da qual resultou a Lei Complementar 104, de 10.1.2001.

O art. 9º, IV, "c", do CTN em sua redação original não continha a expressão "sem fins lucrativos" a qualificar as instituições de educação e de assistência social. Essa qualidade, porém, era exigida com os requisitos estabelecidos pelo art. 14. A Lei Complementar 104, de 10.1.2001, alterou a redação da referida alínea "c", nela incluindo a expressão "sem fins lucrativos" para qualificar as instituições de educação e de assistência social imunes. Pode parecer, então, que o ser "sem fins lucrativos" é um requisito diverso daqueles estabelecidos pelo art. 14. Na verdade, porém, não é assim. A mudança na redação introduzida pela Lei Complementar 104/2001 no citado dispositivo operou simples explicitação do que se tinha já de entender, e era entendido pela doutrina e pela jurisprudência. Explicitação, aliás, inteiramente desnecessária, e que somente se explica pelo propósito das autoridades do Ministério da Fazenda – origem do projeto – de restringir o alcance da imunidade.

Tal propósito estava evidente especialmente nas alterações propostas para os incisos e parágrafos do art. 14, que passariam ter a seguinte redação:

"Art. 14. (...): I – não distribuir qualquer parcela de seu patrimônio ou de suas rendas, a qualquer título; II – aplicar integralmente, no País, os seus recursos na manutenção dos seus objetivos institucionais; III – manter escrituração de suas receitas e despesas em livros revestidos de formalidades capazes de assegurar sua exatidão; IV – conservar em boa ordem, pelo prazo de 5 (cinco) anos, os documentos que comprovem a origem de suas receitas e a efetivação de suas despesas ou de quaisquer outros atos ou operações que modifiquem sua situação patrimonial; V – assegurar, no caso de extinção ou de cisão parcial, a qualquer título, a destinação de seu patrimônio a outra instituição que goze de imunidade na forma deste artigo ou a órgão ou entidade pública; VI – prestar serviços gratuitamente, ressalvados os casos previstos em lei; VII – destinar, integralmente, à manutenção e ao desenvolvimento dos seus objetivos institucionais o superávit ocorrido em suas contas, em determinado exercício; VIII – não praticar nem contribuir, de qualquer forma, para o exercício de ato que constitua infração à legislação tributária, e IX – observar o disposto no § 1º do art. 9º.

"§ 1º. Os serviços a que se refere a alínea 'c' do inciso IV do art. 9º são exclusivamente os diretamente relacionados com os objetivos institucionais das entidades de que trata este artigo, previstos nos respectivos estatutos ou atos constitutivos.

"§ 2º. As entidades de educação e de assistência social, além do disposto nos incisos I a VIII, deverão ainda colocar os seus serviços à disposição da população em geral."

A aprovação do projeto nos termos propostos pelo Poder Executivo, como se vê, implicaria simplesmente a extinção pura e simples da imunidade tributária das instituições de educação e de assistência social. Independentemente de outras exigências absurdas, superpostas nos vários incisos acima transcritos, bastaria a obrigação de prestar serviços gratuitos (inciso VI) à comunidade em geral (§ 1º) para inviabilizar inteiramente ditas instituições.

É revoltante constatar, sobretudo em relação às instituições de educação, que o Poder Executivo, ao mesmo tempo em que não assegura educação gratuita à população, mata por inanição as universidades, ainda pretende a extinção da imunidade tributária das instituições de educação.

As autoridades responsáveis por tal atitude só podem pretender – ao contrário do que anunciam em seus discursos políticos – um País de analfabetos e miseráveis, desprovidos, sobretudo, do direito à educação, que a vigente Constituição promete como direito fundamental de todos e dever do Estado. E o resultado dessa atitude já pode ser visto no aumento assustador da violência.

Felizmente, o Congresso Nacional rejeitou aquelas restrições, com as quais estaria o legislador a violar flagrantemente a Constituição, inclusive porque as normas de imunidade não comportam interpretação restritiva capaz de amesquinhá-las, frustrando seus objetivos.

Na interpretação da norma constitucional de imunidade não se pode admitir tenha esta outorgado ao legislador o poder de, mediante o estabelecimento de requisitos a serem atendidos pelo destinatário da imunidade, torná-la inviável. Muito pelo contrário, o moderno Constitucionalismo recomenda que se prefira a interpretação que empresta efetividade às normas da Constituição, adotando-se o princípio da máxima efetividade – a respeito do qual vale a pena transcrevermos a lição de J. J. Gomes Canotilho: "Este princípio, também designado por *princípio da eficiência* ou princípio da interpretação efectiva, pode ser formulado da seguinte maneira: a uma norma constitucional deve ser atribuído o sentido que maior eficácia lhe dê. É um princípio operativo em relação a todas e quaisquer normas constitucionais, e, embora sua origem esteja ligada à tese da actualidade das normas programáticas (Thoma), é hoje sobretudo invocado no âmbito dos direitos fundamentais (no caso de dúvidas deve preferir-se a interpretação que reconheça maior eficácia aos direitos fundamentais)".[41]

Esse princípio, no caso de que se cuida, é com maior razão aplicável, porque a imunidade tributária das instituições de educação

---

41. José Joaquim Gomes Canotilho, *Direito Constitucional*, 6ª ed., Coimbra, Livraria Almedina, 1996, p. 227.

tem a finalidade de viabilizar o exercício de um direito fundamental, que é o direito à educação.

3.3.6.3 Nossa proposta sobre a imunidade das instituições de educação

Consideramos injustificável a exigência de que as instituições de educação, para serem imunes, não tenham finalidade lucrativa. A imunidade dessas instituições deve ser incondicional, em face da importância social da atividade educacional, mesmo quando exercida com fins lucrativos.

A esse propósito, já escrevemos: "(...). Da mesma forma que são imunes os livros, jornais e periódicos, sem qualquer perquirição a respeito de saber se quem os produz tem ou não finalidade lucrativa, e sabido, como é, que as editoras não são casas de filantropia, também a atividade de educação devia ser imune. Se assim fosse, certamente não estaríamos presenciando a crise da escola, cujos administradores já não se podem ocupar das questões educacionais, pois são mais prementes as questões policiais, as ameaças de prisão e até as prisões consumadas, em face das intermináveis querelas com os pais de alunos em torno do valor das mensalidades escolares. Sendo a atividade educacional, como inegavelmente é, socialmente tão importante, sua prática deveria ser estimulada, até porque isto certamente atrairia um maior número de pessoas para o seu desempenho, aliviando a pressão decorrente da grande demanda e da insuficiente oferta de vagas nas escolas".[42]

Se o Governo não pode ou não quer prescindir dos tributos sobre as escolas, poderia pelo menos cobrar esse tributo em forma de vagas destinadas ao Poder Público, com o quê reduziria os gastos públicos com educação. Para tanto bastaria que emenda constitucional alterasse a redação da alínea "c " do inciso VI do art. 150, dela excluindo a referência a instituição de educação, e inserisse no mesmo inciso a alínea "e", atribuindo a imunidade ao patrimônio, renda ou serviços das instituições de educação que destinem ao Poder Público tantos

---

42. Hugo de Brito Machado, *Curso de Direito Tributário*, cit., 31ª ed., p. 305.

por cento das vagas em seus estabelecimentos, atendidos os requisitos estabelecidos em lei.

A lei complementar estabeleceria as providências necessárias a evitar a discriminação, por parte dos estabelecimentos educacionais, entre alunos particulares e alunos indicados pelo Governo, tais como a exigência de que o percentual de vagas fosse mantido em cada sala de aula e a proibição de identificação dos alunos indicados pelo Governo.

A indicação governamental seria simplesmente um problema a ser tratado pela Tesouraria do estabelecimento, sendo o aluno indicado igual aos demais, para todos os efeitos administrativos e didáticos.

Assim estaria estabelecida uma parceria entre o Estado e o setor privado, capaz de resolver a questão educacional no País. Na verdade, porém, em nossos governantes não existe a vontade política para resolver essa importante questão. Talvez prefiram, mesmo, governar um povo pouco instruído, talvez assim seja mais fácil manterem-se no poder, pois com certeza é muito mais difícil enganar um povo esclarecido.

3.3.6.4 Imunidade das instituições de assistência social

Também são imunes as instituições de assistência social.

Como "instituição de assistência social" devemos entender todas as instituições que se dediquem a auxiliar as pessoas de várias formas para que possam viver melhor. "Assistência social" pode ser definida como "conjunto de organismos que zelam, de acordo com a legislação em vigor, pelo bem-estar do cidadão".[43] Tem o sentido de instituição que ajuda, presta auxílio, e o qualificativo "social" indica que a assistência deve ser comunitária ou grupal. Não precisa ser universal. Pode ser, por exemplo, aos empregados de determinada empresa ou grupo empresarial.

---

43. *Dicionário da Língua Portuguesa Contemporânea da Academia das Ciências de Lisboa*, vol. I, Lisboa, 2001, p. 390.

"Assistência social" pode ser definida como "proteção e auxílio geral e indistinto que o Estado presta aos hipossuficientes, sob o ponto de vista familiar, econômico, educacional, higiênico etc.".[44] Justifica-se, pois, plenamente a imunidade tributária às instituições privadas que se dedicam a atividade própria do Estado. Mas não basta ser uma instituição de assistência social, pois a imunidade também aqui é condicionada. A instituição de assistência social, para ser imune, há de ser sem fins lucrativos.

Não se deve confundir assistência social com assistência médica e hospitalar, pois a assistência ou ajuda às pessoas no que diz respeito ao direito à saúde é apenas uma espécie de assistência social. Talvez a mais importante, mas não a única. Toda e qualquer forma de auxílio, para a superação de dificuldades que surgem na vida das pessoas, pode ser qualificada como assistência social, de sorte que a exigência de que a instituição prestadora da assistência social seja sem fins lucrativos se faz inerente ao próprio conceito de assistência social, no sentido de ajuda prestada aos hipossuficientes.

Gozam de imunidade tributária as instituições de assistência social sem fins lucrativos. Em relação a tais instituições a imunidade abrange, indiscutivelmente, todas as contribuições de seguridade social, na forma do art. 195, § 7º, da vigente Constituição Federal, que, embora se reporte a "isenção", na verdade confere imunidade tributária, porque a lei, seja complementar ou ordinária, não a pode contrariar.

Em face do Código Tributário Nacional, o tratamento das instituições de assistência social e das instituições de educação, no que diz respeito à imunidade tributária, deve ser rigorosamente o mesmo. E qualquer exigência a mais feita por lei ordinária às instituições de assistência social, com suposto fundamento no art. 195, § 7º, da Constituição Federal, pode ser considerada inconstitucional, porque, embora se refira a "isenção", esse dispositivo, na verdade, institui uma limitação ao poder de tributar, devendo a referência, nele feita, à lei ser entendida como relativa à lei complementar.

---

44. Pedro Nunes, *Dicionário de Tecnologia Jurídica*, 8ª ed., vol. I, Freitas Bastos, s/d, p. 156.

3.3.7 Informações sobre ônus tributários nos preços

O art. 150, § 5º, da Constituição Federal estabelece que "a lei determinará medidas para que os consumidores sejam esclarecidos acerca dos impostos que incidam sobre mercadorias e serviços". Medidas que serão de enorme importância na formação da consciência fiscal, que ainda não existe, em virtude da completa falta de informação sobre o ônus tributário que o consumidor de bens e serviços realmente suporta.

Trata-se de previsão implícita. No dizer de Carrazza: "Embora a Constituição aluda, apenas, à *lei*, estamos convencidos de que tal lei só pode ser uma *lei complementar*, já que haverá de irradiar efeitos sobre todas as unidades federativas, abarcando o IPI, o ICMS, o ISS etc. Uma lei federal não teria força jurídica para irradiar efeitos no âmbito dos Estados, dos Municípios e do Distrito Federal. (...)".[45]

Admitir-se que se trata de previsão implícita, neste caso, talvez seja apenas uma forma de limitar os poderes do Congresso Nacional, que, a não ser assim, poderia disciplinar o assunto através de lei ordinária. Mesmo assim, a utilização de lei complementar, neste caso, é importante para preservar a disciplina adotada de eventuais alterações que poderiam ser introduzidas por leis ordinárias aprovadas por maiorias simples, eventualmente aproveitadas por interessados em afastar ou enfraquecer medidas destinadas a dar maior transparência ao ônus tributário.

Seja como for, a ideia de se admitir essa previsão implícita não deixa de ser uma forma de reconhecer a enorme imprecisão que existe na delimitação das matérias constitucionalmente reservadas à lei complementar.

3.3.8 Instituição do imposto sobre grandes fortunas

Nos termos do art. 153, VII, da Constituição Federal, "compete à União instituir impostos sobre: (...) VII – grandes fortunas, nos

---

45. Roque Antônio Carrazza, *Curso de Direito Constitucional Tributário*, cit., 26ª ed., p. 1.010.

termos de lei complementar". Assim, seja para a própria instituição do imposto, seja para a definição do que se deva entender por "grandes fortunas", certo é que a lei complementar é um instrumento necessário. Em outras palavras, o imposto sobre grandes fortunas não poderá existir sem a vontade da maioria absoluta dos membros do Congresso Nacional.

O objetivo da reserva à lei complementar está muito claro: dificultar a instituição desse imposto, que tem sido objeto de interminável polêmica entre os especialistas em tributação. A respeito desse imposto, já na 5ª edição do *Curso de Direito Tributário*, a primeira depois do advento da atual Constituição, escrevemos:

"A Constituição Federal de 1988 atribui à União competência para instituir o imposto sobre *grandes fortunas, nos termos de lei complementar* (art. 153, VII). Não obstante, até agora esse imposto não foi instituído, nem editada a lei complementar para definir o que se deve entender como *grande fortuna*. É caso raro de competência tributária não exercitada, e a razão para essa inércia do legislador é exclusivamente política.

"Há quem aponte dificuldades técnicas para a tributação das grandes fortunas. Seriam problemáticas a identificação e a avaliação dos bens. O argumento é inconsistente. Os bens que integram as grandes fortunas são os mesmos cuja transmissão de propriedade é tributada. Se a título oneroso, pelo Município. Se a título gratuito, ou em virtude de sucessão por causa da morte, pelo Estado. E ninguém sustentou a inviabilidade do imposto de transmissão *causa mortis* e doação, de que trata o art. 155, I, nem do imposto de transmissão *inter vivos*, de que trata o art. 156, II, da Constituição Federal.

"O verdadeiro motivo da não instituição do imposto sobre grandes fortunas é de ordem política. Os titulares de grandes fortunas, se não estão investidos de *poder*, possuem inegável influência sobre os que o exercem.

"Tramita no Congresso Nacional um projeto de lei, de autoria do então senador Fernando Henrique Cardoso, que ensejou a apresentação de *Substitutivo* por parte do deputado federal Roberto Campos. Tal Substitutivo, porém, constitui verdadeira imoralidade. Para demonstrá-lo basta a referência a um de seus dispositivos, segundo o qual os bens adquiridos por doação integram a base de cálculo do imposto pelo valor que lhes seja atribuído pelo doador. A prevalecer tal dispositivo, as maiores fortunas do País facilmente serão excluídas da tributação, através de doações gravadas com cláusula de usufruto vitalício."[46]

Nosso *Curso de Direito Tributário* está, hoje, em sua 31ª edição, e estamos mantendo nele o texto acima transcrito, pois não nos consta que tenha havido progresso no tratamento do imposto sobre grandes fortunas.[47]

Ele é, repita-se, um exemplo raríssimo de competência tributária não exercitada. Autorizada sua criação pela Constituição Federal de 1988, ele não chegou a ser criado. O então senador Fernando Henrique Cardoso, que apresentara um projeto instituindo o referido imposto, depois de eleito Presidente da República nos pediu para esquecer tudo o que havia escrito. Inclusive, portanto, seu mencionado projeto.

O imposto sobre grandes fortunas é, na verdade, o mais justo que se pode imaginar. Repousa no mais evidente e induvidoso indicador de capacidade contributiva, que é o patrimônio. Oferece algumas dificuldades técnicas, é verdade, mas nenhuma que seja insuperável. Mesmo assim, já foi tentado no Japão e na França, mas terminou desaparecendo.

Quem manda no mundo são os donos das grandes fortunas, e estes, naturalmente, não querem ser onerados. Mas isto é uma atitude pouco racional. O futuro da Humanidade depende da construção de uma sociedade justa. Sem justiça não se pode esperar harmonia, segurança e desenvolvimento social. Tem inteira razão o professor Arnaldo Vasconcelos ao nos ensinar que: "Sem ordem não há como fazer justiça, e sem justiça não há como manter a ordem".[48]

---

46. Hugo de Brito Machado, *Curso de Direito Tributário*, 5ª ed., Rio de Janeiro, Forense, 1992, pp. 251-252.
47. Hugo de Brito Machado, *Curso de Direito Tributário*, cit., 31ª ed., pp. 366-367.
48. Arnaldo Vasconcelos, *Teoria da Norma Jurídica*, 2ª ed., Rio de Janeiro, Forense, 1986, p. 11.

Não temos dúvida de que a violência na qual vivemos atualmente seja uma resultante de muitas causas, certamente bastante complexas. Entretanto, a injustiça social figura entre elas com significativa participação. E também não temos dúvida de que o imposto sobre grandes fortunas pode ser um excelente instrumento para reduzir a tendência de termos um pequeno número de ricos cada vez mais ricos e uma imensa multidão de pobres cada vez mais pobres.

Infelizmente, o que vemos no mundo inteiro – e especialmente no Brasil – é uma crescente concentração da riqueza. E o resultado disto é o crescimento da violência, contra a qual se busca proteção em instrumentos sofisticados: residências que são verdadeiras prisões, automóveis blindados, segurança privada com custos elevados, e muitos outros meios que tiram nossa privacidade em troca de precária proteção.

3.3.9 *Isenção do imposto de renda para aposentados*

Outro exemplo de matéria objeto de reserva constitucional implícita à lei complementar era a isenção do imposto de renda sobre proventos de aposentadoria quando o beneficiário tenha apenas rendimentos do trabalho, prevista no art. 153, § 2º, II, da Constituição Federal. Reserva implícita – segundo Carrazza –, por se tratar de uma limitação constitucional do poder de tributar.[49]

Este assunto, todavia, perdeu interesse prático com o advento da Emenda Constitucional 20, de 15.12.1998, que revogou o questionado dispositivo da Constituição.

3.3.10 *Competência residual*

Nos termos do art. 154, I, da Constituição Federal, a União poderá instituir, mediante lei complementar, impostos não previstos no dispositivo que lhe atribui a competência impositiva, desde que tais

---

49. Roque Antônio Carrazza, *Curso de Direito Constitucional Tributário*, cit., 26ª ed., pp. 1.011-1.012.

impostos sejam não cumulativos e não tenham fato gerador ou base de cálculo próprios daqueles por ela discriminados.

Essa regra atribui à União a denominada competência tributária residual, isto é, competência para tributar o que sobra na distribuição das competências impositivas. A ressalva expressa no sentido de que os impostos assim criados sejam não cumulativos pode ensejar questionamentos. E a ressalva no sentido de que tais impostos não tenham fato gerador ou base de cálculo idênticos aos já discriminados pela Constituição é uma cautela, talvez excessiva, do constituinte contra os abusos que geralmente acontecem no exercício das competências tributárias. Como a competência impositiva atribuída pela Constituição à União, aos Estados e aos Municípios tem caráter privativo, certamente também essa competência residual assim deve ser entendida. Seja como for, a prudência do constituinte, ao formular a ressalva, é louvável, porque evita possíveis abusos.

A nosso ver, a competência residual deveria ter sido atribuída aos Municípios, pois é possível a existência de fato economicamente relevante que justifica a instituição de imposto local mas não tem a importância necessária para despertar o interesse da União. Por outro lado, é extremamente difícil imaginar um fato economicamente relevante no plano nacional que já não seja objeto da incidência de um dos impostos existentes no sistema vigente.

Seja como for, a própria reserva da matéria à lei complementar constitui uma cautela do constituinte, para evitar abusos na instituição de impostos federais. A esse respeito escreve Roque Antônio Carrazza: "(...). Também neste particular, o constituinte quis pôr freios à multiplicação de impostos federais. A fórmula que encontrou foi justamente esta: exigir que os novos impostos só pudessem ser validamente instituídos por meio de lei complementar, ato normativo que exige quórum qualificado de aprovação".[50]

Em face dessas dificuldades criadas pelo constituinte para o exercício da competência residual, a Fazenda Pública Federal tem preferido avançar nas contribuições. Assim, nenhum imposto foi criado até agora pela União no âmbito de sua competência residual.

---

50. Roque Antônio Carrazza, *Curso de Direito Constitucional Tributário*, cit., 26ª ed., p. 1.012.

3.3.11 Competência para a instituição do ITCMD

Nos casos em que a incidência do imposto sobre transmissão *causa mortis* e doações/ITCMD envolve possível conflito de competência entre o Brasil e algum outro País deu-se também a reserva de matéria à lei complementar. Assim é que, nos termos do art. 155, § 1º, III, "a" e "b", esse imposto terá a competência para sua instituição regulada por lei complementar: (a) se o doador tiver domicílio ou residência no Exterior; (b) se o *de cujus* possuía bens, era residente ou domiciliado ou teve seu inventário processado no Exterior.

Trata-se de imposto da competência privativa dos Estados e do Distrito Federal, e por isto mesmo a lei complementar não poderá alterar essa competência. Neste sentido é a lição de Carrazza, que ensina: "Assim, pensamos que tal lei complementar não pode fugir do critério básico dos incisos I e II do § 1º do art. 155 da Constituição Federal: os impostos competem ao Estado (ou ao Distrito Federal) relacionado, de algum modo, à doação ou à transmissão *causa mortis*. Estando os bens no Exterior ou tendo o inventário nele sido processado, o melhor critério, salvo engano, é a lei complementar atribuir esta competência à unidade federativa onde tem domicílio ou reside o donatário ou o herdeiro. Do contrário restarão feridos os princípios federativo e da autonomia distrital, abrindo espaço à 'guerra fiscal', cujos efeitos deletérios são por todos conhecidos".[51]

3.3.12 Definição de aspectos do ICMS

O art. 155, II, da Constituição Federal atribui aos Estados e ao Distrito Federal competência para instituir imposto sobre "operações relativas à circulação de mercadorias e sobre prestações de serviços de transporte interestadual e intermunicipal e de comunicação, ainda que as operações e as prestações se iniciem no Exterior". Conhecido pela sigla "ICMS", esse imposto é o mais complicado existente em

---

51. Roque Antônio Carrazza, *Curso de Direito Constitucional Tributário*, cit., 26ª ed., p. 1.013.

nosso sistema tributário, e tal complicação parece haver sido prevista pelo constituinte, que por isto mesmo reservou à lei complementar inúmeros dos seus aspectos mais relevantes. Assim é que determinou, no art. 155, § 2º, XII, que cabe à lei complementar: "a) definir seus contribuintes; b) dispor sobre substituição tributária; c) disciplinar o regime de compensação do imposto; d) fixar, para efeito de sua cobrança e definição do estabelecimento responsável, o local das operações relativas à circulação de mercadorias e das prestações de serviços; e) excluir da incidência o imposto, nas exportações para o Exterior, serviços e outros produtos além dos mencionados no inciso X, 'a' *[isto é, as* mercadorias *exportadas e os serviços prestados a destinatários no Exterior]*; f) prever casos de manutenção de crédito, relativamente à remessa para outro Estado e exportação para o Exterior, de serviços e de mercadorias; g) regular a forma como, mediante deliberação dos Estados e do Distrito Federal, incentivos e benefícios fiscais serão concedidos e revogados; h) definir os combustíveis e lubrificantes sobre os quais o imposto incidirá uma única vez, qualquer que seja a sua finalidade, hipótese em que não se aplicará o disposto no inciso X, 'b' *[isto é, a não incidência do imposto sobre operações que destinem a outros Estados petróleo, inclusive lubrificantes, combustíveis líquidos e gasosos dele derivados, e energia elétrica]*; i) fixar a base de cálculo, de modo que o montante do imposto a integre, também na importação do Exterior de bem, mercadoria ou serviço".

Como se vê, são tantos os aspectos do ICMS cujo trato está constitucionalmente reservado à lei complementar, que pouco resta aos legisladores estaduais na disciplina desse imposto. Por outro lado, essa multiplicidade de aspectos bem demonstra que se trata de imposto sem unidade, vale dizer, abrangente de fatos cuja diversidade o deforma. Tanto é assim que Roque Antônio Carrazza assevera: "Preliminarmente, lembramos que o inciso II do art. 155 da Constituição Federal prevê, na verdade, pelo menos cinco impostos diferente, a saber: I – o imposto sobre operações mercantis (operações relativas à circulação de mercadorias); II – o imposto sobre serviços de transporte interestadual e intermunicipal; III – o imposto sobre serviços de comunicação; IV – o imposto sobre produção, importação, circulação e distribuição ou consumo de energia elétrica, e V – o imposto sobre extração, circulação, distribuição ou consumo de minerais.

A lei complementar em questão poderá, portanto, referir-se a qualquer desses impostos".[52]

A unificação em um só imposto dessa multiplicidade de fatos diversos terminou criando um verdadeiro "monstrengo", que é o atual ICMS. Um imposto inteiramente deformado, especialmente em razão de sua malsinada não cumulatividade, que, em face das peculiaridades dos fatos tributáveis, tornou-se um excelente veículo para o arbítrio fazendário. E mesmo as regras das leis complementares que tratam do assunto não conseguem conter a ganância dos Estados, que terminam por introduzir deformações as mais diversas, de sorte que temos hoje, com o ICMS, um ônus muitas vezes maior que o resultado da aplicação de sua alíquota final (aplicável na operação de venda a consumidor).

3.3.13 *Definição dos serviços tributáveis pelos Municípios*

Nos termos do art. 156, III, da Constituição Federal, "compete aos Municípios instituir impostos sobre: (...) III – serviços de qualquer natureza, não compreendidos no art. 155, II *[quer dizer, não tributados pelo ICMS]*, definidos em lei complementar".

Em face dessa regra atributiva de competência, colocou-se a questão de saber o que se deve entender pela expressão "definidos em lei complementar". E o legislador complementar entendeu que "definir", neste caso, quer dizer "enumerar". E enumerou, formulando uma lista dos serviços tributáveis pelos Municípios. Mesmo assim persistiu a polêmica, agora consistente em saber se a lista dos serviços é taxativa ou meramente exemplificativa.

Carrazza nega-se terminantemente a admitir a natureza taxativa da lista, e diz que ela também não é exemplificativa, preferindo sustentar que ela "é apenas sugestiva e, por isto mesmo, perfeitamente dispensável, tanto pelo legislador municipal quanto pelo juiz e pelo administrador público". E esclarece que "ela contém sugestões que

---

52. Roque Antônio Carrazza, *Curso de Direito Constitucional Tributário*, cit., 26ª ed., pp. 1.015-1.016.

poderão, ou não, ser levadas em conta pela Câmara de Vereadores de cada Município ao instituir, *in abstracto*, o ISS".[53]

Sobre o assunto já escrevemos:

"A propósito da definição, pelo legislador do Município, da hipótese de incidência do ISS, séria polêmica surgiu entre os tributaristas mais eminentes, sustentando uns o caráter meramente exemplificativo da prefalada lista de serviços, enquanto outros asseveravam o seu caráter taxativo.

"O Supremo Tribunal Federal manifestou-se no sentido de que a lista é taxativa, mas, erroneamente, admitiu sua aplicação analógica. Tal como não se pode, por analogia, ampliar o alcance da norma definidora do fato gerador dos tributos em geral, também não se pode ampliar o elenco de serviços constantes da questionada lista, que tem a mesma natureza de norma definidora do fato gerador do tributo. Não bastasse o princípio da legalidade, temos norma expressa no Código Tributário Nacional a dizer que 'o emprego da analogia não poderá resultar na exigência de tributo não previsto em lei' (art. 108, § 1º).

"Mesmo com o advento da vigente Constituição Federal não terminou a controvérsia, que agora gira em torno da interpretação do inciso III de seu art. 156, assim expresso: 'serviços de qualquer natureza, não compreendidos no art. 155, II, definidos em lei complementar'.

"Conhecemos e respeitamos manifestações de eminentes tributaristas no sentido de que a *lei complementar* à qual se reporta o dispositivo constitucional em questão não pode limitar a competência tributária dos Municípios. Assim, entretanto, não pensamos.

"A nosso ver, em face da norma acima transcrita, é induvidoso que a Constituição Federal atribuiu aos Municípios competência para tributar somente os serviços de qualquer natureza que a lei complementar *defina*. Não se trata, portanto, de uma limitação imposta pela lei complementar. Na verdade a competência que a Constituição Federal atribui aos Municípios tem, desde logo, o seu desenho a depender de lei complementar.

---

53. Roque Antônio Carrazza, *Curso de Direito Constitucional Tributário*, cit., 26ª ed., pp. 1.028-1.029.

"Da mesma forma que a União Federal não pode tributar as *grandes fortunas* sem que a lei complementar defina o que como tal se há de entender, também os Municípios não podem tributar os serviços de qualquer natureza que não tenham sido definidos em lei complementar."[54]

A nosso ver, admitir-se que a lista anexa à lei complementar que dispõe sobre o ISS tem caráter meramente exemplificativo ou, ainda, que essa lista é simplesmente uma sugestão aos legisladores municipais implica considerar não escrita, ou inteiramente inútil, a expressão "definidos em lei complementar" que está na parte final do art. 156, III, da Constituição Federal. E não podemos desconhecer um princípio de hermenêutica jurídica segundo o qual a lei não contém expressões inúteis.

Não temos dúvida de que o rol dos serviços tributáveis pelos Municípios é taxativo. Já em face da Constituição de 1969 isto foi afirmado por Aliomar Baleeiro, que escreveu:

"Pelo art. 24, II, *in fine*, da Constituição de 1969, o imposto incide sobre os 'serviços de qualquer natureza, não compreendidos na competência tributária da União ou dos Estados, *definidos em lei complementar*'.

"Entendeu-se que essa cláusula final se refere aos serviços tributáveis pelos Municípios, desde que a lista da lei complementar é *taxativa*, isto é, limita a competência das Prefeituras, DF e GB, que não podem ampliá-la a outros casos. Só os serviços do rol."[55]

Registre-se, por outro lado, que a competência do legislador complementar para definir os serviços tributáveis pelos Municípios não autoriza a definição como serviço tributável de algo que não caiba na definição de serviço. Neste ponto tem inteira razão Roque Antônio Carrazza quando afirma que:

"(...) a lei complementar não pode considerar serviços, para fins de tributação por via do ISS, fatos que não o sejam. Isto feriria, den-

---

54. Hugo de Brito Machado, *Curso de Direito Tributário*, cit., 31ª ed., pp. 424-425.
55. Aliomar Baleeiro, *Uma Introdução à Ciência das Finanças*, cit., 17ª ed., 2009, p. 509.

tre outros, o direito subjetivo do contribuinte de só ser tributado pela pessoa política competente e nos estritos termos da Constituição.

"Já sabemos que a partilha constitucional de competências tributárias, se, por um lado, favoreceu as pessoas políticas, por outro, veio ao encontro dos interesses dos virtuais contribuintes, que só podem ser tributados por quem de direito (a pessoa política competente) e na forma prevista no Diploma Magno."[56]

Realmente, em dispositivo que é, na verdade, meramente explicitante de uma tese decorrente da supremacia constitucional, o Código Tributário Nacional estabelece que: "A lei tributária não pode alterar a definição, o conteúdo e o alcance de institutos, conceitos e formas de direito privado, utilizados, expressa ou implicitamente, pela Constituição Federal, pelas Constituições dos Estados ou pelas Leis Orgânicas do Distrito Federal ou dos Municípios, para definir ou limitar competências tributárias" (art. 110).

Esse dispositivo legal é meramente explicitante de uma tese inerente à soberania constitucional. Se a lei pudesse alterar conceitos utilizados pela Constituição, na verdade, poderia alterar a própria Constituição, anulando sua supremacia. Pela mesma razão, aliás, podemos afirmar que nenhuma norma jurídica pode alterar conceitos utilizados em norma jurídica de hierarquia superior. Se pudesse, estaria anulada a superioridade hierárquica.

3.3.14 *Fixação de alíquotas máximas e mínimas do ISS*

Também quanto ao ISS vê-se que, nos termos do art. 156, § 3º, I, da Constituição Federal, cabe à lei complementar "fixar as suas alíquotas máximas e mínimas". É mais uma limitação que a Constituição impõe à competência tributária dos Municípios.

Não cabe à lei complementar fixar as alíquotas do ISS, mas apenas impor limites ao legislador municipal, que, ao fazê-lo, estará

---

56. Roque Antônio Carrazza, *Curso de Direito Constitucional Tributário*, cit., 26ª ed., p. 1.029.

submetido a esses limites. Atualmente a alíquota máxima é de 5% – limite estabelecido pelo art. 8º, II, da Lei Complementar 116, de 31.7.2003.

O art. 8º da Lei Complementar 116/2003 tinha dois incisos, e no primeiro era fixado o limite máximo de 10% para o ISS incidente sobre alguns serviços de diversão pública. Esse dispositivo, todavia, foi vetado pelo Presidente da República, restando apenas o inciso II. Assim, embora este se refira aos "demais serviços", há de ser entendido como dizendo respeito a todos os serviços tributáveis.[57]

Quanto à alíquota mínima, enquanto não surgir lei complementar que estabeleça tal limite prevalece o que está posto art. 88, II, do ADCT, introduzido pela Emenda Constitucional 37, de 12.6.2002, a dizer que o ISS terá alíquota mínima de 2%, exceto para os serviços a que se referem os itens 32, 33 e 34 da lista de serviços anexa ao Decreto-lei 406, de 31.12.1968. Assim, e considerando-se que a referida lista teve sua redação alterada pela Lei Complementar 56, tem-se que a ressalva abrange: "execução, por administração, empreitada ou subempreitada, de construção civil, de obras hidráulicas e outras obras semelhantes e respectiva engenharia consultiva, inclusive serviços auxiliares ou complementares (exceto o fornecimento de mercadorias produzidas pelo prestador do serviço, fora do local da prestação dos serviços, que fica sujeita ao ICM)" (item 32); "demolição" (item 33); e "reparação, conservação e reforma de edifícios, estradas, pontes, portos e congêneres (exceto o fornecimento de mercadorias produzidas pelo prestador dos serviços fora do local da prestação dos serviços, que fica sujeito ao ICM)" (item 34).

Na lista de serviços anexa à Lei Complementar 116/2003 os serviços para os quais não prevalece o limite mínimo da alíquota do ISS estão descritos no item 7, sendo razoável admitir-se que subsiste, em relação a eles, a ausência de limite mínimo para a alíquota do ISS.

57. Cf. Roque Antônio Carrazza, *Curso de Direito Constitucional Tributário*, cit., 26ª ed., p. 1.038.

3.3.15 *Isenções do ISS para exportação de serviços*

Constitui, também, matéria constitucionalmente reservada à lei complementar, nos termos art. 156, § 3º, II, da vigente Constituição Federal, com a redação que lhe deu a Emenda Constitucional 3, de 17.3.1993, a exclusão da incidência do ISS nas exportações de serviços para o Exterior.

No exercício dessa competência, a Lei Complementar 116/2003 estabeleceu que o ISS não incide sobre as exportações de serviços para o Exterior do País (art. 2º, I), mas teve o cuidado de esclarecer que não se enquadram naquela regra os serviços desenvolvidos no Brasil cujo resultado aqui se verifique, ainda que o pagamento seja feito por residente no Exterior. Assim, portanto, suscita-se a questão de saber o que se deve entender por "serviços produzidos no Brasil, cujo resultado aqui se verifique".

Para Roque Antônio Carrazza, que desenvolve consistente argumentação para demonstrar sua tese, a expressão "cujo resultado" deve ser entendida como sinônima de "cuja fruição". Assim, para que se configure a hipótese de não incidência do ISS o serviço deve ser utilizado, ou fruído, no Exterior.[58] Para o eminente Professor da PUC/SP, "o art. 2º, I, da Lei Complementar 116/2003 só faz sentido jurídico quando o serviço é prestado no Brasil *para* destinatário localizado no Exterior".[59]

A não ser assim, não se poderá cogitar de exportação de serviços.

3.3.16 *Forma e condições da concessão de isenções do ISS*

Por último, no que diz respeito ao ISS, o art. 156, § 3º, III, da Constituição Federal, com redação que lhe deu a Emenda Constitucional 37/2002, reservou à lei complementar "regular a forma e as condições como isenções, incentivos e benefícios fiscais serão concedidos e revogados".

---

58. Cf. Roque Antônio Carrazza, *Curso de Direito Constitucional Tributário*, cit., 26ª ed., p. 1.042.
59. Idem, p. 1.047.

Diversamente da regra contida no inciso II do mesmo § 3º, que atribui ao legislador complementar a competência para isentar, aqui, na regra do inciso III, tem-se apenas a competência para dispor a respeito da forma e das condições como isenções, incentivos e benefícios fiscais serão concedidos. No dizer de Carrazza, a lei complementar de que se cuida "não poderá conceder ou revogar tais 'isenções, incentivos e benefícios fiscais', mas apenas estabelecer a forma e a oportunidade destas medidas. Ela só poderá ter, pois, caráter adjetivo, determinando o *modus faciendi* da concessão ou da revogação das benesses tributárias em tela. Positivamente, não lhe será dado atropelar o princípio da autonomia municipal".[60]

3.3.17 Outras fontes de custeio da seguridade social

Nos termos do art. 195, § 4º, da Constituição Federal, "a lei poderá instituir outras fontes destinadas a garantir a manutenção ou expansão da seguridade social, obedecido o disposto no art. 154, I". Coloca-se, então, a questão de saber se a lei, no caso, pode ser uma lei ordinária, ou se, no caso, tem-se mais uma reserva constitucional implícita de matéria à lei complementar. É que o art. 154, I, autoriza a União a instituir, mediante lei complementar, impostos não previstos no dispositivo que lhe atribui competência impositiva, desde que sejam não cumulativos e não tenham fato gerador ou base de cálculo próprios dos impostos discriminados na Constituição.

Roque Antônio Carrazza entende que se trata de reserva expressa, em face da referência feita ao art. 154, I. Em suas palavras:

"Ora, o art. 154, I, do Texto Magno, como vimos, autoriza à União, por meio de lei complementar, criar impostos não previstos no art. 153 desse diploma, 'desde que sejam não cumulativos e não tenham fato gerador ou base de cálculo próprios dos discriminados nesta Constituição'.

"Vai daí que a União, caso queira criar novas contribuições sociais para o custeio da seguridade social, deverá fazê-lo por meio de

---

60. Roque Antônio Carrazza, *Curso de Direito Constitucional Tributário*, cit., 26ª ed., p. 1.048.

lei complementar, observados os demais ditames do art. 154, I, da Constituição Federal."[61]

A propósito do assunto temos um exemplo – muito eloquente, aliás – da insegurança jurídica que decorre da tese segundo a qual a lei complementar somente se caracteriza como tal quando trata de matéria constitucionalmente a ela reservada. Quando o Governo pretendeu criar a contribuição para o financiamento da seguridade social/ COFINS, colocou-se a questão de saber se, sendo uma fonte suplementar – vale dizer, sendo uma contribuição criada com base na competência residual de que trata o art. 195, § 4º, da CF –, sua criação teria de ser feita por lei complementar. E o Governo optou, então, pela solução que lhe pareceu mais segura, mandando para o Congresso um projeto de lei complementar, do qual resultou a Lei Complementar 70, de 30.12.991, que instituiu a referida contribuição.

Depois veio a Emenda Constitucional 20, de 15.12.1998, que deu nova redação ao inciso II do art. 195 da Constituição Federal, com o quê a contribuição sobre o faturamento – a COFINS, portanto – passou a ser prevista como fonte de receita da seguridade social, afastando-se, desta forma, a tese de que sua criação exigiria lei complementar.

Assim, o Governo superou a insegurança utilizando o instrumento normativo de maior hierarquia, promovendo a criação da COFINS com a Lei Complementar 70/1991, deixando a insegurança para o contribuinte, posto que essa lei complementar passou a ser alterada por leis ordinárias, ao argumento de que a matéria nela versada não é constitucionalmente reservada à lei complementar. E isto é absolutamente inadmissível, porque houve opção tanto do Executivo como do Legislativo pelo instrumento de maior hierarquia, que, evidentemente, não se descaracterizou, e segue sendo uma lei complementar. O que se deu, ao amparo da doutrina que contestamos, foi uma burla à garantia de segurança que o constituinte pretendeu oferecer com a instituição da lei complementar como espécie normativa dotada de identidade específica.

---

61. Roque Antônio Carrazza, *Curso de Direito Constitucional Tributário*, cit., 26ª ed., p. 1.048.

3.3.18 Imunidade das entidades beneficentes

No art. 195, § 7º, da Constituição Federal temos mais um caso de reserva implícita de matéria à lei complementar. Esse dispositivo estabelece que "são isentas de contribuição para a seguridade social as entidades beneficentes de assistência social que atendam às condições estabelecidas em lei". Não obstante a referência à "lei", sustenta-se que essa referência deve ser entendida como se feita à lei complementar, por se tratar de uma imunidade, que constitui evidente limitação constitucional da competência tributária.

Realmente, não se trata de isenção, mas de *imunidade*. A isenção decorre da lei. Se a regra que afasta a incidência do tributo está na Constituição, cuida-se de imunidade, pois a superioridade hierárquica desta impede que a lei possa fazer incidir o tributo. No caso, portanto, o § 7º do art. 195 da Constituição Federal consubstancia, indiscutivelmente, uma imunidade. Uma limitação da competência tributária – cabendo à lei complementar estabelecer as condições a serem atendidas pela instituição beneficente que pretenda desfrutar da mesma.

Sendo assim, as condições a serem atendidas pela instituição beneficente são as fixadas pelo art. 14 do CTN. Quaisquer condições para esse fim estabelecidas por lei ordinária não podem ser impostas, porque a lei ordinária, se o fizer, estará invadindo matéria reservada à lei complementar – e será, por isto mesmo, inconstitucional.

3.3.19 *Limitação às remissões e anistias*

O art. 195, § 11, da Constituição Federal, com redação dada pela Emenda Constitucional 20, de 15.12.1998, estabelece que é vedada a concessão de remissão ou anistia das contribuições sociais de que tratam os incisos I, "a", e II do mesmo art. 195 para débitos em montante superior ao fixado em lei complementar. Em outras palavras, nos termos dos mencionados dispositivos da vigente Constituição, cabe à lei complementar estabelecer o limite de valor das contribuições sobre a folha de salários e outras formas de remuneração do trabalho e ainda, das contribuições dos trabalhadores para a seguridade social que podem ser objeto de remissões ou de anistias.

Há quem sustente que esse dispositivo não tem validade, porque resulta de Emenda que afrontou cláusula de imodificabilidade. A Emenda 20/1998 seria, assim, inconstitucional (CF de 1988, art. 194, VII). Esta discussão, todavia, está, hoje, superada.

Seja como for, trata-se de regra que revela a preocupação do constituinte reformador com a possibilidade de concessão de remissões e anistias abrangentes de contribuições de seguridade social que realmente são destinadas ao órgão autárquico. Não existe razão para a discriminação das contribuições indicadas no dispositivo constitucional em referência – a não ser, é claro, o fato de que as demais contribuições de seguridade, a rigor, são receitas do Tesouro Nacional, e não da seguridade social.

Temos afirmado que o Governo Federal apropriou-se indevidamente das contribuições de seguridade social que mais receita propiciariam à autarquia previdenciária. Infelizmente, o Congresso Nacional não deu atenção aos interesses da seguridade nesse aspecto, e terminou por aprovar a unificação das receitas, de sorte a fazer desaparecer o órgão arrecadador autárquico, com inteiro menosprezo pelas regras da Constituição Federal, segundo as quais a seguridade deve ter base em princípios, entre os quais o que preconiza o "caráter democrático e descentralizado da administração, mediante gestão quadripartite, com participação dos trabalhadores, dos empregadores, dos aposentados e do Governo nos órgãos colegiados" (CF, art. 194, VII).

Esse caráter descentralizado da administração, evidentemente, não envolve apenas a despesa – vale dizer, a administração dos encargos da seguridade. Envolve, com certeza, também a arrecadação das contribuições que, segundo regra expressa da Constituição, constituem o instrumento pelo qual a sociedade deve financiar a seguridade. Essa tese, da qual temos absoluta convicção, consta de parecer que fornecemos para instruir o questionamento por interessados em impedir esse desastre. E mais curioso é que a unificação das receitas foi feita por lei ordinária, violando, também sob esse aspecto, a Constituição, que exige, para o caso, lei complementar.[62]

62. Hugo de Brito Machado e Hugo de Brito Machado Segundo, *Direito Tributário Aplicado*, Rio de Janeiro, Forense, 2008, pp. 745-762.

3.3.20 *Instituição do IPMF que virou CPMF*

O art. 2º da EC 3, de 17.3.1993, estabeleceu mais uma reserva de matéria à lei complementar, nestes termos:

"Art. 2º. A União poderá instituir, nos termos da lei complementar, com vigência até 31 de dezembro de 1994, imposto sobre movimentação ou transmissão de valores e de créditos e direitos de natureza financeira.

"§ 1º. A alíquota do imposto de que trata este artigo não excederá a vinte e cinco centésimos por cento, facultado ao Poder Executivo reduzi-la, ou restabelecê-la, total ou parcialmente, nas condições e limites fixados em lei.

"§ 2º. Ao imposto de que trata este artigo não se aplica o art. 150, III, 'b', e VI, nem o disposto no § 5º do art. 153 da Constituição.

"§ 3º. O produto da arrecadação do imposto de que trata este artigo não se encontra sujeito a qualquer modalidade de repartição com outra entidade federada."

Essa reserva ficou superada com o fim do prazo fixado, tendo, então, o Governo Federal conseguido que fosse a União autorizada a instituir uma contribuição provisória sobre movimentação financeira/CPMF, pela Emenda Constitucional 12, de 15.8.1996, que não fez expressa reserva de lei complementar, ensejando fosse a referida contribuição instituída por lei ordinária.[63] E por isto passou sua cobrança a ser contestada, ao argumento de que, em virtude do disposto nos arts. 154, I, e 195, § 4º, seria necessário lei complementar.

Foi então que entrou em ação o médico Adib Jatene, Ministro da Saúde, passado a desenvolver um trabalho pessoal junto aos ministros do Supremo Tribunal Federal no sentido da absoluta necessidade daquela contribuição, sem a qual seu Ministério não teria como desempenhar suas atividades. E dizem que foi graças ao grande prestígio do referido médico que o Supremo Tribunal Federal deixou de declarar a inconstitucionalidade, vale dizer, deixou de considerar existente a alegada reserva constitucional, à lei complementar, da matéria relativa à instituição daquela contribuição.

63. Lei 9.311, de 24.10.1996.

Dizem, ainda, que, uma vez assegurada a arrecadação da contribuição social para a saúde, o Ministério da Fazenda deixou de destinar ao Ministério da Saúde outras verbas que o vinham mantendo vivo. E isto teria sido o motivo pelo qual Adib Jatene resolveu deixar o Ministério da Saúde.

São cogitações. Pode ser que não sejam verdadeiras as conversas que circularam a respeito dessas questões. Todavia, tudo isto serve para demonstrar a absoluta insegurança a que se chega com a tese que preconiza a necessidade de se definir a matéria reservada à lei complementar para que se tenha a identidade específica dessa espécie normativa.

Outra realidade que ficou demonstrada com a contribuição de que se cuida consiste em que não existe tributo provisório. A provisoriedade é apenas uma promessa feita no momento da criação, para torná-la viável em face de possíveis resistências. Assim é que o prazo da CPMF, criada para ser cobrada apenas durante dois anos,[64] foi sucessivamente prorrogado, até que no final de dezembro/2007 deixou de existir, porque o Governo não conseguiu, no Senado Federal, os votos necessários para mais uma prorrogação. Foi uma votação apertada, na qual faltaram apenas quatro votos para ser alcançado o quórum necessário. Por se tratar de uma Emenda Constitucional, eram necessários pelo menos três quintos dos votos dos senadores, isto é, 49 votos, e o Governo conseguiu apenas 45.

O Governo estava tão certo de que conseguiria a prorrogação, que fez constar a previsão da arrecadação no orçamento para 2008, no que agiu de forma a evidenciar seu domínio sobre o Congresso Nacional. Seja como for, porém, a derrota do Governo demonstra a importância da exigência constitucional de quórum qualificado para a aprovação de certos atos – justificando-se, portanto, a tese que sustentamos quanto à natureza específica da lei complementar, qualificada como tal pelo procedimento a ser utilizado em sua aprovação, onde se insere o quórum de maioria absoluta.

---

64. Prazo que está expressamente estabelecido pelo art. 74, § 4º, do ADCT, com redação que lhe foi dada pela Emenda Constitucional 12, de 15.8.1996.

4. Hierarquia normativa e reserva de matérias

4.1 Sistema hierarquizado de normas

Na Teoria Geral do Direito é pacífica a afirmação de que o Direito é um sistema de normas organizado hierarquicamente. Por isto mesmo, o denominado critério hierárquico é importante na solução dos eventuais conflitos entre as normas.

A propósito da unidade de um ordenamento jurídico, não obstante sua complexidade, escreve Norberto Bobbio: "Que seja unitário um ordenamento simples, isto é, um ordenamento em que todas as normas nascem de uma única fonte, é facilmente compreensível. Que seja unitário um ordenamento complexo, deve ser explicado. Aceitamos aqui a teoria da construção escalonada do ordenamento jurídico, elaborada por Kelsen. Essa teoria serve para dar uma explicação da unidade de um ordenamento jurídico complexo. Seu núcleo é que *as normas de um ordenamento não estão todas no mesmo plano*. Há normas superiores e normas inferiores".[65]

E, mais adiante, ao examinar os critérios utilizados na solução de antinomias entre as normas, Bobbio assevera, com inteira propriedade: "Uma das consequências da hierarquia normativa é justamente esta: as normas superiores podem revogar as inferiores, mas as inferiores não podem revogar as superiores".[66]

Trata-se de uma consequência lógica da hierarquia, seja ela entre normas, como acontece no ordenamento jurídico, seja entre pessoas, como acontece nas organizações, especialmente nas organizações militares, nas quais a disciplina e a hierarquia constituem princípios fundamentais.

4.2 Norma superior tratando de matéria própria de norma inferior

Dizer que uma norma superior pode revogar uma inferior significa dizer que a norma superior pode tratar de matérias próprias da

---

65. Norberto Bobbio, *Teoria do Ordenamento Jurídico*, 4ª ed., trad. de Maria Celeste Cordeiro Leite dos Santos, Brasília, UnB, 1994, pp. 48-49.
66. Idem, p. 93.

norma inferior. E devemos esclarecer que pode fazê-lo sem se descaracterizar – vale dizer, sem perder sua posição hierárquica superior. Trata-se de tese pacífica, posta em dúvida somente pelos que sustentam que a lei complementar não pode invadir a área reservada para a lei ordinária, como se pudesse haver reserva em favor da norma inferior.

Em nosso ordenamento jurídico, aliás, a tese segundo a qual uma norma hierarquicamente superior pode tratar de matérias próprias das normas de hierarquia inferior, sem perder sua posição na hierarquia do sistema jurídico, já foi apreciada e pacificada pelo Judiciário. Realmente, o Supremo Tribunal Federal já decidiu que a fixação do prazo para pagamento do tributo não é matéria da reserva legal, mas, se uma lei o estabelece, fica esse prazo *legalizado*, de sorte que não pode ser alterado a não ser por *lei*. Neste sentido é o acórdão que porta a seguinte ementa:

"*Tributário – IPI – Art. 66 da Lei n. 7.450/1985, que autorizou o Ministro da Fazenda a fixar prazo de recolhimento do IPI, e Portaria n. 266/1988-MF, pela qual dito prazo foi fixado pela mencionada autoridade – Acórdão que teve os referidos atos por inconstitucionais*. Elemento do tributo em apreço que, conquanto não submetido pela Constituição ao princípio da reserva legal, fora legalizado pela Lei n. 4.502/1964 e assim permaneceu até a edição da Lei n. 7.450/ 1985, que, no art. 66, o deslegalizou, permitindo que sua fixação ou alteração se processe por meio de legislação tributária (CTN, art. 160), expressão que compreende não apenas as leis, mas também os decretos e as normas complementares (CTN, art. 96). "Orientação contrariada pelo acórdão recorrido. Recurso conhecido e provido."[67]

Trata-se de exemplo eloquente para demonstrar a tese que sustentamos, vale dizer, a tese segundo a qual uma norma de hierarquia superior pode tratar de matéria própria de norma de hierarquia inferior. No caso, o estabelecimento de prazo para o pagamento do tributo – matéria que, no entendimento do Supremo Tribunal Federal, pode ser tratada por regulamento, espécie normativa inferior. Entretanto, se a lei, embora desnecessariamente, trata dessa matéria – va-

---

67. STF, RE 140.669-1-PE, rel. Min. Ilmar Galvão, j. 2.12.1998, *DJU* 14.5.2001 e 18.5.2001.

le dizer, se a lei fixa o prazo para o pagamento de determinado tributo, como fez a Lei 4.502/1964 ao fixar o prazo para o pagamento do IPI –, coloca essa matéria no plano hierárquico superior, porque daí em diante somente a lei poderá alterar aquele prazo. Ou dizer que a fixação dele poderá ocorrer mediante ato normativo inferior, como fez a Lei 7.450/1985, que, no art. 66, realizou verdadeira *deslegalização* da matéria, colocando-a novamente no plano das normas hierarquicamente inferiores à lei.

Já nos manifestamos mais de uma vez no sentido de que o estabelecimento de prazo para o pagamento dos tributos é, sim, matéria que integra a denominada reserva legal. A nosso ver, a decisão do Supremo Tribunal Federal, que não foi unânime, não colocou um ponto final nessa questão, até porque a doutrina mais autorizada manifesta-se em sentido oposto. Seja como for, é indiscutível que, nos casos em que existe dispositivo de lei fixando o prazo, norma hierarquicamente inferior não pode alterá-lo. Salvo, é claro, se a norma de hierarquia superior veicular regra que o autorize expressamente, como fez a Lei Complementar 123/2006, em seu art. 86, ao estabelecer que as matérias nela tratadas que não sejam reservadas constitucionalmente à lei complementar poderão ser objeto de alteração por lei ordinária.

5. Inconstitucionalidade formal da Lei 11.457/2007

5.1 Matéria reservada à lei complementar

A vigente Constituição Federal reservou à lei complementar o trato de toda a matéria concernente a *finanças públicas* (art. 163, I). E, ainda, especificamente, estabelecer *normas de gestão financeira e patrimonial da Administração direta e indireta*, bem como condições para a instituição e funcionamento de fundos (art. 165, § 9º).

Não há dúvida, portanto, de que a referida Lei 11.457/2007 – que criou a Receita Federal do Brasil – padece de flagrante inconstitucionalidade, porque invade campo reservado à lei complementar, na medida em que contém vários dispositivos que estabelecem normas sobre *finanças públicas* e, especificamente, normas típicas de *gestão financeira e patrimonial* – matérias que a Constituição reserva expressamente ao legislador complementar.

5.2 Dispositivos da Lei 11.457/2007

Realmente, a lei em referência alberga vários dispositivos que tratam especificamente de matéria constitucionalmente reservada à lei complementar – vale dizer, tratam de gestão financeira e patrimonial. Aliás, não há exagero em afirmar que está repleta de normas de gestão financeira, entre as quais a do seu art. 2º, § 1º, a dizer que "o produto da arrecadação das contribuições especificadas no *caput* deste artigo e acréscimos legais incidentes serão destinados, em caráter exclusivo, ao pagamento de benefícios do Regime Geral de Previdência Social e creditados diretamente ao Fundo do Regime Geral de Previdência Social, de que trata o art. 68 da Lei Complementar n. 101, de 4 de maio de 2000".

E, ainda, a contida no § 2º do mesmo art. 2º, a dizer que "a Secretaria da Receita Federal do Brasil prestará contas anualmente ao Conselho Nacional de Previdência Social dos resultados da arrecadação das contribuições sociais destinadas ao financiamento do Regime Geral da Previdência Social e das compensações a elas referentes".

E, entre muitas outras, ainda, as contidas no art. 47, que estabelece: "Art. 47. Fica o Poder Executivo autorizado a: I – transferir, depois de realizado inventário, do INSS, do Ministério da Previdência Social e da Procuradoria-Geral Federal para a Secretaria da Receita Federal do Brasil, e para a Procuradoria-Geral da Fazenda Nacional, acervos técnicos e patrimoniais, inclusive bens imóveis, obrigações, direitos, contratos, convênios, processos administrativos e demais instrumentos relacionados com as atividades transferidas em decorrência desta Lei; II – remanejar para a Secretaria da Receita Federal do Brasil dotações em favor do Ministério da Previdência Social e do INSS aprovadas na Lei Orçamentária em vigor, mantida a classificação funcional-programática, subprojetos, subatividades e grupos de despesas".

Como se vê, trata-se de normas que integram a reserva constitucional de lei complementar, nos termos do art. 165, § 9º; normas cuja elaboração, aliás, submete-se a regime especial, como se vê do disposto no art. 166 da Constituição Federal.

Tudo isto foi amesquinhado em face do interesse do Governo Federal em lançar mão dos recursos financeiros da seguridade social, que se vinha revelando capaz de arrecadar somas maiores que as arrecadadas pelo Tesouro Nacional.

6. Sociedades prestadoras de serviços profissionais

6.1 Instituição da COFINS por lei complementar

O projeto do qual resultou a questionada Lei Complementar 70/1991, que instituiu a COFINS, foi apresentado ao Congresso Nacional, como projeto de *lei complementar*, pelo Chefe do Poder Executivo. É que naquele momento estava instaurada a incerteza a respeito da questão de saber se a criação daquela contribuição teria de ser mediante lei complementar ou se poderia ocorrer por lei ordinária.

Tanto o Poder Executivo como o Poder Legislativo buscaram, com a opção pela lei complementar, maior segurança jurídica, evitando o questionamento da validade da lei instituidora da COFINS. Não é razoável, portanto, que depois se tenha negado ao contribuinte a segurança jurídica decorrente da opção dos Poderes do Estado pela espécie normativa capaz de garantir essa segurança em seu favor.

O estado de incerteza, então existente, quanto à necessidade, ou não, de uma lei complementar para a instituição da COFINS justificou plenamente a edição da espécie normativa de hierarquia superior, não sendo razoável, portanto, falar, agora, de invalidade ou de ineficácia, como lei complementar, da Lei Complementar 70/1991.

6.2 Isenção

A Lei Complementar 70/1991 estabeleceu que são isentas da contribuição por ela instituída "as sociedades civis de que trata o art.

1º do Decreto-lei n. 2.397, de 21 de dezembro de 1987" (Lei Complementar 70, de 30.12.1991, art. 6º, II). E a primeira questão suscitada foi a de saber se a isenção seria apenas para as sociedades que adotassem o regime tributário previsto no citado decreto-lei. Mas essa questão ficou superada com a Súmula 276 do STJ, afirmando que a isenção independia do regime tributário adotado.

Ocorre que a Lei 9.430, de 27.12.1996, em seu art. 56, estabeleceu que as referidas sociedades civis contribuirão para a seguridade social, com o quê extinguiu a referida isenção. Assim, foi suscitada a questão de saber se uma lei ordinária poderia, ou não, alterar uma lei complementar, abrindo-se oportunidade para os defensores da Fazenda utilizarem a tese segundo a qual o dispositivo da Lei Complementar 70/1991, que concedera a isenção em tela, não teria a natureza de lei complementar.

6.3 Revogação da isenção

A questão de saber se a Lei 9.430/1996, por seu uma lei ordinária, pode revogar a isenção em tela, concedida por lei complementar, é, na verdade, excelente exemplo de como a tese segundo a qual só se qualifica como lei complementar aquela que trata de matérias constitucionalmente reservadas a essa espécie normativa instaura insuportável insegurança jurídica.

Essa questão, aliás, desdobra-se em duas. A primeira consiste em saber se é válida a revogação de um dispositivo de lei complementar por lei ordinária quando a matéria não esteja constitucionalmente reservada à lei complementar. E a segunda consiste em saber se a isenção tributária é, ou não, matéria reservada à lei complementar.

Como temos afirmado em diversas oportunidades, a lei complementar em nosso ordenamento jurídico é, hoje, uma espécie normativa que se qualifica pelos elementos formais – vale dizer, sua qualificação como espécie normativa independe da matéria versada. E por isto não temos dúvida em afirmar que a lei ordinária não pode alterar ou revogar dispositivo de lei complementar.

Por outro lado, nos parece razoável sustentar que a isenção é, sim, matéria que a Constituição reserva à lei complementar, e também por esta razão nos parece inteiramente desprovido de validade o dispositivo da Lei 9.430/1996 que impõe a contribuição em tela às sociedades civis de prestação de serviços profissionais.

Assim, não temos dúvida em afirmar que a tese segundo a qual só se qualifica como lei complementar aquela que trata de matérias constitucionalmente reservadas a essa espécie normativa instaura insuportável insegurança jurídica. E no caso das sociedades civis de prestação de serviços profissionais essa malsinada tese presenteou a categoria dos que operam com essa forma de sociedade com uma terrível surpresa. Um verdadeiro desserviço, sobretudo se considerarmos que seus elaboradores são juristas os mais qualificados, dos quais ninguém poderia esperar tamanha desventura.

6.4 A tese que aumenta a insegurança jurídica

Realmente, a tese segundo a qual só se qualifica como lei complementar aquela que trata de matérias constitucionalmente reservadas a essa espécie normativa instaura insuportável insegurança jurídica, pois é inegável que a definição dessas matérias é sempre problemática e permite sempre uma área de imprecisão, em face da qual a questão de saber se uma lei é, ou não, lei complementar fica a depender de decisão judicial. Em outras palavras, essa tese deixa para um momento posterior a definição da qual se precisa para ter segurança jurídica – vale dizer, para decidir qual é a conduta adequada.

E a insegurança torna-se mais grave porque – como demonstra o caso da isenção da COFINS para as sociedades de prestação de serviços profissionais – a jurisprudência termina sendo contaminada pela malsinada tese que tem no seu âmago o germe da insegurança.

6.5 A segurança jurídica e a jurisprudência

Para bem demonstrar nossa afirmação valemo-nos de um voto do Min. Humberto Gomes de Barros, do Superior Tribunal de Justiça, do qual destacamos:

"Dissemos sempre que sociedade de prestação de serviços não paga a contribuição. Essas sociedades, confiantes na Súmula n. 276 do Superior Tribunal de Justiça, programaram-se para não pagar esse tributo. Crentes na Súmula elas fizeram gastos maiores, e planejaram suas vidas de determinada forma. Fizeram seu projeto de viabilidade econômica com base nessa decisão. De repente, vem o Superior Tribunal de Justiça e diz o contrário: esqueçam o que eu disse; agora, vão pagar com multa, correção monetária etc., porque nós, o Superior Tribunal de Justiça, tomamos a lição de um Mestre, e esse Mestre nos disse que estávamos errados. Por isso, voltamos atrás.

"Nós somos os condutores, e eu – Ministro de um Tribunal cujas decisões os próprios Ministros não respeitam – sinto-me triste. Como contribuinte, que também sou, mergulho em insegurança, como um passageiro daquele voo trágico em que o piloto que se perdeu no meio da noite em cima da Selva Amazônica: ele virava para a esquerda, dobrava para a direita, e os passageiros sem nada saber, até que eles de repente descobriram que estavam perdidos. O avião com o Superior Tribunal de Justiça está extremamente perdido. Agora estamos a rever uma Súmula que fixamos há menos de um trimestre. Agora dizemos que está errada, porque alguém nos deu uma lição dizendo que essa Súmula não devia ter sido feita assim.

"Nas praias de turismo, pelo mundo afora, existe um brinquedo em que uma enorme boia, cheia de pessoas, é arrastada por uma lancha. A função do piloto dessa lancha é fazer derrubar as pessoas montadas no dorso da boia. Para tanto, a lancha desloca-se em linha reta e, de repente, descreve curvas de quase noventa graus. O jogo só termina quando todos os passageiros da boia estão dentro do mar. Pois bem, o Superior Tribunal de Justiça parece ter assumido o papel do piloto dessa lancha. Nosso papel tem sido derrubar os jurisdicionados."[68]

Explicando o equívoco da doutrina, que contaminou a jurisprudência, escreve Hugo de Brito Machado Segundo:

---

68. STJ, trecho do voto-vista proferido pelo Min. Humberto Gomes de Barros no AgR no REsp 382.736-SC, rel. Min. Castro Meira (vencido), rel. para o acórdão Min. Francisco Peçanha Martins, ementa publicada no *DJU* 25.2.2004, p. 91, e íntegra publicada na *Revista Dialética de Direito Tributário* 103/181-190.

"A doutrina que tradicionalmente sustenta a caracterização de uma lei complementar em face da matéria tratada sustenta-se, em verdade, apenas na autoridade dos seus defensores, que talvez tenham confundido os seguintes pontos.

"(a) Em relação às leis editadas antes da introdução da figura das leis complementares no Direito Brasileiro, realmente, só se pode dizer que tenham *status* de lei complementar aquelas que tratam de matéria hoje a ela reservada. É o que ocorre com o Código Tributário Nacional. Mas isso nada tem a ver com a afirmação de que uma lei complementar, editada já sob a vigência do texto constitucional que prevê essa espécie normativa (e suas características formais), só tenha essa natureza se cuidar de matéria a ela reservada. Na verdade, se dá o mesmo com um decreto que, em 1972, tenha tratado de matéria que só posteriormente passou a ser reservada à lei (*v.g.*, o Decreto 70.235/1972); diz-se que tem agora *status* de lei, mas isso não significa que uma lei que hoje trate de matéria não reservada às leis seja um 'mero' decreto, podendo por outro ato dessa natureza ser modificada. Trata-se, tão somente, de decorrência da ausência de invalidade por vício formal superveniente, desdobramento do princípio geral do *tempus regit actum* aplicado ao processo de feitura dos atos normativos, que nada tem a ver com a esdrúxula conclusão de que um ato normativo, mesmo sem que haja qualquer mudança no processo legislativo, identifica-se pelo conteúdo nele tratado.

"(b) Em relação às leis complementares que tratam de 'normas gerais' da legislação tributária, quando o legislador federal (ou nacional) ultrapassa os limites dessas 'normas gerais' não raro invade âmbito reservado ao legislador de Estados-membros, Distrito Federal e Municípios. Nesse ponto, no pertinente à invasão da competência do legislador federal, diz-se que não há invalidade, mas que a disposição pode ser alterada por uma lei ordinária. E, no pertinente às competências estaduais e municipais, diz-se que a lei complementar nacional é inconstitucional. Mas note-se: aí, há invasão de competência de uma entidade federativa sobre outra, sendo essa a razão pela qual se cogita de um 'limite material' à lei complementar, ou federal. Aliás, esse limite material é aplicável por igual às leis ordinárias: uma lei ordinária federal, se invadir o âmbito material de competência dos Estados, ou dos Municípios, será inconstitucional.

"As ideias acima resenhadas em 'a' e 'b' são procedentes, e têm fundamento na Constituição. O problema é que, delas, a doutrina 'concluiu' que a lei complementar se 'caracteriza' pelo procedimento de aprovação e pela matéria tratada, conclusão que não decorre das apontadas premissas e nem se fundamenta em qualquer disposição da Constituição, ou em qualquer preceito lógico de Teoria do Direito. É porque determinado autor disse, ou porque é 'óbvio'."[69]

---

69. Hugo de Brito Machado Segundo, *Direito Tributário nas Súmulas do STF e do STJ*, São Paulo, Atlas, 2010, pp. 203-204.

V
CONCLUSÕES

Depois de examinarmos as diversas manifestações doutrinárias e jurisprudenciais a respeito da lei complementar – e em especial da lei complementar tributária – no ordenamento jurídico brasileiro, podemos firmar as seguintes conclusões:

1. O Direito é fruto e instrumento da racionalidade humana, que tem por finalidade essencial a limitação do poder, para a realização dos valores essenciais da Humanidade, entre os quais se destacam a justiça e a segurança jurídica.

2. Enquanto a realização da *justiça* está mais relacionada ao conteúdo das normas jurídicas, a realização da *segurança* depende fundamentalmente de seus elementos formais.

3. O ordenamento jurídico alberga a ideia de sistema, que, por sua vez, exige, para que possa existir, a coerência.

4. Como os ordenamentos jurídicos são geralmente muito complexos, as normas que os integram são organizadas em escalões hierarquizados, tendo em vista o poder normativo dos órgãos que as produzem.

5. O poder normativo dos órgãos colegiados, autorizados a produzir mais de uma espécie de norma, é expresso no quórum exigido para a produção da norma, de tal sorte que uma norma para cuja produção se exige quórum qualificado, com um maior número de membros votantes, ocupa sempre posição hierárquica superior àquela cuja aprovação pode dar-se sem tal exigência.

6. Em virtude da complexidade dos ordenamentos jurídicos e da existência de diversos órgãos produtores de normas, é inevitável o surgimento de contradições ou antinomias entre as normas que integram o ordenamento, que, para permanecer coerente, deve ser dotado de meios para eliminar tais antinomias.

7. Dentre os critérios utilizados para a superação das antinomias entre as normas de um sistema jurídico destaca-se o critério hierárquico, segundo o qual deve prevalecer a norma situada em patamar superior.

8. Uma coisa é a exigência de quórum qualificado para a aprovação de uma espécie normativa (no caso, a lei complementar), e outra, bem diversa, é o fato de haver sido uma lei ordinária aprovada por quórum de maioria absoluta, ou até por unanimidade.

9. A expressão "lei complementar" tem, seguramente, um significado *jurídico-positivo* e um significado *lógico-jurídico*. Como um conceito de direito positivo, a lei complementar é uma espécie normativa que se caracteriza por elementos formais – vale dizer, a competência do órgão que a produz e o procedimento utilizado nessa produção. E como um conceito de lógica jurídica a lei complementar caracteriza-se como tal por completar dispositivo da Constituição que, sem essa complementação, seria inoperante.

10. Em artigo publicado no final dos anos 40 do século passado o Min. Victor Nunes Leal referiu-se à lei complementar como um conceito de lógica jurídica, até porque àquela época não tínhamos em nosso ordenamento jurídico a lei complementar enquanto conceito jurídico-positivo. Constitui evidente equívoco, portanto, a utilização da doutrina de Victor Nunes Leal para justificar a tese segundo a qual a lei complementar somente se qualifica como tal pelo conteúdo.

11. Desde quando nosso ordenamento jurídico albergou a lei complementar como conceito jurídico-positivo – vale dizer, como espécie normativa que se qualifica por elementos formais, entre os quais se destaca o quórum de maioria absoluta para sua aprovação –, temos de admitir que as leis complementares gozam de superioridade hierárquica em relação às leis ordinárias.

12. As matérias que a Constituição reserva à lei complementar só por esta podem ser tratadas. Mas isto não quer dizer que a lei complementar só pode tratar dessas matérias, pois não é razoável dizer que o Congresso Nacional, atuando pela maioria absoluta de seus membros, não pode dispor sobre matérias a respeito das quais pode dispor por maioria simples. Nem é razoável afirmar-se que o Congresso Nacional pode, por maioria simples, altear o que estabeleceu em espécie normativa que somente por maioria absoluta pode ser aprovada.

13. Para que se possa comparar a força das normas emitidas por um órgão colegiado, a expressão do poder estatal nesses órgãos é medida pela quantidade de membros individuais cuja manifestação é exigida na produção normativa. Daí por que o quórum exigido no processo utilizado para a produção de determinadas normas é fundamental para determinar o patamar hierárquico no qual a norma em questão estará posicionada.

14. Em razão do que se afirma na conclusão anterior é que, no Congresso Nacional, na produção de emendas à Constituição exige-se quórum de três quintos dos votos. E na produção de leis complementares exige-se o voto da maioria absoluta dos membros, tanto na Câmara dos Deputados como no Senado Federal.

15. Quando se considera o ordenamento jurídico como um sistema escalonado de normas, tem-se que nenhuma espécie normativa caracteriza-se como tal – vale dizer, ganha sua natureza específica – pelo conteúdo. Todas ganham identidade específica em razão de critérios formais, que indicam o poder normativo em cujo exercício são produzidas. Assim, não é razoável admitir que a lei complementar, como conceito jurídico-positivo, dependa do conteúdo para qualificar-se como tal.

16. Por outro lado, não é razoável admitir que uma espécie normativa possa estar em um ou em outro dos patamares hierárquicos do sistema, a depender do conteúdo ou matéria de que se ocupe. E menos admissível ainda é que uma espécie normativa possa ter alguns dos seus dispositivos em um determinado patamar hierárquico e outros tantos dos seus dispositivos em outro patamar hierárquico, ficando a depender do intérprete ou aplicador da norma saber em qual patamar hierárquico está este ou aquele dos seus dispositivos.

17. Admitir que uma lei complementar como conceito jurídico-positivo, como tal aprovada pelo Congresso Nacional, pode ter dispositivos seus alterados por lei ordinária, ao argumento de que tratam de matéria não reservada à lei complementar, instaura insuportável insegurança jurídica.

18. Quando a própria lei complementar autoriza sua alteração por lei ordinária, nos pontos que não dizem respeito à matéria reservada à lei complementar – como fez a Lei Complementar 123, de 14.12.2006, em seu art. 86 –, pode-se admitir que ocorre delegação válida. Essa delegação, todavia, apenas demonstra que em sua ausência uma lei ordinária não pode alterar nenhum dispositivo de lei complementar, tenha o conteúdo que tiver, por se tratar de espécie normativa hierarquicamente superior.

19. A regra do art. 86 da Lei Complementar 123, de 14.12.2006, embora valide formalmente a alteração de lei complementar por lei ordinária, também agride a segurança jurídica, pois ninguém poderá dizer desde logo quais dos seus dispositivos podem ser alterados por lei ordinária. Aliás, se isto fosse possível, o próprio legislador teria evitado editar tais dispositivos, deixando-os para o legislador ordinário; ou os teria indicado desde logo, no próprio art. 86, evitando deixar em aberto os limites das matérias constitucionalmente reservadas à lei complementar.

20. Além de todas as razões expostas nas conclusões precedentes, é inaceitável a tese segundo a qual a qualificação da lei complementar depende da matéria da qual se ocupa, porque a mesma instaura grave insegurança jurídica, na medida em que a determinação do alcance de cada um dos dispositivos da Constituição que indicam matérias reservadas à lei complementar abre oportunidade para intermináveis questionamentos. Veja-se, a propósito, o que escreveu Victor Nunes Leal em excelente artigo de doutrina, muito citado mas pouco compreendido pelos que defendem a tese à qual nos opomos: "Embora não possa o Poder Legislativo resolver definitivamente uma controvérsia constitucional, não resta dúvida de que em muitos casos de interpretação duvidosa a ação legislativa é útil e às vezes imprescindível. A razão disso é que os princípios que orientam a aplicação do *judicial control* assentam na presunção de legitimidade da interpretação preferida pelo legislador. Somente nos casos em que a inconstitucionalidade seja ostensiva ou evidente é que o Judiciário a deve declarar. Daí a grande autoridade de que se reveste um pronunciamento legislativo nos pontos em que a inteligência do texto constitucional seja passível de dúvidas".[1]

21. Por isto mesmo, ainda quando não se admita que a lei complementar pode cuidar de qualquer matéria, a critério exclusivo do Congresso Nacional, temos de admitir que, na definição das matérias reservadas à lei complementar, onde haver alguma dúvida na interpretação dos correspondentes dispositivos da Constituição Federal, cabe ao Congresso Nacional decidir pela utilização da lei complementar. Como fez, aliás, na instituição da COFINS pela Lei Complementar 70, de 30.12.1991. E como fez na Lei Complementar 123, de 14.12.2006, que, se não fora o disposto em seu art. 86, não poderia ter nenhum de seus dispositivos alterado ou revogado por lei ordinária.

---

1. Victor Nunes Leal, "Leis complementares da Constituição", *RDA* VII/383, Rio de Janeiro, FGV, janeiro-março/1947.

BIBLIOGRAFIA

(Somente as publicações citadas no texto)

AGRA, Walber de Moura, BONAVIDES, Paulo, e MIRANDA, Jorge (coords.). *Comentários à Constituição Federal de 1988*. Rio de Janeiro, Gen/Forense, 2009.

AMARAL, Antônio Carlos Rodrigues do. "Lei complementar". In: MARTINS, Ives Gandra da Silva (coord.). *Curso de Direito Tributário*. 11ª ed. São Paulo, Saraiva, 2009.

AMARO, Luciano. *Direito Tributário Brasileiro*. 12ª ed. São Paulo, Saraiva, 2006.

ATALIBA, Geraldo. *Hipótese de Incidência Tributária*. 6ª ed., 11ª tir. São Paulo, Malheiros Editores, 2010.

—————, CARVALHO, Paulo de Barros, e SOUSA, Rubens Gomes de. *Comentários ao Código Tributário Nacional*. São Paulo, Ed. RT, 1975.

ÁVILA, Humberto. *Sistema Constitucional Tributário*. 2ª ed. São Paulo, Saraiva, 2006.

BACHOF, Otto. *Normas Constitucionais Inconstitucionais?*. Trad. de José Manuel M. Cardoso da Costa. Coimbra, Atlântida Editora, 1977.

BALEEIRO, Aliomar. *Uma Introdução à Ciência das Finanças*. 13ª ed. Rio de Janeiro, Forense, 1981; 17ª ed. Rio de Janeiro, Forense, 2010.

BANDEIRA DE MELLO, Celso Antônio. *Curso de Direito Administrativo*. 27ª ed. São Paulo, Malheiros Editores, 2010.

BASTOS, Celso Ribeiro. *Curso de Direito Constitucional*. 18ª ed. São Paulo, Saraiva, 1997.

—————. "Do estudo da inconstitucionalidade no campo específico da lei complementar". *Revista de Direito Constitucional e Internacional* 9(37). São Paulo, Ed. RT, outubro-dezembro/2001.

BECKER, Alfredo Augusto. *Teoria Geral do Direito Tributário*. São Paulo, Saraiva, 1963.

BOBBIO, Norberto. *Teoria do Ordenamento Jurídico*. 4ª ed., trad. de Maria Celeste Cordeiro Leite dos Santos. Brasília;DF. UnB, 1994.

BONAVIDES, Paulo. *Curso de Direito Constitucional*. 25ª ed. São Paulo, Malheiros Editores, 2010.

—————, AGRA, Walber de Moura, e MIRANDA, Jorge (coords.). *Comentários à Constituição Federal de 1988*. Rio de Janeiro, Gen/Forense, 2009.

BRIGAGÃO, Gustavo, e RESENDE, Condorcet. "Definição dos limites de competência tributária em matéria de industrialização por encomenda, à luz da Lei Complementar 116/2003". In: MARTINS, Ives Gandra da Silva, e TEIXEIRA, Marcelo Magalhães (coords.). *ISS – Lei Complementar 116/2003*. Curitiba, Apet/ Juruá, 2004.

BRITO, Edvaldo Pereira de. "Arts. 145 ao 149-A". In: AGRA, Walber de Moura, BONAVIDES, Paulo, e MIRANDA, Jorge (coords.). *Comentários à Constituição Federal de 1988*. Rio de Janeiro, Gen/Forense, 2009.

CAETANO, Marcello. *Manual de Direito Administrativo*. 1ª ed. brasileira, Rio de Janeiro, Forense, 1970.

CANARIS, Claus-Wilhelm. *Pensamento Sistemático e Conceito de Sistema na Ciência do Direito*. 2ª ed., trad. de A. Menezes Cordeiro. Lisboa, Fundação Calouste Gulbenkian, 1996.

CANOTILHO, José Joaquim Gomes. *Direito Constitucional*. 6ª ed. Coimbra, Livraria Almedina, 1996.

CAPEZ, Fernando, CHIMENTI, Ricardo Cunha, ROSA, Márcio Fernando Elias, e SANTOS, Marisa Ferreira dos. *Curso de Direito Constitucional*. 2ª ed. São Paulo, Saraiva, 2005.

CARRAZZA, Roque Antônio. *Curso de Direito Constitucional Tributário*. 26ª ed. São Paulo, Malheiros Editores, 2010.

CARVALHO, Paulo de Barros. *Curso de Direito Tributário*. 18ª ed. São Paulo, Saraiva, 2007.

—————, ATALIBA, Geraldo, e SOUSA, Rubens Gomes de. *Comentários ao Código Tributário Nacional*. São Paulo, Ed. RT, 1975.

CASALTA NABAIS, José. *O Dever Fundamental de Pagar Impostos*. Coimbra, Livraria Almedina, 1998.

CHIMENTI, Ricardo Cunha, CAPEZ, Fernando, ROSA, Márcio Fernando Elias, e SANTOS, Marisa Ferreira dos. *Curso de Direito Constitucional.* 2ª ed. São Paulo, Saraiva, 2005.

CORRÊA, Walter Barbosa, e REZEK, Francisco José de Castro. "Fontes do direito tributário". In: MARTINS, Ives Gandra da Silva (coord.). *Curso de Direito Tributário.* 11ª ed. São Paulo, Saraiva, 2009.

COSTA, Regina Helena. "Comentários aos arts. 1º a 15 do CTN". In: FREITAS, Vladimir Passos de (coord.). *Código Tributário Nacional Comentado.* 4ª ed. São Paulo, Ed. RT, 2007.

——————. *Curso de Direito Tributário.* São Paulo, Saraiva, 2009.

Dicionário da Língua Portuguesa Contemporânea da Academia das Ciências de Lisboa. vol. I. Lisboa, 2001.

DINIZ, Maria Helena. *Dicionário Jurídico.* vol. 3. São Paulo, Saraiva, 1988.

FANUCCHI, Fábio. *Curso de Direito Tributário Brasileiro.* 4ª ed., vol. I. São Paulo, Instituto Brasileiro de Direito Tributário/Resenha Tributária, 1986.

FERREIRA FILHO, Manoel Gonçalves. *Do Processo Legislativo.* 6ª ed. São Paulo, Saraiva, 2009.

FREITAS, Vladimir Passos de (coord.). *Código Tributário Nacional Comentado.* 4ª ed. São Paulo, Ed. RT, 2007.

GOMES, Nuno de Sá. *Manual de Direito Fiscal.* Lisboa, Rei dos Livros, março/ 1998.

HARADA, Kiyoshi. *Compêndio de Direito Financeiro.* São Paulo, Resenha Tributária, 1994.

JARACH, Dino. *Finanzas Públicas y Derecho Tributario.* 2ª ed. Buenos Aires, Abeledo-Perrot, 1996.

JARDIM, Eduardo Marcial Ferreira. *Dicionário Jurídico Tributário.* 3ª ed. São Paulo, Dialética, 2000.

KELSEN, Hans. *Teoria Pura do Direito.* 3ª ed., trad. de João Baptista Machado. Coimbra, Arménio Amado Editor, 1974.

LACOMBE, Américo Masset. *Obrigação Tributária*. São Paulo, Ed. RT, 1977.

LARENZ, Karl. *Derecho Justo – Fundamentos de Ética jurídica*. Trad. de Luis Diez Picazo. Madri, Civitas, 1993.

LEAL, Victor Nunes. "Leis Complementares da Constituição". *RDA* VII. Rio de Janeiro, FGV, janeiro-março/1947.

LEGAZ Y LACAMBRA, Luis. *Filosofía del Derecho*. 2ª ed. Barcelona, Bosch, 1961.

MACHADO, Hugo de Brito. "A supremacia constitucional como garantia do contribuinte". *Revista Dialética de Direito Tributário* 68/44-60. São Paulo, Dialética.

——————. *Comentários ao Código Tributário Nacional*. vol. I. São Paulo, Atlas, 2003; 2ª ed., vol. II. São Paulo, Atlas, 2008.

——————. "Critério geográfico e da destinação do imóvel para definir a incidência do IPTU ou do ITR". *Revista Dialética de Direito Tributário* 139. São Paulo, Dialética, abril/2007.

——————. *Curso de Direito Tributário*. São Paulo, Resenha Tributária, 1979; 5ª ed. Rio de Janeiro, Forense, 1992; 12ª ed. São Paulo, Malheiros Editores, 1997; 31ª ed. São Paulo, Malheiros Editores, 2010.

——————. *Os Princípios Jurídicos da Tributação na Constituição de 1988*. 5ª ed. São Paulo, Dialética, 2004.

——————. "Posição hierárquica da lei complementar". *Revista Dialética de Direito Tributário* 14. São Paulo, Dialética, novembro/1996.

——————. "Restauração, conserto e beneficiamento de produtos: impossibilidade de incidência do IPI e do ISS sobre o mesmo fato". *Revista Dialética de Direito Tributário* 128/26-38. São Paulo, Dialética, maio/2006.

——————. "Segurança jurídica e lei complementar". *Revista Dialética de Direito Tributário* 152. São Paulo, Dialética, maio/2008.

——————, e MACHADO SEGUNDO, Hugo de Brito. *Direito Tributário Aplicado*. Rio de Janeiro, Forense, 2008.

MACHADO SEGUNDO, Hugo de Brito. *Direito Tributário e Financeiro*. 5ª ed. São Paulo, Atlas, 2010.

——————. *Direito Tributário nas Súmulas do STF e do STJ*. São Paulo, Atlas, 2010.

——————, e MACHADO, Hugo de Brito. *Direito Tributário Aplicado*. Rio de Janeiro, Forense, 2008.

MAIA FILHO, Napoleão Nunes. "A antiga e sempre atual questão da submissão do Poder Público à jurisdição". *Revista Dialética de Direito Processual* 1. São Paulo, Dialética, abril/2003.

—————. "Breve histórico e significado das leis complementares da Constituição". In: *Estudos Temáticos de Direito Constitucional*. Fortaleza/CE, UFC, 2000.

—————. *Estudos Temáticos de Direito Constitucional*. Fortaleza/CE, UFC, 2000; Fortaleza/CE, IMPRECE, 2000.

MARTÍNEZ, Soares. *Direito Fiscal*. 7ª ed. Coimbra, Livraria Almedina, 1995.

MARTINS, Ives Gandra da Silva (coord.). *Curso de Direito Tributário*. 11ª ed. São Paulo, Saraiva, 2009.

—————, e TEIXEIRA, Marcelo Magalhães (coords.). *ISS – Lei Complementar 116/2003*. Curitiba, Apet/Juruá, 2004.

MIRANDA, Jorge, AGRA, Walber de Moura, e BONAVIDES, Paulo (coords.). *Comentários à Constituição Federal de 1988*. Rio de Janeiro, Gen/Forense, 2009.

MORAES, Alexandre de. *Constituição do Brasil Interpretada*. São Paulo, Atlas, 2002; 6ª ed. São Paulo, Atlas, 2006.

—————. *Direito Constitucional*. 24ª ed. São Paulo, Atlas, 2009.

MOURA, Frederico Araújo Seabra de. *Lei Complementar Tributária*. São Paulo, Quartier Latin, 2009.

NUNES, Pedro. *Dicionário de Tecnologia Jurídica*. 8ª ed., vol. São Paulo, Freitas Bastos, s/d.

PAULSEN, Leandro. *Direito Tributário*. 9ª ed. Porto Alegre/RS, Lael/Esmafe, 2007.

PINTO FERREIRA. *Comentários à Constituição Brasileira*. 3º vol. São Paulo, Saraiva, 1992.

PIRES, Adilson Rodrigues, e TORRES, Heleno Taveira (coords.). *Princípios de Direito Financeiro e Tributário – Estudos em Homenagem ao Professor Ricardo Lobo Torres*. Rio de Janeiro/São Paulo/Recife, Renovar, 2000.

PONTES DE MIRANDA, F. C. *Comentários à Constituição de 1967*. São Paulo, Ed. RT, 1967.

PONTES FILHO, Valmir. *Curso Fundamental de Direito Constitucional*. São Paulo, Dialética, 2001.

RADBRUCH, Gustav. *Filosofia do Direito*. 5ª ed., tradução do professor L. Cabral de Moncada. Coimbra, Arménio Amado Editor, 1974.

REIS, Palhares Moreira. *A Lei Complementar na Constituição de 1988*. Belo Horizonte, Fórum, 2007.

RESENDE, Condorcet, e BRIGAGÃO, Gustavo. "Definição dos limites de competência tributária em matéria de industrialização por encomenda, à luz da Lei Complementar 116/2003". In: MARTINS, Ives Gandra da Silva, e TEIXEIRA, Marcelo Magalhães (coords.). *ISS – Lei Complementar 116/2003*. Curitiba, Apet/ Juruá, 2004.

REZEK, Francisco José de Castro, e CORRÊA, Walter Barbosa. "Fontes do direito tributário". In: MARTINS, Ives Gandra da Silva (coord.). *Curso de Direito Tributário*. 11ª ed. São Paulo, Saraiva, 2009.

RIBEIRO, Maria de Fátima. *A Natureza Jurídica do Empréstimo Compulsório no Sistema Tributário Nacional*. Rio de Janeiro, Forense, 1985.

ROCHA, Valdir de Oliveira. "Os empréstimos compulsórios e a Constituição de 1988". *Revista de Informação Legislativa* 113. Brasília, Senado Federal, janeiro-março/1992.

ROSA, Márcio Fernando Elias, CAPEZ, Fernando, CHIMENTI, Ricardo Cunha, e SANTOS, Marisa Ferreira dos. *Curso de Direito Constitucional*. 2ª ed. São Paulo, Saraiva, 2005.

SAMPAIO, Nelson de Sousa. *O Processo Legislativo*. São Paulo, Saraiva, 1968.

SANTI, Eurico Marcos Diniz de. *Lançamento Tributário*. São Paulo, Max Limonad, 1966.

SANTOS, Marisa Ferreira dos, CAPEZ, Fernando, CHIMENTI, Ricardo Cunha, e ROSA, Márcio Fernando Elias. *Curso de Direito Constitucional*. 2ª ed. São Paulo, Saraiva, 2005.

SARASATE, Paulo. *A Constituição do Brasil ao Alcance de Todos*. Rio de Janeiro/ São Paulo, Freitas Bastos, 1967.

SCHOUERI, Luís Eduardo. "Discriminação de competências e competência residual". In: *Direito Tributário – Estudos em Homenagem a Brandão Machado*. São Paulo, Dialética, 1998.

SILVA, De Plácido e. *Vocabulário Jurídico*. vol. II. Rio de Janeiro, Forense, 1987.

SILVA, Paulo Napoleão Nogueira da. "Arts. 59 ao 69". In: AGRA, Walber de Moura, BONAVIDES, Paulo, e MIRANDA, Jorge (coords.). *Comentários à Constituição Federal de 1988*. Rio de Janeiro, Gen/Forense, 2009.

SOUSA, Rubens Gomes de, ATALIBA, Geraldo, e CARVALHO, Paulo de Barros. *Comentários ao Código Tributário Nacional*. São Paulo, Ed. RT, 1975.

SOUTO MAIOR BORGES, José. "Eficácia e hierarquia da lei complementar". *RDP* 25. São Paulo, Ed. RT, julho-setembro/1973.

——————. "Hierarquia e sintaxe constitucional da lei complementar tributária". *Revista Dialética de Direito Tributário* 150. São Paulo, Dialética, março/2008.

——————. *Lei Complementar Tributária*. São Paulo, Ed. RT/EDUC, 1975.

——————. "O princípio da segurança na Constituição Federal e na Emenda Constitucional 45/2004. Implicações fiscais". In: PIRES, Adilson Rodrigues, e TORRES, Heleno Taveira (coords.). *Princípios de Direito Financeiro e Tributário – Estudos em Homenagem ao Professor Ricardo Lobo Torres*. Rio de Janeiro/São Paulo/Recife, Renovar, 2000.

——————. *Obrigação Tributária – Uma Introdução Metodológica*. São Paulo, Saraiva, 1984.

——————. *Teoria Geral da Isenção Tributária*. 3ª ed., 2ª tir. São Paulo, Malheiros Editores, 2007.

TAVOLARO, Agostinho Toffoli. "*Treaty override* – Tratados *x* lei interna". *Revista de Direito Tributário Internacional* abril/2008. São Paulo, Quartier Latin.

TEIXEIRA, Marcelo Magalhães, e MARTINS, Ives Gandra da Silva (coords.). *ISS – Lei Complementar 116/2003*. Curitiba, Apet/Juruá, 2004.

TENÓRIO, Oscar. *Lei de Introdução ao Código Civil Brasileiro*. 2ª ed. Rio de Janeiro, Borsói, 1955.

TORRES, Heleno Taveira, e PIRES, Adilson Rodrigues (coords.). *Princípios de Direito Financeiro e Tributário – Estudos em Homenagem ao Professor Ricardo Lobo Torres*. Rio de Janeiro/São Paulo/Recife, Renovar, 2000.

VASCONCELOS, Arnaldo. *Teoria da Norma Jurídica*. 2ª ed. Rio de Janeiro, Forense, 1986.

VELLOSO, Andrei Pitten. *Constituição Tributária Interpretada*. São Paulo, Atlas, 2007.

XAVIER, Alberto. *Direito Tributário Internacional do Brasil*. 4ª ed. Rio de Janeiro, Forense, 1998.

* * *

00057

GRÁFICA PAYM
Tel. (011) 4392-3344
paym@terra.com.br